JN296536

新堀 聰[監修]・グローバル商取引シリーズ

グローバル商取引と紛争解決

新堀 聰　柏木 昇
[編著]

同文舘出版

―実践なき理論は空虚であるが,
理論なき実践は危険である―

監修者のことば

　この度,同文舘出版株式会社の特別企画として「グローバル商取引シリーズ」と銘打った書物を何冊か出版することになり,その監修を担当する立場から,一言所感を申し述べたい。

　私の恩師は,かつて東京大学で英米法の泰斗として知られた末延三次先生である。先生は,常々学者が実務に疎く,空理空論に走ることを戒められていたが,1957年秋,私を三井物産に入社させるために,当時の平島俊朗社長に推薦状を執筆してくださる際,「入社後は,いつも貿易実務と法的理論との関係に注意し,商売の実践の中で理論を活かすことを心がけよ。まず,インコタームズとシュミットホフの『Export Trade』を読むように」といわれた。私は,先生のお教えを守り,主に鉄鋼貿易の実務を担当しながら,理論的研究を続けた。

　それから約40年が過ぎ,私は日本大学商学部で教鞭をとるようになっていたが,1998年,同志が集まって,法学と商学の架け橋となり,国際商取引の場で両者の融合を図る学会として「国際商取引学会」が設立された。

　国際商取引学会は,法学と商学の両面に造詣の深い専門家集団として,創立以来順調に発展を遂げ,会員による業績も洛陽の紙価を高めるに至っている。今回,同文舘出版から刊行される「グローバル商取引シリーズ」は,その業績の一部を広く公開して,学界と実業界に貢献するために企画されたものである。

　本シリーズは,国際契約,ADR,貿易商務論,電子商取引などの各分野において,国際商取引学会会員を中心とする,定評のある執筆者を網羅し,準備のできたものから順次出版して行く予定である。しかし,その他の分野が追加される可能性もあるので,現時点では,最終的に何巻のシリーズとなるか未定

である。また，各執筆者には，質の高い・独自の主張のある論考をお願いしているので，監修者も編集委員も，論文相互間の意見の調整はあえて行っていない。

　本シリーズが，法学と商学の相乗効果により，グローバル商取引の発展に寄与することを，監修者として心から願っている。

　2006年春

　　　　　　　　　　　　　　　　　　　　　　　　　　　新　堀　　聰

はしがき

　法学の分野では，法と経済（law and economics）の研究が盛んで，法学者と経済学者との共同研究も最近たいへん盛んに行われている。もちろん，法学と社会学の共同作業である法社会学も法と経済に先行して盛んに研究されている。法社会学は英語では law and sociology である。現在では，従来の狭い学問の範囲に閉じこもったたこつぼ研究を打破して，多くの関連分野を跨いだハイブリッドの研究や教育が進められている。これらの新しい分野はlaw and ……という名前で表現されるものが多い。商学と法学は，双方とも学問として理論を追求する一方で，実務に密着しながら理論を追求することが要求されている。しかも，商学と法学（特に商取引に関連する民法，商法その他の法分野）の研究対象の社会領域はかなり共通している。これを共同で研究しない手はない。

　そのようなことで国際商取引学会は，商学者と法学者の融合のための学会として，1998年に設立された。それに実務家が加わって「法と商」も学問と実務の垣根を越えて融合することにより，研究をいっそう飛躍させることが期待されている。このような学会の有力メンバーが書いた本書では，国際商取引に関して法および商の観点からも実務の観点からも重要な「国際商取引紛争」に焦点を当ててみた。

　各章の概要を紹介すると以下のとおりである。
「第1章　国際商取引と紛争解決手段——話し合いと国際商取引——」
　国際商取引の紛争解決手段である裁判，仲裁，調停，話し合いの中で，特に紛争解決手段としての交渉に焦点を当てたものである。従来，国際契約では交渉義務ということが論じられ，UNIDROIT 国際商取引契約原則の中にも当事者に交渉義務を命ずる規定が置かれた。国際商取引契約における紛争解決手段としての交渉が，急激なインフレによるハードシップのような例に関しては紛争解決手段としては意味があるのかもしれないが，その他の類型の紛争に関し

ては紛争解決手段としては機能しない，ということを主張している。

「第2章　法廷地の選択および準拠法の選択」

本章は，国際商取引契約における合意管轄条項と準拠法条項を分析している。これらは「リスク対応条項」の一種である。まず，本章は，契約の拘束力と法律の関係を分析する。そして，拘束力の源泉が国家法にのみあるのではない，とする。さらに，現在の世界では，法廷地選択および仲裁選択に関する当事者自治，準拠法選択の当事者自治，契約自由の原則，の三大基本ルールが，グローバルスタンダードとして多くの国で認められ，そのために法的安定性が確保されている，とする。従来，日本では，紛争を解決するための法定地選択の自治と準拠法選択の自治は相互に無関係なものとして処理されてきた。しかし，英米法系の国ではこれらは密接に関連しあっている。準拠法選択の自由は，レックス・メルカトリアやUNIDROIT国際商取引契約原則やウィーン売買条約のような，超国家的な法規範が利用されるような環境を生み出したと指摘する。当事者自治に対しては，強行法の特別連結のような制限がありうる。完全合意条項の，変更や補充についても書面を必要とする，という条項が任意法規である補充規定を排除する可能性がある，という指摘は面白い。

「第3章　外国判決・外国仲裁判断の承認および執行」

国際取引紛争が，裁判あるいは仲裁に付され，勝訴判決あるいは判断を勝ち取ったとしても，それが相手方当事者の資産に対して執行できなければ，絵に描いた餅にすぎない。勝訴判決や判断を，外国で執行するにはその前に外国の司法機関で承認される必要がある。承認されると，一般的に紛争の実体審理を繰り返すことなく，執行力が与えられる。外国判決の承認と外国仲裁判断の承認では，後者の方が外国仲裁判断の承認執行に関するニューヨーク条約が世界で130以上の国の間で締結されているために，外国での承認がより確保されている。判決の外国での承認執行に関しては原則としていちいち承認執行を求める国の外国判決に対する法制度を調査する必要がある。さらに，本章は外国判決の承認要件と，外国仲裁判断の承認要件を検討している。外国仲裁判断の承認執行と，主権免除との関係を2004年に成立した国連国家免除条約を引用しながら解説している。さらに，仲裁手続における仮差押や仮処分のような保全手

続の承認執行にも触れている。

「第4章　日本における ADR の現状と問題点——仲裁と調停を中心に——」

日本では，かなり以前から仲裁や調停に関する研究が進み仲裁機関も設立されているが，実際の国際仲裁や国際調停は低調である。本章は，その謎に迫り，ADR の活性化のための方策を検討し，提言している。本章は，日本における国際仲裁の数の現況，法の環境，仲裁人選任の環境，仲裁人の養成，仲裁と外国弁護士の活動，仲裁の使用言語，仲裁とレックス・メルカトリアの諸点について検討している。さらに，新しい分野の知財紛争と国際仲裁に1節を当てて知財紛争が ADR による解決が適合する新しい分野であることを指摘している。最後に日本の調停制度の問題を論ずる。

「第5章　日本の新仲裁法」

この章は，2003年に成立した新仲裁法を解説するものである。新仲裁法は，国連 UNCITRAL 国際商事仲裁モデル法に準拠して作成されたといわれている。それまでは，80年以上も前の旧態依然たる仲裁法が施行されていた。本章は，新仲裁法の順番にしたがって，その内容を解説している。解説は入門レベルではなく高度であり，随所に参考になる指摘を含んでいる。訴訟と仲裁の国際的競合の解説が面白い。

「第6章　国際商事仲裁とグローバル商取引法の発展」

本章では，契約における法的予測可能性を重視し，実体法についても世界的な規模で国際商取引に適用される実体法の整備の必要が説かれる。このような実体法の法源としては，国際条約やモデル法，国際機関により制定される国際規則，国際的商慣習法がある。レックス・メルカトリアの形成には時間が掛かるが，現代では「徐々に進行する超国家法の成文化」が進行中であるとする。これらは，過去から生成された慣習法の再述 (re-statement) ではなく，法を望ましい方向に推し進めるような前述（pre-statement）であるという。これらをグローバル商取引法と称している。レックス・メルカトリアの性格については大きな論争がある。しかし，国家支配から距離を置いている仲裁等の ADR は，レックス・メルカトリアの適用に親和性を持つと指摘している。そして，今後の国際仲裁におけるグローバル商取引法の活用がどんどん盛んになり，最終的

には，国際商事紛争が世界的に1つの法で解決されるようになることを予測している。最後に電子商取引に関するモデル法などの統一法や規則が整備され，グローバル商取引法に取り込まれるだろうと予測している。

「第7章　これからのADRの展望——ADR活性化の原点は何か——」

ここでは，将来のADRの活性化に向けて何をすればよいか，という観点からADRの今後の展望について論述している。そして原点に立ち返って歴史的にADRがなぜ誕生し，受け入れられてきたかを概観し，日本のADR普及の阻害要因の中に「お上」意識があることを指摘する。そして，ADR基盤の確立方法の第1として教育でのADRの実践を挙げ，第2に社会の諸団体の内部紛争の解決のためのADRの利用を挙げる。この観点からADRの正当性を手続的正義に求める。そして，手続的正義の確保のための諸制度の整備を提言する。

既述のとおり本書の執筆メンバーのほとんどが国際商取引学会に所属している。そして国際商取引学会は，商学者，法学者および実務家が一体となった学会である。法科大学院で理論と実務の架橋の必要が叫ばれるよりずっと以前から，それがなされていたことになる。本書によって，そのような「法と商」の実務の融合の試みの成果が示され，その努力がいっそう進められることになれば幸いである。

2006年3月

編著者　新　堀　　　聰
　　　　柏　木　　　昇

BRIEF CONTENTS   目次

監修者のことば……………………………………………………………(1)

はしがき……………………………………………………………………(3)

第1章　国際商取引と紛争解決手段 ………………………………… 3
　　　　　―話し合いと国際商取引―

第2章　法廷地選択および準拠法選択の役割 ……………………… 33

第3章　外国判決・外国仲裁判断の承認および執行 ……………… 67

第4章　日本におけるADRの現状と問題点 ……………………… 107
　　　　　―仲裁と調停を中心に―

第5章　日本の新仲裁法 …………………………………………… 141

第6章　国際商事仲裁とグローバル商取引法の発展 ……………… 177

第7章　これからのADRの展望 …………………………………… 190
　　　　　―ADR活性化の原点は何か―

索　　引 …………………………………………………………………… 213

著者プロフィール ………………………………………………………… 219

FULL CONTENTS

目次詳細

第1章　国際商取引と紛争解決手段
──話し合いと国際商取引──

第1節　はじめに ･･･ 3
第2節　交渉の基準 ･･ 6
第3節　長期契約の契約価格に関する再交渉について，
　　　　法は何らかの基準を提供できるか ･････････････････････････････ 8
第4節　交渉義務と交渉義務の違反の具体的内容および
　　　　再交渉義務違反に対するサンクション ･･･････････････････････ 10
第5節　再交渉が妥結しなかったときの対策，判断基準がない場合の
　　　　裁判官と仲裁人のよるべき基準 ･･･････････････････････････････ 14
第6節　ユニドロワ原則と「契約交渉」･････････････････････････････ 18
第7節　再交渉条項は長期契約に挿入すべきか ･････････････････････ 22
第8節　紛争解決促進剤としての話し合い ･････････････････････････ 26

第2章　法廷地選択および準拠法選択の役割

第1節　はじめに ･･･ 33
第2節　なぜ国際契約において当事者は法廷地や準拠法を選ぶことができるのか ･･･ 36
　　　　1　契約の拘束力と法律との関係を再考する ･･････････････････ 36
　　　　2　国際契約の法定安定性を守る3つのグローバルルール ･････ 38
　　　　3　国際契約の法的規律の三層構造 ････････････････････････････ 40
第3節　法廷地選択と準拠法選択をめぐる法理論の混乱 ･････････････ 43
　　　　1　英米法における両者の基本的な一致 ･･･････････････････････ 44
　　　　2　準拠法選択における当事者自治 ････････････････････････････ 45
　　　　3　法廷地選択における当事者自治 ････････････････････････････ 46
　　　　4　伝統的立場からの正当化の困難 ････････････････････････････ 48
第4節　準拠法としての適格性と適用範囲をめぐる議論 ･････････････ 50

| | | 1 | 準拠法としての適格性 …………………………………… 50 |
| | | 2 | 契約準拠法の範囲 ………………………………………… 53 |

第5節　標準契約書と当事者自治との位相 ……………………………………… 57
　　　 1 　契約書と紛争解決との関係について ……………………………… 57
　　　 2 　完全合意条項と契約準拠法 ………………………………………… 58
第6節　む　す　び ……………………………………………………………… 60

第3章　外国判決・外国仲裁判断の承認および執行

第1節　はじめに ………………………………………………………………… 67
第2節　「承認」「執行」とは何か ……………………………………………… 68
　　　 1 　承認・執行の必要性 ………………………………………………… 68
　　　 2 　承認・執行の方式と効果 …………………………………………… 70
第3節　外国判決の承認 ………………………………………………………… 72
　　　 1 　法　源 ………………………………………………………………… 72
　　　 2 　承認の対象となる外国判決（承認適格性）……………………… 73
　　　 3 　承認要件 ……………………………………………………………… 75
第4節　外国仲裁判断の承認 …………………………………………………… 84
　　　 1 　法源とその相互関係 ………………………………………………… 84
　　　 2 　承認の対象となる外国仲裁判断 …………………………………… 86
　　　 3 　承認拒絶要件 ………………………………………………………… 90
第5節　外国判決・外国仲裁判断の執行手続 ………………………………… 93
　　　 1 　執行判決・執行決定の意義 ………………………………………… 93
　　　 2 　執行判決・執行決定手続の審理 …………………………………… 94
　　　 3 　請求異議事由の主張 ………………………………………………… 94
第6節　外国判決・外国仲裁判断の執行と主権免除 ………………………… 95
　　　 1 　主権免除の意義と現状 ……………………………………………… 95
　　　 2 　判決手続からの免除：主権免除の範囲 …………………………… 96
　　　 3 　執行手続からの免除 ………………………………………………… 97
　　　 4 　投資紛争解決条約 …………………………………………………… 97
第7節　外国判決・外国仲裁判断の執行と国際民事保全 …………………… 98
　　　 1 　本案裁判所による保全命令とその国際的執行 …………………… 98
　　　 2 　仲裁廷による保全命令とその国際的執行 ………………………… 98
　　　 3 　内国裁判所での保全命令と外国本案判決の承認・執行可能性 … 100

第8節　むすびにかえて ……………………………………………………… 100

第4章　日本における ADR の現状と問題点
　　　　──仲裁と調停を中心に──

第1節　はじめに ……………………………………………………………… 107
第2節　ADR の概観 …………………………………………………………… 108
　　　1　ADR の振興 …………………………………………………………… 108
　　　2　日本の ADR …………………………………………………………… 109
　　　3　仲裁と調停 …………………………………………………………… 110
　　　4　日本の ADR 改革 …………………………………………………… 112
第3節　国際商事仲裁の環境 ………………………………………………… 113
　　　1　仲裁地の選択 ………………………………………………………… 113
　　　2　日本における仲裁地の環境 ………………………………………… 115
第4節　国際的知的財産権紛争と国際商事仲裁 …………………………… 127
　　　1　知的財産権と仲裁対象の紛争 ……………………………………… 128
　　　2　知的財産権紛争の仲裁適格 ………………………………………… 130
　　　3　日本における国際的知的財産権紛争の仲裁 ……………………… 131
第5節　日本における調停制度の現状と問題 ……………………………… 133
　　　1　日本における調停制度の現状 ……………………………………… 133
　　　2　ADR 促進法の制定 ………………………………………………… 133
　　　3　民間型調停の現状と可能性 ………………………………………… 136
第6節　む　す　び …………………………………………………………… 138

第5章　日本の新仲裁法

第1節　はじめに ……………………………………………………………… 141
第2節　総　　則 ……………………………………………………………… 142
　　　1　スポーツ仲裁と新法 ………………………………………………… 142
　　　2　適用範囲 ……………………………………………………………… 143
　　　3　属地主義の採用 ……………………………………………………… 143
　　　4　仲裁地の概念 ………………………………………………………… 145
　　　5　裁判所の関与の制限 ………………………………………………… 146
　　　6　書面による通知と裁判所の送達 …………………………………… 147

第3節	仲裁合意	147
	1 仲裁合意の準拠法	147
	2 仲裁可能性	149
	3 仲裁合意の方式	150
	4 仲裁合意の分離独立性	152
	5 仲裁合意と本案訴訟、裁判所の保全処分との関係	152
第4節	仲　裁　人	153
	1 仲裁人の数・選任手続	153
	2 仲裁人の忌避	154
	3 IBAの新ガイドライン	157
	4 仲裁人の任務終了	159
第5節	仲裁廷の特別の権限	160
	1 異議権の放棄と仲裁合意の成立	160
	2 仲裁廷の判断と裁判所の審査	161
	3 裁判所の関与の制限との関係	162
	4 暫定的保全措置	164
第6節	仲裁手続の開始および仲裁手続における審理	165
	1 仲裁手続の開始	165
	2 審理手続	166
第7節	仲裁判断および仲裁手続の終了	167
	1 仲裁判断の基準	167
	2 仲裁と和解	168
第8節	仲裁判断の取消し，承認および執行決定	169
第9節	雑則、罰則、附則	170
第10節	む　す　び	171

第6章　国際商事仲裁とグローバル商取引法の発展

第1節	はじめに	177
第2節	伝統的な抵触法の問題点	177
第3節	国際商事紛争における各国の実体法の有効性	179
第4節	グローバル商取引法の法源	179
第5節	レックス・メルカトリアとグローバル商取引法	180
第6節	グローバル商取引法と国家法との関係	185

第7節　代替的紛争解決手続 …………………………………… 187
第8節　仲裁における実体法的判断基準としてのグローバル商取引法 …… 189
　　　1　当事者自治の原則 ………………………………………… 189
　　　2　当事者が準拠法を選択していない場合 ………………… 192
第9節　国際商事仲裁におけるグローバル商取引法の活用 …… 193
第10節　貿易取引の電子化とグローバル商取引法 ……………… 194

第7章　これからのADRの展望
――ADR活性化の原点は何か――

第1節　はじめに …………………………………………………… 199
第2節　ADR法での手当て ……………………………………… 200
第3節　ADRの歴史的背景 ……………………………………… 202
第4節　ADR基盤の確立方法 …………………………………… 205
第5節　紛争解決の「公正性」 …………………………………… 207
第6節　手続的正義の貫徹 ………………………………………… 211

索　　引 …………………………………………………………… 213
著者プロフィール ………………………………………………… 219

グローバル商取引と紛争解決

第1章

国際商取引と紛争解決手段
―― 話し合いと国際商取引 ――

第1節　はじめに

　国際商取引契約の紛争解決手段は，通常，話し合い，調停，仲裁，裁判という手段があると説明される。国内契約では「本契約に関し，疑義あるいは紛争が生じた場合には，両当事者は信義誠実の原則に従い，協議の上解決するものとする」という条項を入れることが多い。もとより国内契約ばかりではなく，日本企業が当事者になっている国際契約でも同じような条項が入ることがある。中国企業が相手方であると，信義誠実の原則が，平等互恵の原則に入れ替わって同じような条項が入ることが多い。この限りでは，当事者は，契約に関して紛争が発生した場合には，交渉を仲裁や裁判と並ぶ紛争解決の一手段と捉えているようなニュアンスを感ずる。

　また，ドイツでも日本でも法学者による再交渉義務論が論じられている[1]。山本教授は，再交渉が契約中に規定される場合として，国際建設請負契約における設計変更命令（variation order）に基づく価格や納期調整の話し合い，利益保証条項[2]，価値保証条項（対アメリカドル兌換紙幣をもって弁済するものと規定する「貨幣条項」もかかる価値保証条項と同様の機能を有するとされる）を挙げている[3]。

　確かに，建設請負契約では設計変更命令の規定があり，その場合には通常は価格変更および納期変更の合意ができない場合でも，請負人はそのまま設計変更命令にとりあえず従って，工事を続行する義務を規定している場合が多い。

これは，当初の設計段階で，施主が完全にその意図を確定することは現実には無理で，工事途中でどうしても設計変更の必要が出てくることが多い事情による。しかし，法律家の目からみるならば，これは請負人にとっては，価格変更や納期繰り延べの保証なしに設計変更命令に従うことは，同時履行の抗弁権を失うことになり，設計変更による増加費用が認められずに原契約に規定した納期遅延違約金をそのまま請求される恐れもあり，仲裁あるいは裁判に紛争解決をゆだねた場合のコストを考えれば，自己のバーゲニング・パワーを大きく下げることになる。

　しかし，他方施主にとってみれば，いったん進行を始めた工事に関しては，設計変更に関する交渉で当面の請負人との契約を解除し，新たな請負人を雇うことは現実的ではなく，このためもし設計変更の前に請負人との間で，価格改定と納期延長についての合意ができないとすれば，機会主義的チャンスをねらう請負人を相手にした場合に，実際的に設計変更ができない，ということになる。すなわち，この問題に関しては，両当事者にフェアに解決をもたらすスキームが考えられないから，やむをえず事前に上記のような施主による一方的設計変更命令の規定が挿入されることになる。特に，プラント請負契約締結前であれば，競争者は多いから[4]，施主のバーゲニング・パワーは強くかつ合理的代替案もないということで，事前交渉では請負人はこの条項に満足している訳ではないが，合意させられてしまう，というのが通例である。

　ドイツの学者のホルンは，かかる場合には，「新たな条項の策定に向けて両当事者は信義誠実に再交渉を行う義務を負う」とすることがフェアーであろう，といっているとのことであるが[5]，契約を起草している者は，相手のフェアーの基準とこちら側のフェアーの基準が異なった場合あるいは相手がフェアーに対応しない場合にどのような措置をあらかじめ講じておくか，ということが契約起草の基本中の基本であり，フェアーに話し合って解決するものとする，という条項で解決がつくのなら，多くの契約条項は無用である。FIDICやICEなどの，ヨーロッパ型の土木建設請負契約のモデルフォームでは，技術者（Engineer）という施主の代理人でありながら，仲裁人的な機能をもつ者を起用し，設計変更に関して紛争が生じ交渉で解決できない場合には，これに第一次的に

紛争解決権限を与えるということで,幾分でも衡平さを確保しようとしている。

ハードシップ条項についても同じことがいえよう。ハードシップ条項の例としてユニドロワ国際商事契約原則（以下単に「ユニドロワ原則」という）の例をとってみよう。最大の問題は，ハードシップが起って当事者の話し合いで解決がつかない場合の措置である。ユニドロワ原則6.2.1条および6.2.2条は次のように規定する。

第6.2.1条（契約の遵守）

契約の履行が，当事者の一方にとって，より負担の大きいものとなっても，ハードシップに関する以下の規定に服するほか，その当事者は自己の債務を履行しなければならない。

第6.2.2条

あるできごとが生じたため，当事者の履行に要する費用が増加し，または当事者の受領する履行の価値が減少し，それにより契約の均衡に重大な変更がもたらされた場合において，次の各号に定める要件が満たされる時は，ハードシップが存在する。

(a) その出来事が生じ，または不利な立場の当事者がそれを知るにいたったのが，契約締結後であること。

(b) そのできごとが，不利な立場の当事者にとって，契約締結時に，合理的に見て考慮しうるものではなかったこと。

(c) そのできごとが，不利な立場の当事者の支配を越えたものであること。

(d) そのできごとのリスクが，不利な立場の当事者により引き受けられていなかったこと。（曽野和明ほか訳『UNIDROIT 国際商事契約原則』146頁以下（商事法務，2004年））

ホルンは，再交渉条項は，特別再交渉条項と一般的再交渉条項とに分けることができるという。特別再交渉条項は，特定の事実の発生に再交渉の手続の開始をかからしめるものであり，各種契約調整条項を適用した結果が不公正となるような事情の変動の際に，上記の各種契約調整条項（設計変更命令や，エスカレーション・クローズや国際ファイナンス契約中の価値維持条項）自体の見直し

をなすためのものとして合意されることが多いと説明される[6]。筆者の経験では、設計変更命令や、エスカレーション・クローズや国際ファイナンス契約中の価値維持条項自体を見直すための「特別再交渉条項」は全く経験がないし、そのような条項がよくなされるという情報もない[7]。後者の「一般再交渉条項」とは、「不可抗力（force majeure）」ないし「ハードシップ」とは認められないが、しかし締結時の権利・義務の均衡を変化させるような事情の変動一般につき定めるものである、と説明される[8]。このような条項の例も、筆者はみたことがないが、前記のように日本の契約書で頻繁にみられる「本契約書に関し規定なき事項または疑義が生じた場合には、両当事者は信義誠実の原則に従い、協議して解決するものとする。」という条項がこれに当たるのであろうか。しかし、このような条項は実際の紛争解決に関しては、ほとんど意味がないことは後述のとおりである。

第2節　交渉の基準

　学者は、再交渉に関して何らかの基準が必要なのかどうかを議論する[9]。しかし、実際の交渉においては、基準が明確であればあるほど、交渉のまとまりが早く、基準が不明確であればあるほど、交渉はまとまり難いことは自明のことと思われる。それは、交渉が決裂して、最終的に裁判に紛争が持ち込まれた場合に、実体法基準が明確であれば、最終的裁判の結論に対する紛争当事者の期待値の懸隔が小さくなり、狭い範囲内で和解が成立する可能性が高くなるからである。逆に、実体法基準が不明確であり、紛争当事者が裁判結果に対する期待が大きくふくらみ、和解点がこれ以下なら和解しないあるいはこれ以上なら和解するという reservation　price 間の懸隔が小さくなり、両者の歩み寄りはそれだけ難しくなり、果ては和解による解決が不可能になるのは当然であろう[10]。したがって、国際法実務では紛争の予測可能性を高めるため、判例が少なく、裁判に対する信頼度の低い発展途上国の法の準拠法や、これらの国の合意管轄は避けることになる。たとえば、国際ファイナンスに関する紛争はニュー

ヨーク州法に従ってニューヨーク連邦裁判所で解決するか，あるいは英国法でロンドンの高等法院で解決することをあらかじめ合意することが多いのは，この理由による。

　国際取引での交渉は，通常は，次の要素を考慮して交渉が行われる。①交渉が決裂した場合に結局裁判でどのような判決が下るか（negotiation in the shadow of the law），②こちら側および相手方の交渉のためのコストと交渉決裂の場合のコストは推定いくらくらいか。どの企業も，裁判による決着は，コストと時間（結局コストに換算できる）がかかることを承知しているから，まず交渉で問題を解決しようとする。しかし，相手の申し出や態度から，交渉による解決の方がコストがかかると判断すれば，相手を裁判に訴えるか，あるいは相手から裁判に訴えられることを覚悟で契約の解約を通告し契約の履行を止める（自力救済：商品を供給しない，代金を払わない，工事を止め資材，機材，人員をサイトから撤収するなど）。

　たとえば，インドネシアのパイトン火力発電所プロジェクトでは，スポンサー企業はインドネシア法を準拠法として設立したプロジェクト会社を通じて火力発電所を建設した。その総所要資金260億ドルの内180億ドルが，日米の輸出金融によってまかなわれていた。プロジェクト・ファイナンス契約（ファイナンス契約，発電所建設契約，政府との concession 契約等の膨大な契約の総称）が1995年に締結された。多額のドル建てファイナンスを弁済する資金を確保するため，インドネシア政府子会社の PLN（Persahaan Listrik Negara）との電力買付契約の電力代金はドルとルピアの為替相場に応じて変動することになっていた。そして1998年にアジア通貨危機が発生した。その結果，スハルト政権が崩壊した。PLN は電力買付契約破棄を通告した。インドネシア側の当事者は，外国に資産をもたない PLN とインドネシア政府であったことから，スポンサー側は外国で損害賠償を得る道を制限されていたことから，交渉に応ずるほかなく，5年の交渉の結果，2003年に契約改定がなされた[11]。

　同じインドネシアの地熱発電プロジェクトでは，同じアジア経済危機でインドネシア政府関係企業が契約の破棄を申し入れたのに対し，先進国のスポンサーは，海外の投資保険金が得られる状況であったので，交渉によるコスト増

と交渉の結果ありうる収入減より，海外での保険金の請求とインドネシア側当事者の海外資産に対する執行を選び，契約改定交渉は失敗した[12]。

　国際商取引の紛争においては，弱者あるいは事情変更の影響を受けた困窮者救済の理念は当事者の行動指針とはならず，法の影の中での冷徹なリスク・ベネフィットの計算によって交渉がなされる。もし再交渉が妥結するとすればそれはその計算の結果である。

　もし，交渉に際して紛争解決判断の実体法基準がないとしたならば，上記パイトンプロジェクトのように紛争が長期化する可能性が大になるから，実体法的判断基準のない交渉より実体法的判断基準を示した上で両当事者に対して交渉義務を課すことができれば，その方が紛争解決手段としては，はるかに合理的である。学者は，この基準について，調整問題における「手続的規律をもって」十分である，とする説があるようである。この説では，「当事者が契約調整にむけて友好的な合意をなすことを促進し得るような『手続』を構想することで十分であるとする立場」のことである[13]。しかし，手続規定だけでは，上記の冷徹なリスク・ベネフィットの計算ができないから，紛争は解決がつかないかあるいは長びくことになる。

第3節　長期契約の契約価格に関する再交渉について，法は何らかの基準を提供できるか

　典型的な再交渉の例としてよく引用される，豪州糖事件を取り上げてみよう。この事件は，1973年にオーストラリアのクィーンズランド政府と日本の精糖会社32社が，市場価格の変動の激しい粗糖について，5年間もの長期間にわたり，固定価格で売買契約を締結したことに端を発する。第2次大戦後に三白景気などというものがあったが，粗糖の価格の変動は大変に激しいものがある。そのため，売手側としては安定的収入が確保できないので，借入による資金に依存した大きな投資もできないことになる。もし，日本側が固定価格で粗糖を長期に購入してくれれば粗糖の収入が安定し，粗糖代金を当てにして銀行もファイ

ナンスをしてくれるから，港湾設備などに投資ができる。このため，政治家を巻き込んで日本の需要家に長期固定価格での粗糖の買い付け契約の締結を要望した。日本の精糖業界もこの要望を受け入れることになったが，5年間固定価格というリスクを引き受ける対価として，固定価格は交渉時の相場の約半分の価格とした。契約の中には，契約条件の見直し条項が挿入されたが，見直す[14]ということだけで，見直し交渉が決裂した場合の解決策については規定がなかった。

　紛争の解決は，ロンドンでの仲裁によって解決すると規定されていた。さて，契約が発効してまもなく，粗糖の価格は下落を続け，ついに交渉時の相場の約1/5となってしまった。日本の精糖会社は契約前の相場の1/2を固定価格としたから，暴落時の相場の2.5倍の価格で粗糖を購入していたことになる。そのため，日本の精糖会社は大変な苦境に陥ることになった。実際にその結果，日本側契約当事者の32社の精糖会社の内，2社が倒産した。倒産しなかった会社も合理化の大手術を行った。たとえば，大日本精糖と明治精糖は両者の精糖工場設備を統合してその約1/2を廃棄した。このように，日本の精糖会社32社はこの長期契約のために存亡の危機に立たされた訳である。日本の精糖会社は，事情変更の原則を根拠に，砂糖価格の改定あるいは長期契約の解約を要求した。売手のクィーンズランド政府はこれを拒絶した。日本の精糖会社は，ついに砂糖の引き取り拒絶の強行手段に訴えた。クィーンズランド政府は，これにもかかわらず，船積みを強行したため，東京湾に粗糖を満載した船が何隻も滞船する事態となった。事件はロンドンの仲裁に付されたが仲裁裁定が出る前に，日本側がわずかの譲歩を得ただけで，和解で解決した。

　このような契約に関して，あらかじめ価格が大幅に変動した場合には両当事者は固定価格を信義誠実の原則に従い，交渉し，見直すものとする，という条項を挿入することを考えてみよう。おそらく，大幅とは，契約締結時の価格のプラスマイナス一定パーセントの変動をいう，という定義条項が置かれることになろう。ユニドロワ原則では，50％以上の価格変動は，原則として事情変更となると解説に書いてあるから，ここには50％という数字が挿入されるかも知れない。その場合には，豪州糖の事件の場合は契約前の相場の1/5に暴落した

のだから，見直し条項発動の要件が満たされることになる。

　この場合の制度設計上の最も大きな問題は，一定期間が経過しても交渉がまとまらなかったときにどのようにするか，ということである。解決は，①契約は解除される，②契約変更の契約が成立しなかったのだから契約は元のままの条件で継続する，③第三者に改定価格を決定してもらう，のいずれかしかない。①の解決方法は長期固定価格で安定的に購入してもらうという趣旨に反するので，クィーンズランド政府の受け入れるところではない。②は，クィーンズランド政府は価格値下げに同意せずにただ交渉の席について交渉を不調に終わらせればいいから，これも解決策にはならない（このような態度に対して有効なサンクションの具体案を考えだすことができるか，という問題は後から論ずる）。③は，第三者が「改定価格を決定する基準」なしに合理的価格を決定できるか，という問題がある。

　おそらく，交渉義務を有効な紛争解決策として推奨する学者は，交渉を引き延ばすことは信義誠実の原則に反し，債務不履行となる，と主張する可能性がある。また，「基準」がなくとも裁判官や仲裁人は合理的な価格を認定できる，と主張するであろう。

第4節　交渉義務と交渉義務の違反の具体的内容および再交渉義務違反に対するサンクション

　豪州糖事件の場合にオーストラリア側に交渉義務が認められたとして，その内容は何であろうか。和田安夫教授は次のような交渉義務の内容を提示している。(i)そもそも交渉の席につくこと，(ii)必要な情報を与えること，(iii)自分から提案をなし，かつ(iv)相手方の提案を真剣に吟味すること，(v)交渉を信義に反して遅らせないこと，(vi)交渉中に必要もないのに既成事実を創り出さないこと。そして，これらの違反によって当初は可能であった契約調整を最終的に不可能にしないこと，である[15]。

　(i)交渉の席につくことの義務は明確である。しかし，これだけでは意味がな

い。誰でも交渉の席につくことはいともたやすいことである。妥協の意思がなくとも，交渉の席につくことで，交渉義務違反の損害賠償から逃れることができるなら，企業はたやすく交渉の席につくであろう。

　(ⅱ)必要な情報を与えることの内容は問題である。「必要な情報」とは何であろうか[16]。企業が開示すべき情報は，多くの国の会社法や証券取引法や企業会計法などで決められている。法で開示義務が定められている以上の情報を提供すべきとすると，その範囲は何であろうか。その多くは企業秘密に属するものであろう。他の法律で開示を求められていない情報を開示しなければならないとしたら，なぜそのような不利益を被らなければならないのであろうか。たとえば，豪州糖事件の場合，「必要な情報」とは何であろうか。交渉に難色を示していた豪州糖生産者が提供すべき情報とは何であろうか。値下げをする経済的余裕がないということを疎明しなければならいとすれば（そうかどうかまた問題であるが），粗糖生産者の総収入と経費の詳細を出さなければならいのだろうか。豪州糖生産者が，非公開企業あるいは個人企業であった場合に，どれだけの収入があり，どれだけの経費を費やしているか，という情報は，企業秘密に属するものであり，おそらく第三者では税務当局にしか開示をしないものであろうが，このような情報を日本の精糖会社に開示しなければならないということは，交渉義務の内容として妥当なものとは思われない。豪州糖生産者は，契約締結時に，そのような情報開示を強いられる可能性があることを予測はしていないし，全ての商人は，長期契約に入るときにそのような法律に基づく以上の情報開示義務を負うリスクは考慮していない。

　(ⅲ)自分から提案をなし，かつ(ⅳ)相手方の提案を真剣に吟味すること，とはどういうことであろうか。値下げの余地はない，とオーストラリア側が考えていたとすれば，どのような提案をすればよいのであろうか。値下げの提案をしなければならないものであろうか。そうとしたらいくらの値下げの提案をしなければならないのであろうか。また，相手の提案を真剣に吟味するということは，相手の提案を全面的に拒絶することはできない，という意味だろうか。そうすると，オーストラリア側はどのように吟味し，どのような反対提案をすればよかったのだろうか。

(v)交渉を信義に反して遅らせないこと，とうことは，交渉の席につかないこと以上にどのような意味をもつのだろうか。オーストラリア側が値下げの提案をせず，あるいは日本側提案に全面拒否の態度を貫いたことは，交渉を信義に反して遅らせたことになるのであろうか。「信義に反する」交渉の具体的内容は何だろうか。ユニドロワ原則には，不誠実な交渉の説明があるが，これが契約改定交渉では基準にならないことは後述する。

　(vi)交渉中に必要もないのに既成事実を創り出さないこと，という基準も，問題は「必要もないのに」という言葉の解釈にかかっている。もっぱら相手方を困らせるだけで既成事実を創出することもないではないだろうが，現実には商人は損害賠償責任の帰趨（きすう）が分からない段階でリスクを増やすことはしないから，自動的に損害軽減の方向に動くものである。

　豪州糖の事件では，業を煮やしたオーストラリア側が船積を強行し，東京湾に粗糖を満載した船が何隻も滞船する状況になって，「甘い海」とまでいわれたが，これは「既成事実」を創ったことになるのであろうか。何が「既成事実」を構成するのであろうか。以上，和田教授の示す基準は，少なくとも豪州糖事件のようなタイプの再交渉に関しては，交渉の席につくこと以外は現実には基準とはなりえない。交渉の席につくことはいともたやすいことで，これだけでは紛争の解決にならない。

　では，オーストラリア側が一切の譲歩を拒絶した場合に，再交渉の過程で信義誠実の原則に違反に違反した認定することは可能であろうか。たとえば，豪州糖事件で，クィーンズランド政府が次のような主張をして，価格改定に全く応じなかった場合にクィーンズランド政府の態度は信義則に反したといえるだろうか。

　イ．粗糖の価格は乱高下する可能性のあることは業界の常識であり，日本の精糖会社はこの価格下落を予測していた。あるいは少なくとも予測可能であった。おそらく，日本の精糖各社は，乱高下することは予測していたにしても，ここまで価格が下落しそれが長期化するとは予測しなかったであろう。しかし，これは認定が非常にむずかしい。そのような事態が起こる可能性はないことはないが，まず起こらないだろうと高をくくった場合にそれは予測可能だという

のだろうか。これは経済情勢の大きな変動の場合に起こる問題である。1990年以降バブルの崩壊とともに土地の価格や株価は大暴落を続けたが、そのような事態を正確に予見しないまでも、バブルの異常さから将来のリスクを敏感に感じ取り、土地や株の投機を避けた経営者もいた。多くの経営者は何かおかしいとは感じつつも、多少の変動はあっても過去の右肩上がり基調の景気動向を考え、景気の動向を楽観的にみていた。バブルの崩壊が法律的に事情変更の原則の適用できる予見不可能の事態とみてよいかどうか、大きな問題であろう。予測可能性を、契約によって引受リスクと引き受けなかったリスク、と言い換えてみても[17]、結果は同じである。予測と引受は、太陽光線のスペクトラムのように変化するもので、問題はそのどの点でどういう具体的判断基準で予測があった、あるいは引受があったと認定するかの問題である。このような具体的判断基準はまだ示されていない[18]。豪州糖の事件の場合も、クィーンズランド政府の予見可能の範囲内であるとする主張は信義則に反する、とはいえないのではなかろうか。

ロ．クィーンズランド政府は、5年間の長期固定価格契約とし、その固定価格を交渉時の相場の半分とした。このことによって、売手と買手は、粗糖の価格変動のリスクを分け合ったのであり、粗糖の相場下落のリスクは買手が引き受けたのである。買手が引き受けたリスクが顕在化したからといって、これを売手に分担を求めることは契約交渉のバーゲンを崩すものであり、機会主義的（opportunistic）主張ではないか、というオーストラリア側の主張が考えられる。主張としては合理的であり、このような主張を信義則に反するとはとてもいえないであろう。

ハ．クィーンズランド政府としては、この程度の相場の下落では、クィーンズランド法上契約がフラストレートしたとはいえないし、日本法の判例法上も事情変更の原則が当てはまる事例とはいえないので価格値下げには応じられない、と主張しても、あながち信義則[19]に反する主張とはいえないだろう。

さらに、豪州糖事件の場合には、筆者はむしろ法律的には日本側の主張が弱かった事件ではないかとみているが、よしんば日本側の主張が法的には強く、クィーンズランド政府側の主張が法的には弱いものであったとしても、その交

渉について法的根拠が弱いことをもって信義誠実の原則に基づく交渉義務違反と認めることは，訴訟行為について一般的には不法行為とせず，「訴えの提起が裁判制度の趣旨目的に照らして著しく相当性を欠くと認められる」[20]場合に不法行為を構成することとの間に権衡を失するのではなかろうか。すなわち，一応合理的な主張をして交渉をし，あるいは合理的根拠の下に交渉に応ずる（すなわち値下げの余地があることを示唆する）ことを拒絶することを，不法行為とすることはできないのではなかろうか。本件で，むしろ日本側の主張が法的にどちらかといえば弱いとすれば，値下げをごり押しした日本側こそ，信義則に違反にしていたのではなかろうか。

　さらに，もし法律的にオーストラリア側にどの程度まで妥協して価格を下げよ，という基準がないとすれば，単に価格を下げないことをもって交渉義務における信義則違反とはいえないことになろう。とすれば，そのほかにどのような基準をもって信義則違反を問いうるのであろうか。おそらく，クィーンズランド政府側が，交渉のテーブルにつくことを単純に拒絶すれば，「信義則に従った交渉義務」違反を問いやすいであろう。しかし，オーストラリア側に契約価格の改定を全面的に拒絶する一応の理由がある場合には，交渉のテーブルにつくことを拒絶しても，信義則違反とすることは難しいだろう。

第5節　再交渉が妥結しなかったときの対策，判断基準がない場合の裁判官と仲裁人のよるべき基準

　交渉が妥結しない場合には，当事者は紛争を裁判に訴えることができるであろうか。裁判は，法的紛争を解決する場である。豪州糖事件のように，事情が変更したので合理的価格に変更をすることを裁判所に求めた場合に，これは法的紛争ということができるのかどうか，疑問なしとしない。汚水処理場事件では裁判所は価格の改定を認めた。また，いくつかの単純な事件では，裁判所が契約改定を命じた例がある[21]。しかし，裁判所に合理的価格を認定してもらう，というのであれば，これは鑑定であり，法律紛争ではない。裁判所の機能にな

じむかどうか，問題があろう。さらに，コモン・ローの原則は，裁判所は当事者に代わって合意を形成することを避ける，という強い傾向があることからも，コモン・ローの裁判所では，このような訴訟を避ける可能性があるのではなかろうか。

訴訟でこのような契約を状況に適応（adapt）させることについては，「それが法律上明示的に認められている国と認められていない国，があることが明らかにされている。さらに，法律上は契約適応の権限が裁判所に認められている国にあっても，裁判所が実際にその権限を行使する形態には微妙な差異が存在することが指摘されている」「一般に，国内裁判所は契約の適応を行うことについては消極的であり，たとえ法が裁判所に契約の改定を行う権限を与えていても，裁判所は自己抑制的な態度をとる」と説明されている[22]。

仲裁は，裁判より柔軟性があるにしても，仲裁廷での契約の改定（適応）が可能かどうかについて，仲裁ならば可能であるという議論が強いようであるが，賛否両論がある[23]。筆者としては，契約当事者の明示の授権がない限り，仲裁廷は契約の改定はできないとする方が，当事者の意思に近いのではないかと考えている。

しかし，たとえ適応の裁判が可能であり，仲裁も可能だとしても，基準のない中で裁判官あるいは仲裁人はどのような要素を考慮し，価格変更の判断をすればよいのだろうか。たとえば，当事者の利益状況や資金繰り状況は考慮すべきであろうか。たとえば，同じころ，オーストラリア鉄鉱石鉱山は，相場の上昇を捉えて種々の理由を申立て，日本の製鉄会社に長期契約の価格改定を要求した。財務的に比較的余裕のあった日本の製鉄会社はある程度の値上げを認めたため，大きな紛争にはならなかった。たとえば，豪州糖事件で，クィーンズランドの粗糖農家が，日本との固定価格の契約を締結したことで，その売買代金を担保として銀行借り入れが可能となりその借り入れによって農場経営の合理化が可能となったが，日本以外向けの粗糖が相場の暴落によりやはり経済的苦境に陥っていた場合には，買手が破産に瀕しているという苦境と売手の苦境を比較して，豪州糖農家の苦境が日本の精糖会社の苦境より軽いと認定された場合，その苦境の差に応じて価格を下げる判決を下すべきであろうか。下げる

べきとすれば，それはどのような法的あるいは衡平の理由によるものであろうか。さらには，もしそれが衡平に合致するとすれば，少なくとも契約当事者の財務分析をして，両当事者の豊かさと困窮度を比較してみる必要があろうが，農家と精糖会社の困窮度の比較は裁判官あるいは仲裁人にとって可能なのであろうか。前期汚水処理設備に関する価格改定を認定した神戸地裁がどのような要素を考慮して価格改定額を決定したのか[24]，判決文からは定かではない。

　互酬性は基準にはならないと主張されている[25]。事情の変化によって，売主と買主の双方が損害をこうむっている場合にはどうだろうか。たとえば，Aがある素材を生産する工場の建設を企画し，X，Y，Zの3社に長期買付契約の打診をした。X，Y，Zはその素材を使った製品の需要が伸びるとの予測のもとに，5年間の固定価格による長期買付契約を合意した。Aはこの長期売買契約の売買代金を引き当てにして銀行から工場建設資金の8割を借り入れた。AもX等と同様にその最終製品の需要が予測以上に伸びる可能性があると考えていた。その場合は素材の市場価格も上がるから，Aは生産量の3割をスポットで売る計画を立ててその利益を享受するため，長期契約の手当てをしなかった。ところが，最終製品の需要は，代替製品が開発されたことにより，激減してしまった。それに伴い素材の市場価格も激減した。したがって，Aは製品の3割についてはコスト割れの価格で売らざるをえず，大損を出している。しかも，事情変更を理由にX，Y，Zは製品の引き取りを拒絶しているから，キャッシュフローも悪化している。Xはこれは事情変更の原則が適用される場合であるとして，契約の解約あるいは価格改定を求めて裁判所に訴えた。このように契約当事者双方が苦境にある場合には，裁判所は，どのような基準で契約条件の改定を認めればよいのであろうか。また，事情の変更により，当事者の一方が棚ぼた的な利益を得た場合も，それほど難しくはないだろう。基準の立て方は理論的には難しいかもしれないが，計算外の利益を一部吐き出させても，不満は生じない[26]。

　戦後のインフレによる事情変更を理由に，土地の価格を改定する事件は，貨幣価値が下落した単純な事件で，近隣相場などから価格調整は比較的単純に計算できる事件である[27]。再交渉義務論の盛んなドイツでは，主として契約条件

の再交渉義務が問題になる。事情変更の原則の適用場面では，「圧倒的に，長期間にわたる不動産売買契約（再売買の予約等）に関する事案が多い」[28]とのことである。どうも，ドイツの議論と一部の日本の論文[29]を除いて，再交渉義務に関する議論の多くが，インフレ調整のような単純な紛争を念頭に置いて，議論を進めているのではないか，という疑問を禁じえない。このような事件を想定すれば，学者によって一般的に賛成されているといわれている「契約締結時の給付の均衡の回復」[30]という基準はわかりやすい。すなわち契約時の土地と契約時の価格として表示された貨幣の価値の均衡である。しかし，豪州糖のような事件では「契約締結時の給付の均衡」とは何を意味するのであろうか。また，上記の素材工場の建設とその製品の長期売買の例では，何が「契約締結時の給付の均衡」かはよくわからない。

　しかし，このような単純な事件はむしろ希である。たとえば，1973年当時は世界的にインフレが進行していた。そのインフレが始まる前1971年に，イラクの石油精製プラントを契約したエンジニアリング会社があった場合に，1973年の世界的インフレが予見不可能であったとして，プラント価格の見直しを裁判所や仲裁廷に要求したとしたならば，裁判所あるいは仲裁廷は合理的改定価格を認定できるものであろうか。第1に，個性の強い契約対象であるプラントの相場はない。第2に，インフレがどれだけプラントコストに影響を与えたかの認定は，多数の資材と労務とノウハウなど無形の資産からなるプラントでは無理である。第3に，1974年の不況から，石油精製設備から生産される石油製品の価格も暴落し，買手のイラク政府も苦境に陥っていた場合に，これをどのように考慮すべきか，という問題もある。第4に，設計変更や工期の延長などで妥当な解決をみつけだすことも，技術者ではない裁判官や仲裁人には不可能である。結局，裁判官も仲裁人も，どのような契約改定をすべきか判断できない状態になるであろう。

　では，鉄鉱石や非鉄鉱石，石炭あるいはLNGのような資源に関する長期契約についてはどうであろうか。これは，これらの契約がスポット契約ではなく長期契約として締結された事情が，プロジェクト・ファイナンスの場合のように，計算づくで長期固定価格（あるいはフロア・プライスやセーリング・プライ

スの制限付きで）が当事者の一方にとって最重要な要素として合意されたものか，あるいは当事者は，友好安定的な売手あるいは買手として，緩やかな契約拘束を掛けておこうというものか，ということによる。後者の場合は，たとえば固定価格で２年間契約した場合にも，契約終了時にさらに２年間契約を締結する first refusal right を相手方に与える場合がある。これは，２年後に，他の競争者と同条件を相手が提示すれば，第三者より相手を優先して契約を締結する，というもので，価格の見直しと同じ効果をもち，友好関係も持続できる。スポット契約ではなく長期契約を締結した事情が，単なる友好関係の安定的維持ということであれば，事情変更の原則が当てはまるような場合にも信義則に基づく再交渉義務を認めやすいかもしれない。前者の場合には，事情変更の原則が適用されそうな事態になった場合には，一義的な解決の方法はない。豪州糖事件では多数の論文が書かれたが，どのような根拠でどの程度まで価格改定を認めるべきであったかを示唆した論文はないようである[31]。

第６節　ユニドロワ原則と「契約交渉」

ユニドロワ原則では，契約交渉について次のように規定している。

　第2.15条
　(1)　当事者は自由に交渉することができ，合意に達しなくても責任を負わない。
　(2)　前項の規定にかかわらず，交渉を不誠実に行いまたは交渉を不誠実に破棄した当事者は，相手方に生じた損害の賠償の責任を負う。
　(3)　特に，合意に達しない意思を有しながら相手方との交渉を始め，または交渉を継続することは，不誠実なものとする。（曽野ほか訳・前掲訳書・50頁，「不誠実な」は in bad faith の訳である。）

この規定は，契約の再交渉義務によって交渉をする場合にも適用されるのかどうか明らかではない。しかし，いったん成立した契約の条項を変更する交渉もまた，変更契約の成立のための交渉として，あらたな契約と同様に扱っても

よいのではなかろうか[32]。

　再交渉の場合も，何が何でも交渉両当事者が条件変更に合意しなければならないという規範を導き出すことはできないと思われる。したがって，(1)項は，条件改定交渉にもあてはまる。さらに，おそらく，いったん交渉を始めた場合には，不誠実な交渉を行った当事者にサンクションを与えてもよいであろう。何が「不誠実な交渉」となるかは問題であるが，次に論ずる。したがって，(2)項もそのままでよい。しかし(3)項については，交渉に自由意思で臨んだことが前提になっていると思われる。したがって，法の規定あるいは契約の規定，あるいは一方当事者の懇請により，譲歩する意志のないまま交渉のテーブルについた場合にも(3)項に基づいて，常に「悪意」とされることは問題であろう。それは，豪州糖事件を例にとれば，最初からオーストラリア側に何らかの譲歩をする義務を課すことになるからである。しかし，ハイパー・インフレによって貨幣価値が大きく変わった場合の不動産の価格調整のようなケースには，双方に何らかの譲歩を用意させることは合理的であろう。このように，(3)項は，よく妥当するケースと妥当しないケースがある。

　原則としては，2.15条全体が，義務によって交渉に臨む者ではなく，自発的に交渉に臨む者を前提としているか，あるいは少なくとも(3)項は，全く自発的に交渉に参加した当事者を前提としていると考えるべきであろう。『UNIDROIT』の同条に関する解説に書かれた3つの仮定例はいずれも自発的に交渉に入った場合の例である。解説によれば，損害賠償の額は，信頼利益（reliance interest or negative interest）である[33]。この条文が，義務によって交渉する場合には適用がないとも書いていない。シュミットホッフは，交渉拒絶から損害賠償義務が生ずることはまずない，とみているとのことである[34]。

　もし，豪州糖の事件にこの2.15条が適用された場合はどうなるだろうか。オーストラリア側が，合意をする意思なく，日本精糖会社団と交渉に入った場合は，悪意の交渉破棄として損害賠償の請求を受けるかもしれない。しかし，その賠償は解説のとおり信頼利益に限られようから，賠償金額は契約改定交渉の出張旅費や費やした弁護士費用などに限定され，たいした金額にはならないだろう。履行利益，あるいは交渉が妥結したとしたならば合意されたであろう合理的な

価格と契約価格の差額を，悪意の交渉から相当因果関係のある損害額として賠償を求めることはできるだろうか。しかし，上記(1)項が，当事者に対して合理的価格に合意する義務を課していない以上，合意されたであろう合理的価格を損害賠償の基準とすることはできない。

契約上または法律上の義務に基づいて交渉をする者に対しては，上記2.15条が適用にならずに，交渉をすれば合意したであろう合理的価格を基準としてその合理的価格と元の契約価格の差額を履行利益として損害賠償の請求ができるということにした場合には，「合理的価格」が算定できるか，という問題に帰着する。そして，交渉義務が課せられる場合の合理的価格の基準としては，ハードシップに関するユニドロワ原則の6.2.1条以下が参考になる。6.2.3条はハードシップの効果として次のように規定する。

第6.2.3条

(1) ハードシップがあるとされるときには，不利な立場の当事者は，再交渉を要請する権利を有する。この要請は，不当に遅延することなく，かつそれを基礎づける根拠を示してしなければならない。

(2) 再交渉の要請は，それ自体は，不利な立場の当事者に履行を留保する権利を与えるものではない。

(3) 合理的期間内に合意に達することが出来ないときは，各当事者は裁判所に次項の判断を求めることができる。

(4) 裁判所は，ハードシップがあると認める場合において，それが合理的であるときは，次の各号の判断を行うことができる。

  (a) 裁判所の定める期日および条件により，契約を解消すること。

  (b) 契約の均衡を回復させるために契約を改定すること。

(曽野ほか訳・前掲訳書・152頁)

問題は，(4)(a)(b)の解釈であるが，豪州糖の事件の場合は，オーストラリア側が5年間の安定買付約束と引き換えに，契約交渉時の相場の半額という当時としては破格の価格で合意した訳であるから，裁判所が契約の即時解除を命ずることは明らかに一方的にオーストラリア側に不利であり，合理的な解決とはならない。では，「その衡平を回復する目的で契約を調整する」ということが唯

一の手段として残ることになり，具体的には豪州糖の事件の場合には，価格調整以外に良策があったとは思えないから，新たな合理的価格を裁判所が認定することになろう。その価格の手がかりがユニドロワ原則の条文あるいは解説の中に見出しうるか，というと答えは否定的である。衡平な調整として解説の中に例が出ているのは，プラント建設の例であり，Ｙ国政府機関とＸ国のプラント建設業者Ａとがプラント建設請負契約を締結したが，契約締結後にＸ国の通貨切り下げにより，輸入機械のコストが50％超になってしまったという例である。この例については，Ａは買主に対して，ハードシップを理由に再交渉を要求することができる，とのみ規定し，その交渉が合意に達しなかった場合に，裁判所がどのような救済を与えるべきか，については解説には何も規定がない。

　この事例では，あまりに簡略化されているので，次のような前提条件を加えて考えてみよう。まず，プラント価格は，現地工事部分など，現地通貨で調達する資材と役務に相当する部分を現地通貨建てとし，輸入機材については安定したハードカレンシー建てで契約をしている。Ａとしてはプラント建設業者として，このような通貨変動リスクを避けうることは常識に属するから，もし，契約金額全体を現地通貨建てとしたならば，そのリスクを引き受けていることになる。そのリスクを引き受けた対価として，競争相手を蹴落として受注したかもしれないし，Ｙ国政府機関からの契約価格値下げ要求を契約交渉段階で引っ込めさせたかもしれない。あるいは，そのリスクを引き受ける代わりに工期短縮の要求を引っ込めさせたかもしれない。このように，プラント建設請負契約の交渉時に，現地通貨建てのリスクと引き換えに種々の条件が決められている。すなわち，当事者のリスク計算の下にバーゲンがなされているのである。これを，事情が変更した後に，裁判官あるいは仲裁人はこれをどのように「衡平に」調整ができるのであろうか。また，Ａが為替変動のリスクを引き受けた計算ミスをどのように評価すべきであろうか。たとえば，Ａが為替変動のリスクを小さくみてこのリスクを引き受けることによりこのリスクを正確に予測した競争相手を蹴落として取引を受注した場合，後日競争相手の予想通りにＸ国の通貨切り下げが行われたとき，Ａが買主に価格調整を要求するのは典型的な機械主義的要求として退けられるべきではなかろうか。退けられないとしても，

このような事情はどのように条件変更に反映させるべきであろうか。裁判官には解決のつかない問題ではないだろうか。さらに，このような現地通貨切り下げの場合に，プラントの性能あるいは納期を若干犠牲にした上で外国からの機器の調達をＸ国内調達に切り替えることにより，Ａにとってかなりの損害が軽減される場合に，裁判官はプラントの仕様変更あるいは納期変更を命ずることができるだろうか。プラントの専門家ではない裁判官には無理であろう。

プロジェクトファイナンスにおいては，巨額な投資のため，当事者がそのプロジェクトを廃棄してしまうことができず（lock in），大きな事情の変更が起きたときに，やむにやまれず再交渉が行われることがある。多数の当事者が金の卵を産むプロジェクトを潰さずに，たとえ金の卵が小さくなってもプロジェクトを活かしてゆく手段を模索するインセンティブとなるのである。その結果，再交渉をへて契約改定がなされることがあるが，プロジェクト・ファイナンスのように利害関係が輻輳（ふくそう）するプロジェクトの利害調整の調整基準をあらかじめ定立しておくことは，事実上不可能である。また，裁判所が当事者に代わって改定基準を定立することも事実上不可能である。

第7節　再交渉条項は長期契約に挿入すべきか

予防法務的見地からは，長期契約において事情が変更した場合に再交渉の義務を認める再交渉条項を規定すべきであろうか。これは，長期契約を締結した目的に大きく依存する。

たとえば，個人の家屋の賃貸借契約では，家主も借家人も，当分の間目的の家屋を貸し，目的の家屋に住むことが目的で，家賃は近隣相場から大きく離れない，というのが家主・借家人基本的了解であろう。そこで，借地借家法32条のような条文ができあがり，これは一般的に支持されている。このような例では，再交渉条項は有効に機能している。その原因は，当事者が価格（家賃）を長期に固定することに大きな関心をもっていないこと，また近隣の相場という単純な指標によることで紛争が衡平に解決できそうであること，という2つの

条件がある。

　これに対して，サブリースの事件をみてみよう。「なお，前記の事実関係によれば，本件契約は，不動産賃貸等を目的とする会社である被上告人が，上告人の建築した建物で転貸事業を行うために締結したものであり，あらかじめ，上告人と被上告人との間で賃貸期間，当初賃料及び賃料の改定等についての協議を調え，上告人が，その協議の結果を前提とした収支予測の下に，建築資金として被上告人から234億円の敷金の預託を受けて，上告人の所有する土地上に本件建物を建築することを内容とするものであり，いわゆるサブリース契約と称されるものの1つであると認められる。そして，本件契約は，被上告人の転貸事業の一部を構成するものであり，本件契約における賃料額及び本件賃料自動増額特約等に係る約定は，上告人が被上告人の転貸事業のために多額の資本を投下する前提となったものであって，本件契約における重要な要素であったということができる」平成15年10月21日最高裁第三小法廷判決（民集57-9-1213）（原審東京高判平成12年5145号）。このような状況では，大企業によるビルの賃料の改定要求を機会主義的要素を感じ，不当なものと考えることには合理性があるであろう。

　もう1つの例は，プロジェクト・ファイナンスにおけるプロジェクトの産出物（アウト・プット）の長期契約である。プロジェクト・ファイナンスとは，プロジェクトを推進するスポンサー企業が特別目的会社である事業会社を設立し，この事業会社が銀行団から受ける融資である。スポンサー企業は銀行団に保証をしないかあるいは極く限定された事由に基づく責任だけを引き受ける（limited recourse）。融資の担保となるのは，事業会社の収入だけである（事業のキャッシュ・フロー）。そこで，鉱山開発などのプロジェクト・ファイナンスでは，銀行団は事業者とアウト・プットの買主との間に固定価格での長期売買契約を締結させ，その期間は少なくとも融資の弁済期間以上とさせる。固定価格は，融資金の元利合計の弁済をまかない，かつ事業が運転できることが保証されるような額とする。その上で，この長期売買契約の売買代金を銀行融資の担保として銀行に譲渡させる。売買代金の支払い先を，融資銀行団指定の口座とし，そこから融資の元利弁済金を控除した金額を別口座に移転し，そこから

事業の保険料などの絶対に必要な経費を支払わせ，最後に残った現金を事業会社に支払う。銀行団にとっては，売買代金が最大の担保となるから，これを安定的に支払わせることが大変重要となる。そのため，不可抗力で買主がアウト・プットを引き取ることができなくとも，売買代金だけは支払わせるというテイク・オア・ペイ（take or pay）条項を挿入させる。買主はこれらの見返りとして，相場より安い価格などを要求する。このような状況では，ビルのサブリース取引とも似て，長期売買契約上決められた価格で商品代金が安定して支払われることが，プロジェクト・ファイナンス存立の基本となる。このような状況で，買主が再交渉条項を要求しても，銀行団はそのような条項の挿入は拒絶するか大変な難色を示すし，契約途中で，買主が相場の下落を理由に価格改定を要求してもこれを拒絶するであろう。

　巨額の設備投資を伴う事業の場合，事業者は，借入金の返済や資産の償却の関係から将来の収益が投資に見合うか大きな関心事になるから，このプロジェクト・ファイナンスの場合のように長期固定価格で安定収入を確保することに執着しがちである。しかし，プロジェクト・ファイナンスのように銀行団の圧力のない事業者は，将来もし相場が上昇した場合にはそのメリットを享受したいと考えるだろう。これは，事業者が金融機関から固定金利で資金を調達するか，あるいは変動金利で調達するか，という判断と似ている。事業者によっては，一部のアウト・プットについては長期固定価格で売却し安定性を追求し，一部のアウト・プットについては長期契約を締結せず，スポットで売却することによって市況上昇の利益を享受することができる代わりに，市況下落のリスクを背負い込む。これは，企業の資金調達に関して長期固定金利の借入と変動金利のミックスを考え，外貨債権・債務について外貨建て債権と円貨建て債権のミックスをどのようにするか，というポートフォリオの問題と似てくる。このようなポートフォリオ政策の下に長期固定価格で売却されたアウト・プットについて再交渉条項を挿入することも，計算づくで長期固定価格を選んだ事業者にとっては計算を狂わす要因として排斥されるべきこととなろう。買手にとっても事情は同じである。プロジェクト・ファイナンスの製品生産のための原料や資材の購入契約場合は，原材料供給契約は銀行団の担保とはならないし，

原料の価格の変動は製品の売買価格に反映させることも（エスカレーション・クローズあるいはインデゼーション）できるから，アウト・プット契約ほど価格の固定に重要性はないといえるかもしれない。

これらの価格決定の動機と計算とをすべて斟酌し，かつ事後的に発生した状況変化を勘案し，衡平妥当な契約の適応を裁判官や仲裁人などの第三者が行うことは不可能に近いことが多いであろう。さらに，豪州糖の契約のように，固定価格が直接バーゲンの目的となっており，固定価格を維持することが一方に当事者にとって非常に重要である契約も，再交渉条項はこのような契約目的に正面から矛盾するから適切ではない。さらに，再交渉義務が不適切な契約は，長期融資契約である。融資契約中の細部の問題について限定された問題は別として，返済条件や利率などの基本条項について再交渉条項を望む金融機関はない。契約条件の多くのファクターについて専門的に十分計算された契約であればあるほど，再交渉条項は相手方の機会主義的主張を誘発する可能性を増やし，害が多いといえる[35]。

逆に，再交渉条項が適切である契約にはどのような契約類型があるだろうか。逆に単純な賃貸借のような日常の長期契約あるいは長期下請契約，取引特殊的投資のなされる部品供給契約，あるいは代理店・販売店契約で，契約事情の変遷とともに契約条件が当事者の規範意識に合わなくなるような契約の種類であれば再交渉条項は合理的である場合が多いであろう。再交渉条項は，関係契約によく適合する[36]。

アメリカの Richard E. Speidel によれば，関係契約とは次の要素をもつものである。第1に，価値交換関係が永続する。第2に，永続性のゆえに，交換される価値の一部は，契約当初に確定的に計算あるいは定義できない。第3に，関係契約においては価値交換契約の当事者の相互依存が単発契約を超えて社会的な関係へと拡大してゆく[37]。この観点からみるなら，豪州糖のような長期売買契約も，プロジェクト・ファイナンスにおけるアウト・プット契約も，長期契約ではあるが，第2の要素も第3の要素もなく，それは単発契約が一定期間繰り返されるだけであり，第1の要素があるに過ぎない。したがって，関係契約ではなく，再交渉義務を当事者に課すことは不適切である，ということにな

る。おそらくは，インフレによる不動産価格の上昇による事情変更の原則適用の場面は，最も再交渉義務が適用しやすい状況であろう。それは，売買目的の土地の価値の名目価値が下落したことにより，売主が実質価値との差額を損し，買主がその分棚ぼた的利益を得るというゼロサムゲームであるからである。客観的実質価値を確定することはできないにしても，履行時の名目価値の調整は，消費者物価指数や近隣の不動産の値上り率などを利用することによって，当たらずとも遠からずの数字をはじき出すことができる。曖昧ではあるにしてもある程度の範囲で設定できる実質価値についての合意を目指す努力を当事者に課すことは合理的である。問題は，このような場合を超えて，どのような類型の問題についてどのような形で再交渉義務を課すか，ということであろう。

第8節　紛争解決促進剤としての話し合い

　交渉は最終的な紛争解決手段ではない。交渉を強制しても意味がないし，交渉が合意に達しなかった場合のサンクションも合理的なものがない。それでも，交渉に大きな期待が寄せられているのは，対面での交渉による情報の交換量は，書面による情報交換より遙かに大きく，また交渉を通じてウィンウィンの妥結のアイデアが生まれる可能性もあるからである。しかし，交渉をすれば必ずウィンウィンのアイデアが出る訳ではない。

　たとえば，ユーリ・フィシャーのハーバード流交渉術では次のような話が出てくる。「図書館で2人の男が言い争っているとしよう。1人は窓を開けたいし，もう1人は閉めたい。彼等はどれだけ窓を開けておくか，さっきから言い争っているが，なかなか埒があかない。そこへ図書館員が入ってきた。彼女は，一方の男性になぜ窓を開けたいか尋ねた。『新鮮な空気が欲しいからですよ』と彼は答えた。次にもう一方に，なぜ閉めたいか尋ねると，『風に当たりたくないんですよ』という答えだった。少し考えてから，彼女は隣の部屋の窓を開けた。こうして風に当たることなく新鮮な空気が入れられ，2人の男は満足した」[38]。これはすばらしいウィンウィンのアイデアである。確かに交渉はこう

いうよいアイデアを生み出す可能性を高めてくれる。しかし，ウィンウィンのアイデアが必ず出るという保証はない。むしろ，出ない方が多いのではないだろうか[39]。ウィンウィンのアイデアを出すには，多量の情報の収集と類い希な創造力が必要であり，それはたぶんに個人の資質と努力に依存している。たとえば上のケースで図書室が小さく，真夏の暑い日に太った男が冷房をもっと効かせろと主張し，痩せた他方の男が冷房をもっと弱めてくれ，と主張している場面であると，ウィンウィンの解決はそう簡単なものではない[40]。ウィンウィンの解決のためには，上記の図書館員のように，アイデアのひらめきが特に大切であるが，裁判官はこのような創造的能力をむしろ殺すような訓練をされてきた人たちではないか，という疑念もない訳ではない。法は画一的処理を得意とし，逆に個性のある個別的解決策を提供することは最も不得手である。

このように，交渉はより合理的な解決をもたらしてくれる可能性を高める促進剤とはなっても[41]，決定的解決をもたらす治療薬にはならない。再交渉義務を契約書の中に規定する場合は，上記のように長期契約締結の目的との関係から利害得失を十分に考慮する必要があり，また，ユニドロワ原則のハードシップに関する原則も，もしユニドロワ原則を準拠法代わりに利用するのであれば，状況によっては契約で排除しなければならないであろう。

前述のように，契約の再交渉条項については，交渉が決裂した場合には，①契約をそのまま存続させる，②契約を解除させる，③仲裁か裁判に付託する，の3つの選択肢しかない。①を規定するなら，再交渉条項は気休めにすぎず，②を選択するとすれば，長期契約関係で望んだ安定的関係は，どちらかが再交渉を要求すれば画餅に帰す恐れがある。③を選択しても，裁判所や仲裁廷が紛争を受け付けてくれるか，受け付けてくれるとしても妥当な基準がない多くのケースでは結論を裁判官あるいは仲裁人の思いつきの判断に委ねるというリスクを犯すことになる。予防法務が，取引の将来の紛争をできるだけ正確に予測し，できるだけあらかじめその解決策を立てて法律上これを確かなものにするということを目的の1つにしているという見地からは，あまり勧められない条項ということになる[42]。

<注>
(1) 山本顯治「再交渉義務論について」法政63-114頁（1995年），北山修悟「契約の改定－資源開発契約を中心として」法学協会雑誌112-173頁（1995年），和田安夫「長期契約の調整と契約の再交渉義務」姫路法学13号1頁（1992年），石川博康『「再交渉義務」論の構造とその理論的基礎（一），（二）」法学協会雑誌118巻2号234頁，118巻4号520頁。
(2) yield protection clause, 長期のターンキー契約の請負人が契約期間中に発生する急激なコスト増のリスクを引き受けたくない場合に挿入されるとする。山本・前掲注1・21頁。筆者は経験がないが，おそらくプラントエンジニアリング会社の競争力が強かった昔に挿入されたものではなかろうか。プラント売り込みの競争の激しい現代ではあまり例をみないように思われる。
(3) 「長期にわたる金銭消費貸借契約において，貨幣価値の変動から生じうる貸主ないし借主における損害を回避するために，金価格，外国貨幣との為替レート，さらには標準生計指数といった統計的価格指数等に債務額を連動させる旨の条項である」ということである。後者は，長期プラント契約や長期売買契約に挿入される escalation clause のことではなかろうか。いずれにしてもこれらの条項は，起草する者としては，さらなる交渉を要せずして計算式により自動的に価格や弁済額が決定できるよう工夫してあるのが通常であり，再交渉を要求するようなドラフティングをしたならば，それは起草者の失敗であろう。したがって前2者の例とは性質を異にする。
(4) 交渉力は，個人の交渉スキルの優劣を意味する場合が多い。交渉のレバレッジの強さを意味する場合は，交渉の地位といった方が適切だろう。個人や中小企業や発展途上国の交渉の地位は弱く大企業の交渉地位は強いという大きな誤解がある。少なくとも国際取引の分野では，交渉の地位の強弱は競争の激しさに依存し，企業の規模とは関係がない。交渉の地位は競争の激しさに反比例する。競争者同士が価格や条件のたたき合いをするから，競争が激しくなれば必然的に交渉の地位は弱くなる。企業のサイズや先進国か発展途上国かは問題とならない。発展途上国も大きな契約では国際的大法律事務所を起用することが多いから，交渉のスキルあるいは sophistication についての差もない。
(5) 山本・前掲注1・22頁。ホルンのような考えは国際契約の交渉を行い，契約書の起草をしてきた私の目からみると，かなり楽天的にみえる。その理由は後述するが，ドイツの理論が，インフレによる事情変更の原則が適用されるような場合の再交渉を念頭においているからではないか，と疑っている。
(6) 山本・前掲注1・24頁。
(7) もっとも，飯塚重男「契約の適応と仲裁」上智法学論集31巻3号（1988年）は，「当事者は，かかる事態の発生に対処するため，あらかじめ契約の適応に関する条項を契約中に挿入しておくことが通例である」（かかる事態とは，「自然災害や経済，政治，技術等の変化の結果，当該契約の履行を継続することが契約当事者の一方にとって著しく均衡を失するものとなり，過酷となるような場合」を意味する）とするが（2頁），筆者はそのような条項をみたことがない。FIDIC等の土木工事あるいは建設工事契約約款の Engineer の規定を想定しているのであろうか。おそらく，これらの土木・建設工事契約の Engineer の規定と Engineer の機能は，歴史的に特殊なものであろう。ただ，論者は，この適応条項の中に force majeure clause も含めるようである（6頁）。ただ，そのように適応条項を拡大した場合に，有効な議論ができるのか，疑問である。
(8) 山本・前掲注1・24頁。
(9) 「かかる交渉や合意は何ら実体法的な『基準』なくして遂行されうるものなのかとの

⑽　Howard Raiffa, *The Art and Science of Negotiation* 46（1982）Harvard. の交渉の窓（zone of agreement）が，両当事者の期待が膨らめば膨らむほど小さくなり，果ては交渉の窓が消えてしまい，合意ができなくなる。

⑾　*Paiton Energy*, Project Finance Asia Pachific Report, March 2003, at 36.

⑿　この事情については，Mark Kantor, *The Limitations of Arbitration*, The Journal of Structured and Project Finance, Fall 2002, 1が面白い例を提供してくれている。

⒀　山本・前掲注 1・36頁。

⒁　見直し条項は「売主と買主は本契約期間中各契約年度ごとに少なくとも 1 度は契約の運用（operation）と継続（continuation）について相互に協議（consult together）するものとする」（柏木訳）というものであった。田中齋治・上野幹夫『契約文章読本』173頁（東京布井出版，1993年）。豪州糖事件の顚末については同書167頁以下が詳しい。また，他に国際契約における見直し条項の例として，多喜寛「国際取引法における lex mercatoria の理論（一）」法学（東北大学）50巻 1 号45頁以下。

⒂　和田・前掲注 1・20頁。

⒃　相手を契約に誘引する際の交渉で開示しなければならない情報，たとえば家の売買で家がシロアリの被害に遭っているという家主しか知らない情報と，再交渉に積極的でない当事者の情報開示義務とは根本的に考え方を変える必要があろう。

⒄　和田・前掲注 1・12頁以下。

⒅　バブルの時は，筆者は商社で「何かおかしい。いつかこのような状況は変わるはずだ」と思いつつ，それがいつどのような形で来るか予測することができずに，右肩上がりの景気の継続を前提として契約審査を行っていた。おそらく，大部分のビジネスマンが同じ心境だったのではなかろうか。

⒆　日本の場合には，同じ時期に起きた建設請負事件の下級審判が気になるが，その判決例を除けば，日本法下でも事情変更の原則の適用はどちらかといえば難しい事件に属するであろう。

⒇　最判昭和63年 1 月26日民集42巻 1 号 1 頁。

㉑　神戸地判，昭和57年 7 月 9 日，判タ483号109頁，その他，裁判で契約改定を認めた判例については，石川・前掲注 1・法学協会雑誌118巻 4 号592頁に掲げてある。

㉒　北山・前掲注 1・96頁。

㉓　同上，97頁以下。

㉔　ただし，この場合は，買主は暫定的に売主の価格改定（約39％）の要求を承諾していた，という特殊事情がある。判タ483号111頁。また，要求された改定価格による粗利の増加の一部は当時のオイルショックによる狂乱物価に便乗したものである（すなわち機会主義的主張であるということか，筆者注）ことが認定されている。そして，大阪府等の請負代金増額紛争に関する行政指導が15％増であったことも勘案し25％の増額を認定した。

㉕　石川・前掲注 1・法学協会雑誌118巻 2 号241頁。

㉖　北山・前掲注 1・122頁は資源供給契約について，再交渉条項ではなく，（一方当事者の）事業利益が一定の基準を超えた場合にその超過利潤を受入国側に配分する方式を定める「利益分与規定」（profit sharing provisions）の利用が最近の傾向のように思われる，というヒギンズの説を引用している。

㉗　このような契約調整の場面は，狭義の契約調整と呼ばれ，その調整は比較的容易であ

るといわれる。和田・前掲注1・9頁。
⑵⑻ 石川・前掲注1・法学協会雑誌118巻4号596頁。
⑵⑼ 北山・前掲注1。
⑶⑽ 多喜・前掲注14・49頁。
⑶⑴ ホルンは「当初の契約における給付の均衡」つまり「no profit no loss」ルールと,「新たな状況における最もフェアーな調整」という2つの基準を用いるとしているが，それに対する山本顯治の批判は正当である。山本・前掲注1・95頁。ホルンのこの基準は取引の現実からみて明らかにあまりに単純で基準として使いものにはならない。
⑶⑵ 同旨，和田・前掲注1・25頁。
⑶⑶ Principles of International Commercial Contracts, UNIDROIT（1994）51.
⑶⑷ 和田・前掲注1・26頁。シュミットホッフは，再交渉条項に，再交渉拒絶に対する損害賠償の予約条項を規定しておくことを，勧めているようであるが，拒絶の代わりに交渉の席について妥協は一切拒絶することはいともたやすいことであるから，この条項は実際は意味がない。合意に達しないことに対しても損害賠償の予約を規定することは，どちらが合意に達しないことに責任があるかということが確定できないから，これも無意味である。後者は，拍手の音が右手から出たか左手から出たか，という禅の公案を想起させる。
⑶⑸ これは，再交渉条項が機会主義を誘引しやすい，という問題でもあろう。石川・前掲注1・法学協会雑誌118巻4号552頁。
⑶⑹ 石川・前掲注1・法学協会雑誌118巻4号545頁は，ドイツのネレが明らかにしたこととして「再交渉に関する規律，とくに再交渉義務を伴うような契約は，いわゆる『関係契約』に収束する，と言う点である」と指摘しているが，非常に重要な点である。
⑶⑺ Richard E. Speidel, *Relational Contract Theory*：Unanswered Questions A Symposium in Honor of Ian R. MacNeil：The Characteridtics and Challenges of Relational Contracts, 94 Nw. U. L. Rev. 823.
⑶⑻ フィッシャー・ユーリー・パットン『新版ハーバード流交渉術』63頁（TBSブリタニカ，1998年）。
⑶⑼ 学者は一般的にウィンウィンの解決方法が創造される事に楽観的である。実際は，事案の争点の多さ，バックグラウンド，それとなにより交渉者あるいは調停者の創造力という個人的資質が大きく影響する。
⑷⑽ 裁判官や仲裁人は，この紛争をどのように解決できるだろうか。痩せた男の貧血の度合いまで考慮しなければならないだろうか。他の図書館の平均値で解決すればよいのだろうか。痩せた男と同じような図書館利用者が多数で，太った男に同調する者は絶対少数派である場合はどうだろうか。太った男が，脳溢血になる可能性はどのように考慮に入れるべきだろうか。太った男が汗かきで，汗が本の上に垂れてくる可能性をどのように考慮すべきだろうか。こんな簡単な事例でも，この場合の「衡平な解決」は一義的には決まらない。この例は，ライファのいう2当事者単一争点のケースであり，創造的解決の困難な事例である。豪州糖も，実質的には2当事者単一争点のケースであろう。（Reiffa, *supra* note 10, at 33.）
⑷⑴ 再交渉のその他の間接的効用については，石川・前掲注1・法学協会雑誌118巻4号551頁のネレの指摘が参考になる。
⑷⑵ 現実にはそれにもかかわらず，再交渉条項はよく利用されているようである。石川・前掲注1・法学協会雑誌118巻2号235頁。それは，企業に，裁判官と仲裁人に対する根

拠のない過度の期待があるからではなかろうか。あるいは，契約起草者が解決方法をあらかじめ契約書に規定することができずに，無責任にも問題を裁判官あるいは仲裁人に放り投げているのかもしれない。

〔柏木　昇〕

第2章

法廷地選択および準拠法選択の役割

第1節　はじめに

　法廷地選択および準拠法選択とは，国際契約の当事者が将来発生するかも知れない契約に関する紛争の発生に備えて，そうした紛争をどの国の裁判所に付託するか，またそうした場合の紛争解決の基準としてどの国の法律を用いるべきかをあらかじめ契約締結時において選択しておくことを意味する。そうした選択は国際的な商取引契約において日常的に行われる慣行であり，国際契約に用いられる契約書式にはこうした条項が盛り込まれているのが普通である。

　国際契約を締結する場合に，当事者間での合意がなければそもそも具体的な契約を進めることができないような重要事項は，通常は契約書式の表面に具体的取決に合わせてタイプアウトされる。たとえば国際売買の場合については，1）当事者，2）売買の対象である物品，3）契約価格，4）引渡条件（トレードタームズ），5）運送人，6）所有権留保の有無，7）支払条件，8）引き渡すべき書類，などがこうしたものである。こうしたものを「履行プラン条項」と呼ぶことにしよう。

　しかしそれ以外に，当事者が本来契約で企図した目的実現に向けたプランから契約関係が逸れてしまった場合に対応するための様々な条項が契約書の中には定められている。それらを「リスク対応条項」と呼ぶことにしよう。こうした条項は定型的な条項（一般条項）として契約の裏面に最初から印刷されていることが多い。契約締結の過程では，両当事者はそうした事態に陥ることを望

んでおらず，またそこまで関係が拗れることを考えていないため，それら条項は契約書の裏面条項としてひっそりと忍び込ませてあるのであろう。本章が扱う「法廷地選択」や「準拠法選択」はリスク対応条項の典型的なものであり，もはや当事者間での交渉等による解決が不可能なほど葛藤が深まり，訴訟を用いた紛争処理を必要とする場合に対応するためのものである[1]。こうした条項は一般条項の末尾の方に通常規定されている。

　リスク対応条項は，契約が健全なプロセスをたどり無事終了する場合にはほとんど出番のないものである。しかし万一の場合に備えるためのものであっても，法廷地や準拠法をどのように定めるかについて，両当事者の利害対立は深刻である。たとえば日本の商社Mとカリフォルニアのデパートが契約をしたような場合に，Mにとっては日本で日本法を準拠法として訴訟を行うことが有利であり，Wにとってはカリフォルニアの裁判所でカリフォルニア法に従って訴訟を行うことが有利である。このように利害の対立が明確な場合，これを論点として本格的に交渉を行えば合意に到達することは極めて難しい。

　ビジネスにおける利益実現は取引の成功によってもたらされる。したがって多くの当事者は万一の場合にしか必要とされない条項の交渉に大きな労力を割くことを望まず，またそうした条項内容にこだわり対立することで，肝心の取引を不成立にしてしまうことは馬鹿げたことであると考える。その結果，こうした条項について十分な交渉がなされないまま，それぞれが異なった「法廷地」や「準拠法」の定めを含んだ契約書式を相互に送り合い，契約は成立したものとして現実の履行が開始されることは極めて多い。そして不幸にして，その後当事者間に紛争が生じた場合に，これら条項の内容の不一致が，いわゆる「書式の争い」という状況を生み出すことになる[2]。準拠法選択条項や法廷地選択条項はそうした混乱状態を発生させやすい。しかしそうした危険が存在するにもかかわらず，こうした条項は国際取引において重要なものであり，契約において合意しておくことの意義は大きい。

　本来は国際的な商取引の専門家達の間で用いられてきた条項であるが，今日では私達の日常生活においても頻繁にみられるものとなってきた。たとえばソフトウェアをパソコンにインストールするときにウィンドウにあらわれる契約

条項をスクロールしてみると，その終わりの方にこうした条項が挿入されていることに気づくことは多い[3]。現在，企業同士の取引であろうと消費者が関連する取引であろうと，国境はそれほど大きな障害ではなくなってきた。しかし他方で，法制度が国境を越えた調和を実現するスピードは，取引活動のボーダレス化進展の速度に付いて行けない状況にある[4]。そうしたギャップの拡大が，準拠法および法廷地選択条項を用いることを，消費者が関連する取引においても要求するようになってきた。したがって今日では，法廷地および準拠法の選択について正確な理解をもつことは，決して国際取引に日常的に従事する一部の人達だけに必要とされるものではない。換言すれば，国際契約に関する健全な理解はあらゆる取引社会において必須の基礎知識となる時代を私達は迎えている[5]。

　このように説明すると，本章が扱う問題は一見単純に思えるかも知れない。しかし伝統的な法律学の理論的立場からみれば，実に様々な説明困難な問題を含んでいる。それは同時に，契約という人々の自発的な行為と，国家法制度によるその規律との関係に関する，難しい問題をも含んでいる。以下では，こうした複雑な理論的問題をもできる限り扱う。なぜなら，法理論の不安定は，近い将来において法的規律や実務の在り方に根本的変更をもたらす震源となる可能性が大きいからである。そうした問題を正確に理解することは，近い将来に生じるかもしれない大変動に備えるために必須のものとなる。

　したがって本章では，準拠法選択および法廷地選択がグローバルな商取引において有する意義を，レベルを下げず，しかも分かりやすく説明することを目的とする。著述は次の順序に従って行う。第2節においては，契約自体の拘束力や，その中で規定されている法廷地選択条項および準拠法選択条項が，なぜ国際契約という不安定な場面においてもそれなりに信頼できるものとなっているのかについて検討する。第3節においては，法廷地選択および準拠法選択をめぐる法的環境について，やや詳しく分析を進める。第4節では，国家法のみが準拠法となることができるとの立場に対して，最近の実務的動向を加味した批判的検討を行う。第5節では，国際取引において用いられる標準契約書および一般条項との関係で準拠法・法廷地選択の位置づけを行う。最後に短い結論

図表 1　国際契約書に含まれる諸条項

- 主要条項
  [特定的な履行プラン条項]

  当事者間で, 具体的な交渉と合意が通常行われる条項
  * 契約当事者の確定
  * 品質・数量・価格・積出・決済
  * 検査・書類・保険・保証等

- 履行プラン条項
  [補充的・一般的な履行プラン条項]

  主要条項の解釈や補充を行うための条項

- リスク対応条項
  [万一の場合に備えるための条項]

  契約が予定されたコースから逸れた場合に対応するための条項
  * 遅延損害金・履行遅延に対する救済・品質不適合に対する救済・当事者間の通知義務等
  * 責任制限・不可抗力免責等
  * 紛争解決（法廷地又は仲裁の合意・準拠法の合意）等

を述べる。

第 2 節　なぜ国際契約において当事者は法廷地や準拠法を選ぶことができるのか

1　契約の拘束力と法律との関係を再考する

　個々の契約は国家法によって拘束力が与えられているとの説明が, 大学法学部の教室においてどれほど繰り返されてきたであろうか。つまり国家法による司法的強制が, 契約という私人間の取決めを確実なものとすることによって, 自由主義経済が成り立っているとする考え方である。しかし, この説明自体に法律学の自己中心的な姿勢が垣間みられる。私達が日常の生活を振り返るとき, 他人との約束を守るのはそれが法律によって強制されるからであると考える人が, 実際にどれほどいるであろうか。したがってこの説明は, それ自体十分に

疑ってみる必要がある。

　仮にこうした説明にそれなりの理由があるとしても，それが国際契約にそのまま当てはまるか否かは自明ではない。司法制度が十分整わない昔から，人々は自分が与えたコミットメントに厳しく束縛されてきた。そして世界的な契約法研究者であるマクニールが正当に指摘するように，各国の契約法が定める制度のほとんどは，むしろ何らかの意味で契約の拘束力を緩める働きをしている。たとえば詐欺・錯誤・強迫は一定の場合に当事者を契約的拘束から解放する働きを有する。また債務不履行に当事者の帰責事由を要求したり，損害賠償の範囲を当事者による予見可能性の範囲に限定するのも，契約による責任を軽減する措置であるといえなくはない。

　実際に国家法が十分に監督すること自体が不可能なボーダレスな取引について，国家法がお節介を焼いて法制度的な強制による後押しをしなくとも，ほとんどの取引者達は自分が行ったコミットメントを着々と実行していく。見方を変えれば，取引関係に入る当事者は，最初から司法制度による強制をそれほど当てにしているわけではないといえよう。

　それでは契約は，それを守るべきだ考える各個人の良心にのみ依拠して，守られているのであろうか。残念ながら，人間がそれほどまでに善良でもあると筆者は考えない。ではなぜ，ほとんどの契約は司法制度の力を借りることなく無事に実現されていくのであろう。それは，人々に対して契約を守るよう強制するものが，この社会には法律以外にも多く存在するからであると考えることができる[6]。自らのコミットメントを守ることのできない者は，社会的な協力行為である取引[7]を行う能力を周囲の取引者達に疑われるようになる。これはビジネスの世界では死刑宣告に等しい。また，永年取引社会において契約を誠実に守り続けた者に対しては，大きな信用と信頼とが形成され，それはより多くの取引を引きつける力となり，大きな富を生み出す源泉となる。そうした資産を長時間かけて形成してきた者がそれを簡単に放棄するとは考えられないから，そうした当事者とは安心して取引を行うことができる。したがって「契約は国家の法律によって効力を与えられることで，はじめて拘束力を持つ」などということは愚かな法律家の戯言かも知れない。法制度は取引という人々のダ

イナミックな営み全体からみれば，その一部分をサポートするための制度に過ぎないことを，法律を学ぶ者は自覚しなければならない。しかしそれは法律家にとって，自己否定でも自己卑下でもない。法律の役割の正確で現実的な理解が，法律という道具をより効果的かつ効率的に用いるための実践を生み出す基盤となる。

　以上が現実に則した分析であるとしても，法廷地や準拠法を選択する当事者は，紛争が裁判所に持ち込まれた場合を前提としてこうした規定を契約書において定めている。ここでは取引的視点からは最悪のシナリオが予測されている。そして契約当事者はその範囲において，国家法による契約支援のための制度を，取引を円滑に進めるための統治構造の一部として契約関係に取り込んでいる訳である[8]。したがってこうした条項は，最悪の事態において被害を少しでも軽減するための，いわば安全ベルトの役割を果たす。

2　国際契約の法的安定性を守る3つのグローバルルール

　それでは不幸にして当事者間に紛争が発生し，それが訴訟へと進展した場合について考えてみよう。まず，国際的な要素を含んだ民事紛争が発生した場合に日本の裁判所はどの国の法律を適用して紛争を解決すべきか。この問題に答えるための法律を，一般に国際私法と呼ぶ。そして国際私法を適用した結果として当該紛争に適用されることになる法律を，準拠法と呼ぶ。また，そもそも国際的な要素をもった民事紛争を解決する権限を日本の裁判所がもちうるか否かを決定する法律を，国際民事訴訟法と呼んでいる。そして日本の裁判所が当該紛争を解決する権限を，国際裁判管轄権と呼ぶ。

　ところで現時点においては，法律を制定する権限は，基本的にそれぞれの主権国家が独占している。一国内における取引において，契約当事者が国家法制度を利用すること自体はそれほど難しくはない。国内法に従って管轄権を有する裁判所に訴えを提起し，その紛争解決を委ねることでそれは可能となる。しかし国際取引において，同様のことが行えるわけではない。まずどこの裁判所に紛争が持ち込まれるかさえ自明ではない。各国の法システムはそれぞれが独

自に定めた，民事事件における国際裁判管轄についての規則を有しており，単一の紛争について複数国家の裁判所に管轄権が発生することは少なくない。つまり国際的に多重訴訟が行われる可能性は，ほとんどの国際的な民事事件に付いて回る問題である。

こうした不透明な状況にも関わらず，国際取引を行う企業はどこも似たような契約書式を用いて，様々な国との国際商取引を行っている。しかしこれは，各国の法制度がそれぞれに千差万別であるとすれば，当然の出来事ではないはずである。それでは取引をする相手の属する国ごとに別々の契約書を用意する必要がないのはなぜであろうか。それは契約についてグローバルルールといえるものがすでにかなりの程度まで存在しているからである。

たとえば，日本の商社Mとアメリカのデパートwとの間の契約に関して，Mが引き渡した商品に欠陥があり紛争が生じたとしよう。こうした場合に契約書において大阪地裁が紛争解決のために選択されていれば，大阪地裁はこの紛争を解決する国際裁判管轄権を有する。これは法廷地選択における当事者自治の原則と呼ばれ，日本だけでなく世界各国の法システム[9]がほとんど一致してそのことを認めている[10]。また，その際の紛争解決の基準となる法システムについても当事者達は合意によって，それを自由に選択することが許されており，これも日本だけではなくほとんどの国家法が認めるグローバルルールとなっている[11]。これを準拠法選択における当事者自治の原則と呼ぶ。

各国が独自の法制度をもつ状況の中で，それぞれの国の法律家コミュニティはほぼ同じ方向性を持った司法的対応を進めてきた。それは，次の3つの局面にまとめることができる。

① 法廷地選択の自由・仲裁合意の尊重
② 準拠法選択の合意の尊重
③ 実質法上の契約自由の原則の尊重

各国家法システムは相互にそれらの内容を調和させるための基盤をほとんど有してはいないにも関わらず，こうした方向性において無意識的な歩み寄りを行ってきた。そして現時点では，こうした3つグローバルルールが存在するといえるところまで到達した。以下では，こうした各国司法による自律的な協調

図表2　国際契約の法的安定性を守る三層のグローバルルール

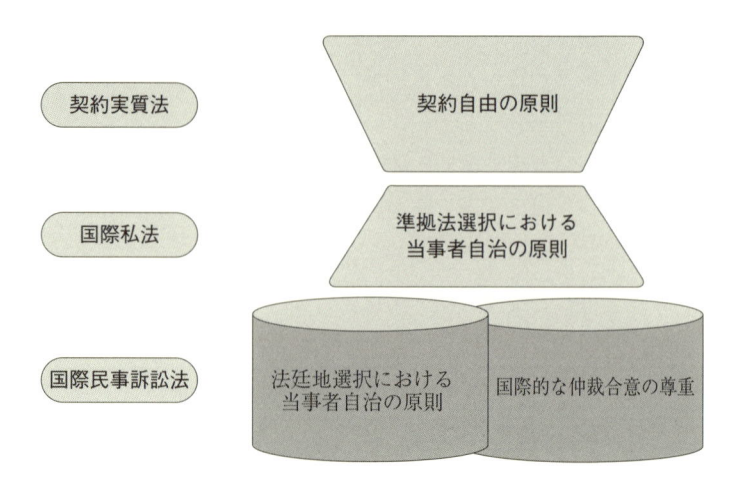

- 契約実質法：契約自由の原則
- 国際私法：準拠法選択における当事者自治の原則
- 国際民事訴訟法：法廷地選択における当事者自治の原則／国際的な仲裁合意の尊重

形成の意義と内容とを確認し，進展するグローバル化に適応するために法律家コミュニティが示してきた意外な適応能力について考察する。

3　国際契約の法的規律の三層構造

以上で説明したことを，法適用の構造に従って再検討してみよう。国際契約をめぐる法的規律は，理論的には三層構造によって成り立っている。すなわち，①手続法（国際民事訴訟法），②国際私法（準拠法選択規則），③実質法の3つのレベルに分けて考えることが可能である[12]。

(1)　手続法レベル：法廷地選択条項の有効性

法廷地選択条項と準拠法選択条項とは，通常は同じ契約書（一般条項）の中に記載されている。しかし，法理論的には前者は手続法または国際民事訴訟法上の問題とされるのに対して，後者は国際私法（準拠法選択規則）上の問題とされる。

民事訴訟手続の準拠法については，「手続は法廷地法による」という支配力

のある大原則が存在する。この原則の根拠は単純明快である。一国の民事訴訟は，様々なハードウェア（具体的な人員・建造物その他の制度）とソフトウェア（民事司法制度を動かすためのルール）の構成の組合せによって機能する。たとえば，契約準拠法として日本法が選択されている場合とカリフォルニア法が選択されている場合とで，裁判所はそれに合わせて訴訟のやり方を完全に変えることが可能であろうか。具体的には，カリフォルニア法が準拠法とされ陪審による裁判が認められる場合でも，日本の裁判所で訴訟が行われる場合に，現時点で陪審による裁判を行うことは不可能としかいいようがない。なぜならば，日本には陪審制度という訴訟上のハードウェアが欠落しており，また仮に陪審を選んだとしてもそうした裁判のために設計された法廷が存在しない。ソフトウェアすなわち訴訟手続のルールに関しても，陪審の存在を考慮に入れた法律その他の複雑な規則を有していない。一国の国内法における実務家として訓練を受けてきた裁判官，弁護士，その他裁判に関わる人々が，他国の民事手続に従って訴訟を進めることは，極めて大きな負担と費用とが伴うことになる。またその結果として手続は非効率的なものとなり，訴訟費用も高騰することになるであろう。したがって，訴訟手続に関するルールは原則として当事者が勝手に処分できない性格のもの，すなわち強行法規であると同時に，準拠法選択の対象とはならないものと考えられてきた。

　しかし外国の手続法を絶対に用いるか否かについては，実は程度問題である。ハードウェア面でも，ほぼ同様の役割を果たす代替的方法を用いることが可能な場合は，外国法の手続に合わせる工夫はなされてきた。取引事件ではないが，国際離婚について，裁判を要求する国が世界の多数を占める。離婚について日本法が要求する調停前置主義は，離婚を必ず訴訟手続によらしめる西欧諸国のやり方と矛盾する。この矛盾を回避するため，日本では調停離婚の調書に準拠法判断や法定の離婚原因等を書き加える工夫をして，少なくとも外見上は調停調書を判決と同等にみえるようにしてきた。これはハードウェア（すなわち離婚調停という日本特有の制度）の不整合に対応するための調整である。

　民事訴訟のソフトウェア（すなわち具体的な訴訟法上のルール）の不整合に関する例としては時効の問題がある。大陸法において債権の消滅時効は実体法の

問題として扱われる。これに対し，英米法において出訴期限は手続法の問題として扱われる。これを文字通りに受け取れば，準拠法に関して大陸法と英米法とで扱いが異なることになるはずである。つまり，手続法の問題だとされれば「法廷地法」に従うのに対し，実体法の問題だとすれば契約準拠法の問題とされることになる。しかし現在では，出訴期限と消滅時効とは実質的に同一の機能を果たすことに着目して，契約準拠法による問題として扱われることでこの問題は収斂したといってよい。また，国際商事仲裁においては，手続についても当事者の意思を尊重する方向性が明確に認められている。

したがって，手続法を選択できる可能性が実践において全面的に否定される訳ではなく，国際的な統一民事訴訟手続法が作成される可能性がない訳でもない[13]。またアメリカの法律家は，連邦裁判所と各州の裁判所の異なった手続法に自然に対応している。法律家の自由移動を認めようとしている欧州連合でも，手続法を共通化する動きは急激に進展するものと思われる。

話を法廷地選択条項に戻すことにしよう。ここで確認すべきは，訴訟手続に関する法律（民事訴訟法）は，いわゆる強行法規として当事者では自由に変更を加えることができないのが原則である。しかし当事者が合意によって法廷地を選択することの有効性は，現在各国の国際民事訴訟法が広く認めており，その結果として法廷地選択条項はほとんどの場合，世界中で通用することになる。

(2) 国際私法レベル：契約準拠法選択と「絶対的当事者自治」

国際契約に適用される実質法は，現在では強行法規をも含めて当事者が選択した国の法律によるとする立場が世界的に大きな支配力をもつ。任意法規・強行法規の区別を問わず，しかも契約当事者や契約と準拠法所属国との関連性を問わない（世界中の国の法律をどれでも選択できる）点で，これを仮に絶対的当事者自治の原則と呼ぶことにしよう。また，選択された準拠法は，その契約自体の有効・無効をも決定するという立場が有力である[14]。

既述のように，法律家による契約の法理論的認識は，準拠法を土台として出発する。国家の権力に支えられた法システムが背景にあって，はじめて有効な

契約が生み出されると考えるのが法律家である。国家法の傘下に入らない契約ということ自体，法律家によっては思考の混乱を招く非常に認め難いものであるといってよい。したがって，準拠法となる資格を有するのは，国家法のみとする考え方が現時点では支配的である[15]。しかしこの認識は，契約実務に携わる人々の認識とはかなり異なるであろう。

(3) 実質法レベル：契約実質法における「契約自由の原則」

世界のほとんどの国の契約法において認められる契約自由の原則の結果として，契約書の各部分には法的拘束力を認められることになる。特に商事契約において当事者の自由な合意は広く尊重されており，それが契約書に定めた法廷地選択条項および準拠法選択条項以外の，他の多くの当事者間の関係を規定した条項に効力を与える基盤となる。またこうした基盤の中には，各国の法律が有する慣習に対する寛容性・許容性も当然に入ることになる[16]。

第3節　法廷地選択と準拠法選択をめぐる法理論の混乱

ここでは法理論の立場から，法廷地および準拠法選択の自由について考察を進めてみたい。日本の法律学において，準拠法選択と法廷地選択とは別次元の問題として区別して議論されてきた。その理由は，両者の法律学的な分類における差異に基づく[17]。準拠法選択は法例7条が規律する国際私法の問題であるのに対し，法廷地選択は国際民事訴訟法の問題とされてきた。そして法廷地選択条項を直接に議論の対象となった判例はわが国において極めて少ない。その原因の1つは，日本の裁判所が，国際契約の当事者間で選択されることが少なく，そうした問題を扱った訴訟が少ないからであろう。法廷地選択に関する経験論の蓄積が乏しいことにある。法理論の発展にとって事件数量の一定以上のフローは不可欠である。国際取引に関する実務的要請に応えるための法制度がわが国において未成熟なままに止まっている主たる理由は，この点にあると思

われる。

1 英米法における両者の基本的な一致

　これまでの日本の国際私法学では，たとえば法廷地として日本を選びながら，準拠法としてカリフォルニア法を選択する場合のように，法廷地法と準拠法とが異なる事例を当然の前提として議論が進められてきた。それは国際私法学があまりにも単純に「内外国法平等」と普遍主義を強調してきたことに起因する。しかしこれは実務的視点からは理解しがたいものであろう。法廷地を選択するほとんどの場合において，当事者は法廷地における実質法[18]によって訴訟が行われることを期待しているからである。

　日本の裁判所は日本法を適用するための組織であり，外国の法律をそこで適用することには大きな障害が存在する。裁判官や弁護士は，少なくともその資格取得のために外国語や外国法を学ぶことは全く要求されていない。それにもかかわらず，国際私法は「内外国法平等」という美辞麗句を振りかざすことで，日本の裁判所は日本法であると外国法であるとを問わず，両者の適用機会についてさえ平等に扱うべきことを主張してきた[19]。

　しかし現在世界各国の法システムのほぼ半数を占める英米法圏ではそれとは異なり，法廷地が選択されているのであれば当事者は当然にその法廷地の実質法を準拠法として選択しているとの推定を行っている。そして，契約事件において外国に居住する当事者に対してイングランド裁判所の訴状送達を例外的に許可する典型的場面の1つとして，契約の準拠法としてイングランド法が選択されている場合が挙げられている[20]。

　したがって国際取引の実務的な視点からは，法廷地と準拠法とは同一の法システムを選択すべきであり，両者を一体として考慮することがより正確な法適用と迅速な紛争解決に資するといってよい。日本企業が国際契約を締結する場合，おそらく言語が主原因となって，外国企業は日本を法廷地または準拠法所属国とすることを嫌う場合が多い。しかし同様の事情は日本企業にもあり，日本企業は海外で訴訟を遂行するにあたり，単に地理的問題だけではなく，言語

も含めた過大な法文化的ハンディキャップを負うことになる。こうした事情の中で，当事者のうち日本企業が原告となる場合には，海外の被告の住所でそこの法律を準拠法として訴訟を行い，逆の場合には，日本において日本法を準拠法とするという，いわゆるクロス型の法廷地および準拠法選択条項が規定される場合が，よくみられる。つまり，訴訟になった場合の半分は日本で訴訟が行われるメリットを確保しようとするものである。しかし，準拠法の主要な役割は訴訟の場面におけるものであるが，それ以外にも契約内容を補充するための任意法規として用いられることもあるので，その点でクロス条項は契約関係を不安定にする恐れがある。また訴訟においてどちらが原告となり被告となるかは偶発的事情に左右されやすく，常に原告が重い負担を負って訴訟を遂行すべきであると単純化することはできない。したがってこうしたクロス型の法廷地および準拠法選択条項を用いることは，適切な実務であるとは評価できない。

2　準拠法選択における当事者自治

　国際的なビジネス契約の当事者は契約に適用される法律を当事者間の合意によって選択することができる。これは実際に国際取引実務に携わる人々の間では常識である。また選択の対象となる国家法の範囲にも制限はないとされている。しかし契約準拠法には，通常の場合には任意法規だけでなく強行法規をも含むとする立場がグローバルルールであることは，法律関係者の間でさえ十分理解されているとは言い難い。それでは強行法規とは一体何であろうか。それは「民事法規において当事者の合意によって排除できない法規」を意味し，当事者の合意により排除できる法規である任意法規と区別される。商事契約において適用される強行法規はそれほど多くはなく，錯誤・詐欺・強迫等がその代表的なものである。それでは国際契約の場面に限って，当事者間の合意により「強行法規」を含めて準拠法を選択できるのは，どのような理由に基づくものであろうか。当事者の選択を許容すること自体が強行法規という概念に対して，正面から矛盾を呈するものとなっているといわざるをえない。

　日本の国際私法の中心的制定法である法例7条1項は，この国際私法上の当

事者自治を認めるとされてきた。欧州連合諸国では1980年に採択された「契約債務準拠法に関するローマ条約」の3条がこれを明文で認めている。また，アメリカにおいて完全な当事者自治は実務上認められてきたといってよいが，選択できる国家法の範囲に一定の制限を課すようにもみえた。しかし，2004年版の統一商事法典では，無制限の当事者自治が条文として明記されるにいたった[21]。グローバルルールとして，完全な当事者自治はその勢いをますます強くしつつある。当事者にこうした強力なイニシアティブを与えることは，明らかに各国の法システムが国際契約に対する規制権限を後退させる意味をもつ。それでは一体なぜそうした国家法システムの威信に関わるようなことを，各国が足並みを揃えて進めてきているのであろうか。この点につき以下において考えてみたい。

　また，本書第6章でも指摘されているが，国際商事仲裁が国際的契約では広く用いられてきており，そこにおいては法律に拠らず単に「善と衡平」に基づいて紛争を解決することさえ認められている。仲裁は契約による紛争解決方法の合意だから裁判とは全く異なるのではないか，との意見もあろう。しかし現実に仲裁の合意がなされていれば，裁判所に一方の当事者が訴えを提起しようとしても他方の当事者が有効な仲裁合意の存在を主張すれば，妨訴抗弁が認められ訴は却下される[22]。つまり仲裁と裁判とは相互排他的な関係にあり，それらを全く別次元で扱うことは理論的にも適切ではない。

3　法廷地選択における当事者自治

　法廷地選択における当事者自治は，準拠法選択における当事者自治よりもさらに過激なものである。国際契約の当事者は，合意によって，将来の紛争を解決するための法廷を世界中から自由に選ぶことができる。確かに国内契約においても裁判所が契約書において選択される場合はありうる。しかし，それとこれとは全く桁違いのものである。たとえば極端な例として，札幌に住む売主と那覇に住む買主との間において，札幌で訴訟を行うのか那覇で訴訟を行うのかは，極めて大きな影響を当事者達に与える。しかしそれでも，たとえばアラブ

首長国連邦のアブダビで訴訟を行うか東京で訴訟を行うか，といった差異が当事者に与える利害得失とを比較すれば，ほとんど無視しうるレベルとさえいえよう。また国内事件であれば，あまりにも不公平な法廷地の選択について，裁判所が裁量によって他の適切な法廷地へと訴訟を移すことも可能であるが，国際的な訴訟においてはそれも無理である。

　しかし国際契約における法廷地選択には，準拠法選択とは異なった，もう1つの大きな謎が潜んでいる。たとえば契約の両当事者が紛争が起こったときの法廷地をロンドンだけに専属的に設定した場合に，2つの条件が揃わなければこうした条項が完全な効力をもつことは理論的にありえない。第1に，ロンドンの裁判所が，契約において指定されていることを受け入れ訴訟を引き受けてくれることである。これはロンドン裁判所が法廷地合意について「管轄付与（prorogation）の効果」を与えることで可能になる。しかしそれだけで専属的法廷地の選択は十分なものとはなりえない。そのためには，もし当事者の一方が専属的管轄をロンドン裁判所に与える合意に違反して，たとえばシンガポール裁判所に訴えを提起した場合に，シンガポール裁判所は「この訴訟はロンドンの裁判所で行われるべきものである」としてその訴を拒絶してくれる必要がある（そうでなければ複数の法廷に同じ訴訟が係属してしまい，結果として専属的管轄合意をした意味が失われる）。これを「管轄排除（derogation）の効果」と呼ぶ[23]。このことは，極めて重大な示唆を私達に与えてくれる。つまり当事者が契約において法廷を選択する行為を，複数の国家法システムに属する裁判所が協力し合うことによって，確実なものにしているということである。そしてこうした国際的な法実務は，必ずしも国家間の交渉によって作り上げられた合意に基づくものではなく，各国の裁判所の間における無意識的ともいえる協調によって実現されてきたことである[24]。

　また，広い意味において仲裁合意も法廷地選択に含めて考えることができる。ここでも各国の裁判所は水平的で無意識的な協調を実現することによって，国際取引の当事者達が商事仲裁を用いることを暗黙に認めてきたといえよう。

4　伝統的立場からの正当化の困難

　それではなぜ各国法が国際契約の当事者間における紛争解決のための取決に対して，こうした大きな権限を契約当事者に付与してきたのであろうか。国家法秩序の根幹にまで触れる極めて重大な問題であるにもかかわらず，各国の裁判所がこうした実務を発展させてきた原因について考えてみる必要があろう。

　正直なところ，法廷地および準拠法選択における当事者自治を法理論的にそれを正当化できる確かな根拠はない[25]。法の支配とは，やはり人々の行為が一定の法の網の中において行われることを前提としている。したがって，場合によって法律は，人々の意思に反しても法律的な規律を及ぼすことができることが前提とされており，法環境は当事者の意思によって選択できるのもではなく，その社会における当事者を当然に包摂するものである。しかし現在の国民国家を法秩序の基本的な構成単位する国際社会では，国を超えた取引に対して所与のものとして与えられる法環境は存在しない。また，そうした国際的要素をもった取引に対して法秩序の割り当てを世界各国は統一的な基準に従って行うことを合意する能力も有してはいない。

　そうした現実状況の中において，国際的な法律家コミュニティが行ってきた妥協は実に目を見張るものである。国際取引の当事者は様々な国家の法律と裁判制度が錯綜する法環境の複雑性を，当事者に制御可能なものへと何とか縮減するための苦悩の結果として行き着いたのが，国際契約における法廷地および準拠法選択条項であったと思われる。それは国家法が乱立する状況の中で，最低限の予見可能性を確保するための闘いであったと言い換えることもできる（契約締結時における予見可能性は，最近の契約法学説において軽視される傾向にあったが，そうした傾向は国際契約における要請からは承認できないものである[26]）。信頼できる一貫性を保った任意法のサポートを受けることができれば，国際契約の当事者達は虫眼鏡を用いなければ読めないような詳細な契約条項を定める必要はない。少なくとも法律的には，より容易で安価に，そして安心して契約を締結できる場面も増加するであろう。

しかし，現在の国家法を単位とした国際契約を取りまく法環境は，それとはかけ離れたものである。そうした中で，各国の裁判所は大胆にも，国際私法のレベルで当事者自治を認めることによって，当事者達に強行法規をも含めて準拠法を選択する自由を保障し，実質法のレベルでは契約自由の原則によって当事者が定めた契約条項に対して，最大の尊重を与えてきた。さらに訴訟法のレベルにおいては合意管轄を認め，また国際商事仲裁の実効性を担保するため「外国仲裁判断の承認及び執行に関する条約」（ニューヨーク条約）を地球標準とすることによって，当事者間の合意に最高の敬意を払ってきた。国家法が国際契約に対して示すこうした寛大な姿勢は，当事者間の合意によって形成された予測可能性に対して最大限の配慮を示すものである。それはある意味で，国家法の面子にかかわる範囲にまで及ぶぎりぎりの妥協とさえいえる。そうした法的対応を大胆にもグローバルルールとして容認してきたのは，世界各国の法律家コミュニティの実践における賢明さと勇気を示すものと評価できる。しかし，そこには国際契約をめぐる法的環境に対して国家法の立場からは，ほとんど積極的なサポートを提供する術がなく，ただ当事者の合意による予測可能性を「当事者による合意の尊重」という既存の法的擬制を最大限に拡張することにより，自らの法による直接的な支配を放棄することに過ぎないというのがことの実相であろう。

しかし，このように各国法が協調して生み出した国家法の真空状態の中で，レックス・メルカトリア（商慣習法）はその活動範囲を広げることができたのであり，ユニドロワ国際商事契約原則のような新たなソフトローに生命と活力とが与えられてきたのである。このように，国家法というシステムがグローバル化した商取引にとって時代遅れの規制方法となったことを俊敏に察知し，次代への展望を切り開く工夫をこらしてきたのも法律家達のコミュニティである。こうした事実は，法律が本来国家という枠に閉じこめられたものではなく，人々の社会経済的活動とともに変化しうる潜在力を有したことを示していると同時に，法律家コミュニティが有する意外なコスモポリタン文化の再発見であったといえよう。

第4節　準拠法としての適格性と適用範囲をめぐる議論

1　準拠法としての適格性

　ここでは何が準拠法となる資格を有するかをめぐる議論の展開を，最近注目を集めつつある3つの動向から批判的考察を加えることによって，概観する。

(1)　レックス・メルカトリア（商慣習法）

　従来から準拠法として選択することを許されるのは，いずれかの「国家法」のみであるとの考え方が支配的であった。しかしこうした傾向には最近大きな変化が現れつつある。
　第1はレックス・メルカトリアを標語として掲げた国際取引をめぐる法環境のあり方についての新たな主張であり，それは国際取引が一層の進展を遂げる中でますます力強いものとなってきた。レックス・メルカトリアを直接的に契約準拠法に指定することは学説では早くから主張されており，国際商事仲裁においてそうした扱いを許容することへの困難は少なかったが，現在では米州機構が採択した「国際契約の準拠法に関するメキシコ条約」において，明文で認められるにいたった。また最近では，わが国でもそうした方向性を指示する議論が展開されるようになってきている。

(2)　CISG（ウィーン売買条約）

　第2に，2005年11月現在66ヵ国を締約国として獲得することに成功した国連国際動産売買統一法条約（CISG）の成功によってもたらされた準拠法選択状況についての実務的影響についてである。このように世界の主要な貿易国のほとんどを締約国とするCISGの出現は，現時点において行われる商取引として

の国際動産売買の「ほとんどに CISG が適用される」と表現することさえ可能とするような状況を実現している。CISG 1 条 1 項(b)は特に従来の国際私法との関係において理論的に複雑な問題を生み出している[27]。しかし，締約国が増えることによって 1 条 1 項(a)において定められている「営業所が異なった国にある当事者間の国際売買」であり「それらの国が何れも締約国である」場合という条件を充足する場合がますます増加していると考えられる。

　しかし一方で，従来の国家法との関係において CISG は混乱した問題を生じていることも確かである。たとえば，ソフトウェアのインストールの時にあらわれる画面において，私達は CISG の適用自体を当事者が排除するに遭遇することは希ではない[28]。

(3)　ユニドロワ国際商事契約原則

　第 3 に，ユニドロワ国際商事契約原則（以下，ユニドロワ原則という）によって促進される国際的な契約法環境を調和させようとする新たな動向である。CISG の起源となった統一売買法の発案者であるドイツの著名な比較法学者ラーベルは，国際売買にその適用範囲を限定する意図はなく，広く世界の売買法を統一しようとする野望をもっていた。しかしその適用範囲を「国際的」な売買に限定することは，条約という形式において統一売買法を実現していく過程で「戦術上の理由によって」，つまり国際的な合意を形成するための苦肉の策として，提案されたものであったと彼自身が明言している。そして自らも，それが審議の過程で「覆されることを空しくも望んでいた[29]」としている。CISG の前身であるハーグ統一売買法（1964年）が，国際私法に煩わされることのない独立的な国際売買法システムの確立を望んでいたことは，その起草に深くかかわったフランスの比較法学者アンドレ・タンクが同統一売買法に付したコメンタリーからも明らかである[30]。しかしそうした希望は，条約という各国の合意の探り合いを前提とする国際立法を形成する際の現実においてあまりにナイーブな姿勢であった。そして現実に，様々な空間的適用範囲に関する留保を生み出し，国際私法の排除による法適用の明確化の夢は脆くも崩れ去った。

確かに，ユニドロワ原則は売買契約のみを対象とするものではない。それは「国際商事契約の一般原則を明言する[31]」ものである。しかし売買契約は全ての有償契約のプロトタイプであり，統一売買法の起草は，実は契約法の地球標準を模索する作業に基本的に異ならない。少なくとも大陸法系の比較法研究者にとってそれが自然な認識であり，統一売買法を作成することの暗黙の前提であった。しかし，条約作成過程における現実との葛藤の中で，それ本来の壮大で伸びやかな背景は切り捨てられ，現実の法的環境の一構成要素たる万民法型統一法として，狭く複雑な実定法階層の隙間に固定されることとなった。

　それから30年後の1994年に同じUNIDROITが公表した国際商事契約原則は，CISGとは異なり多国間条約という形式を断念し，実定法的地位へのこだわりをひとまず捨て去ることによって，国際売買法の始祖達が実現できなかった夢を着実に現実化しつつあるようにみえるのは興味深い。ユニドロワ原則の最大の功績は，契約規範を形成において国家が必ずしも最適な担当者であるとは限らないことを，明確にした点にある。優れた契約規範を形成する過程において各国の法律家は法文化の差異にもかかわらず，共通の理想を実現しようとする強いモティベーションを共有する力を有している。そうした法律家達が作り上げた理想的な契約規範は必ずしも国家による制定法としての地位が与えられなくとも，国際取引の実務に携わる人々がその優れた内容を理解すれば，彼らはそれを自由に契約内容として採り入れていく。これはよく考えれば，インコタームズや様々なグローバルスタンダードとして定着した標準契約書や一般条項等においても，すでに経験済みのことであった。それをもう一歩先に進め，優れた法律家達が作り上げたほぼ完全な契約規範を，取引実務に携わる人達に直接に（国家を介することなく）届けて，それを個々の契約において自主的に採用して貰うという方法を採用したことである。そしてこうした方法が現実において十分に機能しうるものであることを証明するものとなった。

　ユニドロワ原則の成功は，たとえば欧州連合における契約法調和の動向にも大きな影響を与えている。デンマークの比較法学者ランドーが組織した私的な委員会はヨーロッパ契約法原則を完成させ，欧州連合における契約法の調和に向けた動きに弾みをつけるものとなっている。こうした複数の契約法原則の併

存はかえって国際的な契約法の調和にマイナス効果を与えるのではないかとの指摘もある。しかしその内容をみれば，両者に基本的な食い違いがないことは一目瞭然である。また欧州連合は法律の調和に対するこれまでの経験から，単に条約や指令・規則などのハードローに依拠するだけでなく，契約法原則のようなソフトロー，汎ヨーロッパ的な契約法に関する著作や法学教育用の教材の整備，そして学生交換などの教育交流などの様々な方法を用いることによって，法制度の接近を徐々に進める柔軟な方向性を示しつつある。

2 契約準拠法の範囲

(1) 第三国の強行法規の取扱

　契約は契約準拠法中の強行法規の適用のみを受けるのが原則であることはすでに説明した。しかし国家の裁判所が事件を引き受ける限りにおいて，法廷地の一定の強行法規の介入を認めざるをえないことは当然の前提となろう[32]。
　それでは第三国の強行法規についてはどのような姿勢が取られるか。これは第三国の「強行法規の特別連結」という学説として，日本の国際私法研究者の間では注目を集めた論点である。たとえば英米法圏のように，当事者が準拠外国法の内容について主張立証を行う必要がある場合には，契約に関する事件において，第三国の特別の強行法規にまで当事者の調査が及ぶことは希である。しかし日本のように裁判官が職権で外国法の内容を調査し適用する義務を負うとする場合には，実務上当然に大きな問題とされる事柄である。ある国際契約に関して強行的な規制を行うことに強い関心を有する国が法廷地および契約準拠法所属国以外にあるか否か，そしてそれらの国がどのような法規の適用を欲しているかを全て日本の裁判所が職権で調査しなければならないとすれば，それは裁判所に過重な負担を要求するものであり，実践性に乏しい議論である。
　現在の国際的な動向はビジネス取引に関する限り，無制限の当事者自治を認める方向へと各国制定法は推移してきた。その目的が当事者にとっての最低限

の予測可能性を確保することであると捉えるならば，第三国の強行法規を当事者が予測しない場合に適用することは,可能な限り避けるべきである。それは，契約準拠法の選択において当事者自治の原則を広く承認する法政策と矛盾するからである。

(2) 契約法以外の法的規律による干渉

　国際契約が売買契約のような単純な契約であれば，契約準拠法の内容に十分注意した上で，明確な契約書を作成することによって，契約法的にはほぼ安心して取引を進めることが可能である。しかし国際売買のような単純な取引においてさえ，それに関する法規は契約法だけではない。実務的視点からは契約準拠法に止まらず，輸出国と輸入国における関税法やその他の貿易に関連する行政法規・手続等をクリアすることも当然に必要とされる[53]。知的財産・製造物責任・消費者保護等に関連する法規に注意を払う必要がある場合も少なくない。
　国境を越えた経済活動の相互依存はさらに深まっており，現在の国際取引にとっての中心は，もはや国際売買のようなシンプルな契約ではないといえるかも知れない。プラント輸出や，外国でも企業買収や国際的合弁契約などの複雑な契約が，ますます頻繁に行われるようになってきている。
　こうした状況においては，契約準拠法の範囲内で法律的検討を行うだけでカバーできない問題はますます増加している。経済法的な規整，知的財産関係の法制度，労働法規，環境保護法，各種の行政的届出や登記登録制度など様々な手続が占める重要性は，契約が複雑になればなるほど増加するであろう。
　こうした複雑な国際契約を扱う実務家の視点からみれば，現在の国際契約は感覚的にほぼ次のように捉えられている。たとえばアジアを中心としたビジネス法務において豊富な経験を有するシンガポールおよびマレーシアでの資格を有するある渉外法律家は「契約の約80％はグローバルルールに従って当事者間の交渉により詰めることができるが，残り20％は様々なローカルルールの問題となるため，そうしたルールの詳細に通じた地元の法律家達の協力を得ることが必要となる」とする。そして「こうした情報を収集することは，世界各国に

支部を有する多国籍法律事務所ではなくとも，各国のローファームとのネットワークを構築することで乗り越えることが可能となる」とする。また，こうした法律情報のネットワークを活用することにより，たとえば契約全体を一括して多国籍ローファームが請け負う場合よりもコストを抑えることが可能になるとのことである。

この8対2の比重についての感覚は，筆者の知る範囲では，地域を問わずほとんどの国際ビジネスにかかわる法律実務家に共有されているようである。契約の複雑化にもかかわらず，当事者が選択した契約準拠法を基盤として契約プランを行うことのできる領域は決して小さくないことが分かる。

しかし日本法の視点からはもう1つ注意すべき点がある。それはここでグローバルルールと表現されるものが，英米法系の契約法とほぼ同値だからである。イングランドやアメリカを発祥とする多国籍ローファームが国際ビジネス法務において圧倒的な支配権を握ることによって，契約実質法も含めて彼等の方法をグローバルルールとして定着させることに成功した結果がこの8対2の原則であるとすれば，日本の法律家に対しては，さらに説明を追加する必要がある。国際的なビジネス法務に関連した業務に従事する日本の法律家は，英米契約法の基礎的な知識を身に付け，それとの関連で日本法のローカル性を正しく認識することが，国際ビジネス法務に参入するための最小限の基礎として要求されるということである[34]。

(3) 選択された準拠法がカバーする範囲：契約法を超えて

国際商事仲裁において最近注目すべき現象があらわれている。仲裁は当事者の合意を基盤とする紛争解決制度である。したがって，ごく常識的に考えればそこで扱うことのできる紛争の範囲は契約法の領域に関する問題のみに制約されることになりそうである。しかし，それとは異なった要請が仲裁を用いる当事者間に存在する。それは紛争の一括した解決に関するものである。当該紛争のうち契約法に関する部分のみが当事者の選択した仲裁廷で解決され，その範囲から外れた問題はその仲裁廷において扱うことができないとされると，そう

した付随的問題の解決のために，当事者は再び各国国家による司法制度が林立するジャングルの中へと戻らざるをえないことになるからである。これと全く同様の問題は，仲裁ではなく国家の裁判所を選択した場合にも，理論的に生じる。

　紛争全体の一括した解決の要請は，国際取引においては国内取引の場合に比較してさらに強い。それが当事者による法廷地選択や仲裁合意を認めてきた根本的な理由である。そしてこうした現実的な要請に応えるために，現時点において選択された法廷地が受け持つことのできる紛争の範囲を広げようとする実務的動向が明確になりつつある。

　しかしこうした傾向は，実務的にもう1つの難しい問題に突き当たることになる。それは，契約準拠法の受け持ち範囲との関係をどのように考えるかという問題である。国際私法の世界では，契約関係の紛争を解決するための準拠法として，当事者による準拠法選択を許容してきた。当事者自治の原則を，契約の範疇を超えて拡大することには大きな障害が存在している。しかし実務の趨勢は，ここにおいても実践的な必要性にこたえるために，選択された法廷において扱うことのできる紛争の範囲を拡大する方向へと進みつつあることが指摘できる[35]。準拠法選択を広い範囲に及ぼすためにイングランドの著名な国際私法学者であるブリッグスが勧める準拠法選択条項の例は，次のとおりである[36]。こうした点においても，裁判所は当事者の実践的な利益を守るために，これまでの法理論において当事者自治が及ばないとされてきた契約外債務等についても当事者による準拠法選択を拡張しようとする大胆な姿勢をみせつつある。

This agreement is governed by〔English〕law, and the parties agree that all disputes arising under or in connection with it, and any and all disputes arising from or in connection with its negotiation, its validity or invalidity, or its enforceability or unenforceability, or otherwise howsoever, shall be exclusively governed by and determined in accordance with [English] law.
（〔　〕は筆者による。ここにたとえばJapaneseを入れることも可能である。）

第5節　標準契約書と当事者自治との位相

　グローバルな商取引契約を考えていく上で，標準契約書の使用は避けて通れない。日本の大学法学部における民法の講義において，標準契約書は約款と呼ばれ，約款の拘束力が当事者による合意という視点からみた場合に理論的問題があることは頻繁に指摘されてきた。しかし国際取引の実務は，約款なしには進めることが不可能なほど，そうしたものに大きく依存して進めてきた[37]。様々な国際ビジネスの領域においてグローバルスタンダードとしての地位を占める標準契約書式が数多く存在しており，ICC も最近においてそうした標準契約書を整備する作業を重要な活動とみなしている[38]。

1　契約書と紛争解決との関係について

　本章では，国際取引の契約書に挿入されている条項を大きく2種類に分ける立場をとってきた。第1が「履行プラン条項」であり，第2が「リスク対応条項」である[39]。この2つに整理してしまうことの可能性を考える。準拠法および法廷地選択条項は，リスク対応条項の中でも最終的なものとみるべきである。契約が正常な軌道に乗っている場合には，準拠法および法廷地選択条項が問題とされる余地はほとんどない。また，当事者が取引を維持する方向で生じたトラブルに対応しようとする場合には，契約書の文言や準拠法は参照されることがあったとしても，それが決定的な基準となる訳ではない。こうした段階において両当事者は自分達がおかれている具体的な状況に対応しながら，取引を生かす方向で（つまり双方にとって何らかの剰余利益を生み出すことを諦めずに）対応を進めており，そうした場合には柔軟な対応をとることに躊躇は少ない。しかしこうした場面においても，両当事者は全くのフリーハンドで行動している訳ではなく，相互に守るべき行為規範を自覚していると考えられる。それらを指して「関係維持規範」と呼び，それに対して当事者が取引の成就を諦めて相互の関係を解消する方向に入った場合を規律する規範を「エンドゲーム規範」

と呼ぶ立場が存在する[40]。

　こうした区別は取引実務の視点からは合理的なものである。取引関係を維持する場合には当事者双方にとっての焦点は利益の実現に依然として向けられているため，それを目指した柔軟で協力的な姿勢および行為が双方に強く要求されることになろう。信義則が強調されるのは，まさにこうした場面においてであると思われる。これに対し取引関係解消に入った場合に両当事者はすでに利益実現を諦めているのであり，残る問題は可能な範囲で筋の通った解決が行われたことにより自己に生じる損害を幾らかでも抑えることである。ここにおいて法律の役割は，ルールに従った理論的に筋の通った解決がなされることにあり，そこで採用される理論はむしろ潜在的契約者一般に対してより良き契約秩序をサポートするような説明責任を果たすことにあると思われる。したがって，訴訟であろうと仲裁であろうと，取引が破綻した場合の解決においては明確な規範に従った解決が要請されることが多いため，仲裁においてさえ準拠法選択のしっかりとしたプロセスを経ることを紛争当事者が強く期待する場合は少なくない。そのために，「国際商事仲裁における準拠法選択」などという一見したところミスマッチに思われるような論点が注目を集め続ける理由があるのであろう。

2　完全合意条項と契約準拠法[41]

　最近の契約書において完全合意条項は極めて頻繁にみられる。これは契約書が作成された後においては，当事者間の権利義務関係はすべて契約書に規定された諸条項のみの解釈によって解決することを確認することで，後に生じる契約内容に関する争いを可能な限り防止することを主要な目的とするものである。

　しかし完全合意条項は，準拠法選択条項との関係でも重要な論点を形成するものと思われる。こうした条項はたとえば，典型的には次のように規定される[42]。

1. This Agreement sets forth the entire agreement and understanding of the parties hereto relating to the subject matter contained herein and merges all prior discussions between them and neither party shall be bound by any previous agreements, negotiations, commitments and writings other than as expressly stated in this Agreement.
2. This Agreement may not be changed, modified or supplemented in any manner orally or otherwise except by an instrument in writing signed by a duly authorized representative of each of the parties hereto.

　特に問題となるのは2項である。ここで本契約書はそのような方法によっても補充されえないものと規定している。これを文字通りに読めば、当事者は国家法による補充がなされることをも排除しているとみることができる。これは少なくとも、これまで日本の法律学において議論されてきたこととは大きく異なる。契約は当事者が規定したものだけでは不十分なので、裁判所は必ずしも契約書の文言ばかりに捕らわれることなく、その背景をなす事情の考慮や柔軟な補充的解釈はもちろん、民法などが規定する信義則などの一般条項を駆使して契約正義を実現するための修正的解釈を行う必要性も強調されてきた。完全合意条項はそうした法律学の議論の一切を排除し、紛争が法廷に持ち込まれた場合においても裁判官による一切の「契約解釈」という営み自体を否定しているかのようにもみえる。

　こうした条項は国際売買のような単純な契約よりも、より複雑な契約において当事者間の権利義務関係等の全てを封印するという意味において、大きな意義を有する。しかし、現時点では国際契約における1つの標準的条項として、ほとんどあらゆるタイプの契約の中にみられるようになってきた。そしてこうした条項の存在はユニドロワ原則においても明文で認められるにいたっている[43]。

　準拠法選択の視点からみれば、こうした条項の存在自体が、国家法や国家の裁判所に対する不信を示しているものということも可能であろう。当事者達は、自分達で完全な契約書を書き上げる能力を有するとの前提において、全ての契

約関係を契約書のみに従って規律することを望んでいることになる。そして各国の法システムごとにそれぞれ異なった癖を有する契約解釈の方法によって，自分達の契約関係が操作されることに嫌悪感を持っているといっても良いかも知れない。

第6節　む　す　び

　訴訟を中心として構成されてきたこれまでの法律学の特性は次の点にある。第1に，全ての情報は訴訟の場に持ち出された場合に，その時間軸を失って，同一の平面的に並べられることである。たとえば詐欺や強迫等のような，当事者の自由意思に対し外部的要因によって与えられた歪みは通常は契約の成立過程において生じるものであるが，契約法の教育においてそれを十分に意識した説明が行われている訳ではない。わが国の民法典のように，理論体系を求めて組み立てられた法典においてこうした特徴はより顕著になる。民法典の条文構成から，現実の経済社会の中で行われている取引を想像すること自体ほとんど不可能である。

　第2に，訴訟における紛争解決は，2当事者間において，白か黒かの二分法に基づく解決であるため，紛争の発生をその範囲を超えた現象として眺めることはできず，外部的要因によってもたらされた要因に適切に反応できないことが多い[44]。時間的経過の中で変化していく当事者双方の立場が，契約初期のコミットメントを危ういものへと変質させ，そうした中で当事者達による様々な戦略的行動が動き始めるのが現実である。契約とは未来に対して共通の目標を投影したプランであり，それ自体の存在として戦略的かつ機会主義的な行動とは正反対の立場にあるといえる。

　それでは準拠法および法廷地選択の合意は，どのような視点から理解されるべきであろうか。それは将来紛争が発生した場合に生じうる最悪の結果を回避することにある。両当事者が契約締結をする場面において将来の紛争を考慮に入れること自体，極めて不自然なことである。これから契約締結を行おうと

する当事者に，紛争となった場合に備える条項を契約書に入れるべきであるというのは，これから結婚しようと胸をふくらませているカップルに，離婚の際の関係処理手続を決めろと助言するようなものかも知れない。また，こうした条項自体が紛争の発生自体を未然に抑止する効果をもつものではない。

　しかしそれでもなお準拠法および法廷地選択条項には大きな意義がある。もしこうした合意なしに紛争が発生したらどのようなことになるであろうか。両当事者は膨大な費用をかけて各国の国際民事訴訟法や実質法を調査した上で，自分に有利な法廷地で訴訟の先手を打とうとする「法廷地漁り」という現象が発生する[45]。これは国際民事紛争においてあまりに頻繁に生じる現象である。そして，複数の国家に訴訟が同時に係属する国際多重訴訟が生じることも希ではなく，その結果として内容の矛盾した複数の判決が下される可能性も当然に発生する。それは当事者双方に膨大な時間と費用の負担を強いるものとなる。取引の成功が双方に利益を生み出すプラスの世界であるとするならば，こうした拗れた紛争はマイナスの底なし沼に足を取られた状況といっても過言ではない。合理的な当事者達であればそうした紛争になった時点で交渉を行い，1つの法廷地について合意すればよいとの考えもあろう。しかしそれは人間の性質についての冷静な分析を欠いた机上論に過ぎない。相互の啀み合いが訴訟にまで進行した段階において，両当事者が冷静に交渉のテーブルにつくこと自体極めて難しい。あるいはそうした最悪のシナリオに対応する最後の手段として，一方当事者のみのイニシアティブのみによって用いることのできる訴訟制度が存在するともいえる。また，紛争が具体化した時点ではどこで訴訟を行うかによって自分自身に生じる利害が明確となるため，交渉による合意は困難を極めることになる。契約の最初の時点であれば容易ではないにしろ，準拠法および法廷地についてなんとか合意できる場合は少なくない。したがってこのような合意が契約において規定されていることは，「法廷地漁り」という見苦しく甚大な損害を双方に生じうる事態を回避する意味で，最終的な安全ベルトとして機能することになる。

　企業間の国際的な相互依存が高まるにつれて国際契約は自ずと複雑化する。そうした状況においては契約上のテクニックや契約書の起草などのもつ意義が

大きくなり，準拠法および法廷地選択条項の役割が有する比重は小さくなる。各国の実質法はそうした複雑な契約に対応するのに十分な規定を用意しておらず，国家の裁判官もそうした紛争を的確にさばく能力を有していない場合が増加する。そのため実務では，より詳細で完備された契約書式や一般条項が工夫され，紛争解決の場も国家の裁判所から専門家を判定者として起用できる国際商事仲裁やその他の ADR へと移行することになる。また，完全合意条項に関連して説明したように国家法や国家の司法制度に対する信頼性自体にも疑問が投げかけられている。そうした中で準拠法も国家法から，レックス・メルカトリアやそれを明文化した統一規則・統一原則・統一法などへと，徐々に移行する兆候があらわれつつある。

しかし，国際契約実務において大切なことは究極を論じることよりも，そうした混沌とした移行期において最も知恵のある選択を考えることである。その意味において，国家法や国家の裁判所を紛争解決の場として選択することは，具体的状況によるが，その安定性においてなお有利な選択肢である場合は少なくない。また2005年にハーグ国際私法会議が採択した「法廷地選択合意に関する条約」は，こうした条項に基づいて下された国家裁判所の判決の国際的な流通性を高めるものとなるであろう。こうした場面での実務状況は時々刻々と変化しており，グローバルな商取引に携わる者やそうした場面で法律的アドバイスを行う者は，常に現状を正しく認識するために，日常的な自己研鑽を怠ることは決して許されない。

＜注＞
(1) リスク対応プランのための条項には，違約罰，責任制限，不可抗力，ハードシップにおける再交渉などが含まれる。
(2) 書式の闘いについては，多くの国際取引に関する著書が詳しく取り上げているのでそれらを参考にされたい。新堀聰「書式の闘い解決への道」国際商取引学会年報第6号168頁以下，および柏木昇「コメント」同年報同号173頁以下参照。
(3) 具体例としては，ポータブル音楽プレーヤーである iPod のためのフリーソフトウェアとしてアップルが配付している iTunes ソフトウェアライセンス契約には次の条項が挿入されている。こうした条項は私達の生活において日常的なものとなりつつある。
11. Controlling Law and Severability. This License will be governed by and construed in accordance with the laws of the State of California, as applied to agreements entered

into and to be performed entirely within California between California residents. This License shall not be governed by the United Nations Convention on Contracts for the International Sale of Goods, the application of which is expressly excluded. If for any reason a court of competent jurisdiction finds any provision, or portion thereof, to be unenforceable, the remainder of this License shall continue in full force and effect.
(4) 本シリーズ（グローバル商取引シリーズ）で扱われる問題の多くは，こうした過渡的な状況の中で生じた様々な制度間の落差が原因となって生じてきたということが可能であるかも知れない。
(5) たとえばアメリカのように州ごとに法システムが異なる国では，日常的な取引も従来から他州の当事者と行われることは日常茶飯事であるため，こうした条項には日常的にみられるものであった。こうした法システムの差異に対応するための取決めが日常的に行われてきた社会と，日本のように1つの法システムのみの適用以外をほとんど経験してこなかった社会との間では，法制度の差異に対応する社会的経験に圧倒的な差がある。私達はグローバルな取引が主流となる中で，こうしたハンディキャップを負っていることを自覚する必要がある。
(6) 取引者が現実に国家法制度にほとんど依存することなく多くの取引を行っている事実を社会学的に説明したマコーリーの古典的論文は今日でも多くの示唆を与えてくれる（Stewart Macaulay, *Non-Contractual Relations in Business*：A Preliminary Study, 28 American Sociological Review 55（1963）.）。
(7) 本章では「契約」と「取引」という用語をほぼ同義に用いる。敢えていえば，契約は法律的用語として，取引はより広く社会経済的な自主的交換行為という事実的意味において大まかに捉える場合に，用いるようにしている。
(8) その他にも過去の取引実績や評判，信頼できる企業からの紹介，その会社の財務諸表や株価，担保や前払金，格付機関の評価，個別的な信用調査，等さまざまな方法により，国際契約の当事者は安全な取引を行うための統治構造を有しており，法制度だけではなくそうしたさまざまな補完的制度を用いることによって，日常的な取引活動を展開している。
(9) 法制度はそれぞれに独立性を有する法システムごとに機能している。多くの場合，法システムの有効領域と国家の領土とは一致する。しかし中には，連合王国のようにイングランド，スコットランド，北アイルランド，チャネル諸島，マン島，といった独立の5つの法システムを一国内に持っている国もある。したがって本章では，独立性をもった法制度の単位を，「法システム」という言葉で表現することにする。
(10) 日本において国際裁判管轄について定めた具体的な法律が存在しないため，これは条理によって認められることになる（マレーシア航空機事故事件最高裁判決・最高裁昭和56年10月16日第二小法廷判決・民集35巻7号1224頁参照）。
(11) 日本においては，法例7条1項がそのことを明確に定めている。
　法例7条
　　（1） 法律行為ノ成立及ヒ効力ニ付テハ当事者ノ意思ニ従ヒ其何レノ国ノ法律ニ依ルヘキカヲ定ム
　　（2） 当事者ノ意思カ分明ナラサルトキハ行為地法ニ依ル
(12) こうした分析を最も包括的に行うものとして次の著書がある。Peter Nygh, *Autonomy in International Contracts*（1999）Oxford U P.
(13) たとえば国際的には私法統一国際協会（UNIDROIT）において Principles and Rules

of Transnational Civil Procedure が2004年に採択されている。
⒁　たとえば，法例7条，EC契約債務準拠法条約3条等参照。
⒂　もっとも，これに対しては有力な異論が多くの国で，様々な根拠に基づき主張されるようになってきた。Lex mercatoria や ius commune は，そうした立場を象徴する言葉として広く用いられている。こうした主張の背景には，取引活動のグローバル化，国際商事仲裁の隆盛，国際的な法調和や国際商慣習の成文化作業の進展，EU法の急展開など，最近の急激な事実上の変化が大きく影響していることは明らかである。
⒃　たとえば，法例2条，民法91・92条，商法1条。なお，CISG9条2項参照。
⒄　このように分断的に扱われてきた国際民事紛争に関するそれぞれの合意の間の理論的関係を解明することを試みた論文として，次のものがある。中野俊一郎「管轄合意・準拠法合意・法廷地選択合意」齋藤彰編『国際取引紛争における当事者自治の進展』63頁以下（法律文化社，2005年）。
⒅　当該紛争にどの国の法を適用すべきかを定める法律を抵触法（準拠法選択規則）と呼ぶのに対して，その紛争の解決を実質的に決するための法律を実質法と呼ぶ。具体的には，民法・商法・労働法などの法律を指す。
⒆　こうした原理主義的な立場を今日まで維持できた理由は，やはりそうした事件数の乏しさに原因があるように思われる。日本では準拠法となった外国法の内容を調査する責任が裁判所にあるとされているのに対し，渉外事件を歴史的に多く扱ってきた英米法圏では，当事者が外国法の適用およびその内容について主張立証できなければ，自動的に法廷地法である自国法を適用する実務が定着している。（齋藤彰「イングランド国際私法における外国法の主張立証」国際法外交雑誌101巻2号30頁以下（2002年）参照）。
⒇　齋藤彰「イングランド国際民事訴訟法の革新」国際私法年報5号73頁（2003年）参照。
(21)　統一商事法典（2004年版）§1-301は，国内取引と国際取引との区別を認め，後者については完全な当事者自治を承認するものとなっている。
(22)　新仲裁法14条参照。しかしそれ以前から，日本の裁判所はそのことを認めてきた。法律学の初心者が陥りやすい最も単純な誤解は，法律が根拠となってはじめて裁判所や実務がそれを行うことが可能になったと常に考えることである。取引法の分野において法律が明文の規定をおくのは，多くの場合既に生じた現実を肯定することに過ぎない。あるいはそれを超える場合でも，現状に対して多少の改善を加える程度の対応がほとんどである。
(23)　わが国でも法廷地選択合意のこの2つの効果は，最高裁判所判例（最高裁昭和50年11月28日第3小法廷判決・民集29巻10号1554頁）によって認められている。
(24)　たとえば日本の裁判所は，合意管轄について他国との特別な取決めがなくとも，この2つの効力を管轄合意に対して認めてきている。
(25)　Tan Yock Lin, Choice of Court Agreement：From a Viewpoint of Anglo-Commonwealth Law, in *Evolution of Party Autonomy in International Civil Disputes* 41, 86（2005）LexisNexis.
(26)　イングランドにおける商法の大家であるRoy Goode は，契約自由とそれによって確保される予見可能性を，イングランドの裁判官達が300年以上に渡り強調してきた予見可能性重視の姿勢を肯定する。Roy Goode, *Commercial Law in the Next Millennium* 14（1998）Sweet & Maxwell.
(27)　CISG1条1項(b)。
(28)　前掲注3で引用したiTunesの準拠法選択条項においては，CISGは明示的に準拠法

から排除されている。これは CISG よりも統一商事法典を契約準拠法とすることを好むアメリカ合衆国の当事者がよく用いる方法である。
⑳ Ernst Rabel, *The Hague Conference on the Unification of Sales Law*, 1 American Journal of Comparative Law 58, 60（1952）.
㉚ 齋藤彰「国際動産売買統一法の現状⑴」六甲台論集30巻3号79頁以下（1983年）。André Tunc, *Commentaire sur les Conventions du 1er juillet 1964 sur la Vante internationale des objets mobiliers corporels et la Formation du contrat de vente*, Diplomatic Conference on the Unification of Law Governing the International Sale of Goods Hague, 2-25. April 1964 Records and Documents of Conference, Vol. 1, p. 355, 358.
㉛ ユニドロワ国際商事契約原則：前文。(1994年版の日本語訳として曽野和明ほか訳『ユニドロワ国際商事契約原則』(商事法務，2004年) がある。)
㉜ こうした法廷地法の介入は「国際私法上の公序」の問題として，従来の国際私法理論の中で扱うことが可能である。
㉝ 国際的な貿易の障壁を取り除く作業は，GATT/WTO に限らず2国間および多国間の FTA などによって着実に推進されてきており，そうした意味でこうした手続はより透明性の高いものになってきていることは明らかであろう。
㉞ このように表現するとかなり悲観的ではあるが，幸いなことに日本の契約法は，それが民法典のパンデクテンシステムの中の一部として織り込まれていることから来る違和感を別とすれば，内容的に英米契約法とそれほど大きな違いを有しない。したがって，こうした自覚をもち比較法的な研鑽を怠らなければ，たとえば法科大学院の教育を渉外法律家の養成に向けて調整すること自体にそれほど大きな困難があるわけではない。
㉟ こうした問題について，日本の裁判所は経験が乏しい。イングランド法における信頼性のある文献として次のものがある。Adrian Briggs, *On Drafting agreements on choice of law*, Lloyd's Maritime and Commercial Law Quarterly, 389-395（2003）.
㊱ *Id.* at 392.
㊲ 英米契約法を特に契約書式において採用される諸条項に重点を置きながら，実務経験をも生かし詳細な解説を行った文献として中村秀雄『国際商取引契約：英米法に基づく分析』(有斐閣，2004年) がある。
㊳ 以前から傭船契約やプラント輸出契約では，こうした標準契約書式は発達していた。また，それぞれの商品取引市場も独自の契約書式を設定していることが多い。ICCによって最近公刊された標準契約書式には，国際売買契約，国際総代理店契約，国際商事代理契約，国際フランチャイズ契約などがある。
㊴ こうした区別はマクニールの著作からヒントを得て筆者が考案したものである。
㊵ Lisa Bernstein, *Merchant Law in a Merchant Court*：*Rethinking the Code's Search for Immanent Business Norms*, 144 University of Pennsylvania Law Review, 1766（1996）. 日本における問題提起として曽野裕夫「商慣習法と任意規定」ジュリ1155号85頁以下（1999年）参照。
㊶ 中村秀雄「国際契約における一般条項の実務的考察」国際商取引学会年報3号40頁以下（2001年）参照。
㊷ The ICC Model International Franchising Contract, Article 30.
㊸ ユニドロワ原則2.1.17条（2004年版）。
㊹ 国際的な契約実務において最近リスクという言葉が頻繁に用いられるようになってきた。これは複雑な契約を行う際に，当事者が相互の権利義務を明確にするだけでは十分

にコントロールできない多くの状況が，自分達のビジネスプランを実現していく上で大きな障害となる場合が増加していることが意識され始めているからであろう。法律家が，こうした状況の進展を十分に理解せず，「当事者のどちらが責任を負うか」という単純で旧来の法律学によって刷り込まれた視点からしかパズルを解こうとしなければ，法律家はますます自分達の職域を失っていくことになろう。

(45) 国際的視点から法廷地漁りとその抑止方法を論ずる文献として，齋藤彰「グローバル・コモン・ローとしてのナチュラルフォーラム理論の可能性」齋藤彰編『国際取引紛争における当事者自治の進展』101頁以下（法律文化社，2005年）参照。

　［付記］本稿は平成14年度文部科学省科学研究費補助金・基盤研究(C)(2)（課題「国際ビジネスにおける多層的契約構造の進展についての法律学的研究」）の助成による研究成果の一部である。また，本章は国際商取引学会での多くの会合における報告の機会や，様々な議論から多くの示唆を得て執筆したものである。心より感謝する次第である。

（齋藤　彰）

第3章

外国判決・外国仲裁判断の承認および執行

第1節　はじめに

　当事者間で自主的な紛争解決ができない場合，最終的な法的決着のつけ方として広く利用されてきたのは訴訟である。しかし，国際取引紛争の解決手段としてみた場合，訴訟は，多審制をとるために時間と労力がかかることが多く，手続や法適用に関して柔軟性を欠き，裁判公開原則との関係で秘密保護が難しいといった問題をはらむため，常に最適の選択肢という訳ではない。そのため，国家の司法機関によらず，私人たる仲裁人ないし仲裁廷によって紛争を裁断的に解決せしめる合意（仲裁合意ないし仲裁契約）が，国際取引契約でしばしば用いられるようになった。訴訟と仲裁は，国家司法機関による判断か否か，合意を不可欠の前提とするかどうか，上訴の可否，当事者合意に基づく規律を許す範囲の広狭といった点で相違を有するが，当事者以外の第三者による紛争の裁断的解決であって，そこで下された解決には事後の紛争の蒸し返しを遮断する効果が認められ，裁決への不服従があれば国家の執行機関による強制執行も可能になるという点で，共通した面を含む。

　裁判や仲裁を行い，しかも執行手続にまで訴えるということは，それに要する時間的・金銭的コストや事後に当事者間の関係に残すしこりなどを考えれば，勝ち負けにかかわらず，決して望ましいことではない。しかしながら，紛争が極限までもつれた場合を想定し，最終的にありうべき着地点を見据えながら最善の道すじを考えることは，国際商取引に従事する者にとって重要であ

る。

　紛争解決手段として，裁判と仲裁に共通する大きな利点がその強制的実現力にあるとすれば，紛争の目的物や執行対象となりうる当事者の資産が所在する国を法廷地ないし仲裁地とするのが合理的であろう。しかし，契約締結に当たって管轄や仲裁の合意がされる場合には，将来の執行よりも，両当事者にとっての便宜・中立性や公平さ，判断機関の信頼性が重視される傾向にあるため，財産所在地以外での紛争解決が合意されることも少なくない。これらの合意がない場合にも，法廷地選択のイニシアチブを握る原告が，将来の判決執行よりも当面の訴訟追行上の便宜を重視して，自己の本拠地での訴訟を望むことが多いため，ここでも，必ずしも手続地イコール執行地となる訳ではない。

　このような事情から，国際民事訴訟・国際商事仲裁では，外国で下された判決や仲裁判断の執行の可否や要件が重要なテーマとなる。外国判決・外国仲裁判断の執行は，第三者が外国でした紛争の裁断的判断が内国で尊重されるかどうか，という問題設定において共通するが，両者の国家行為性の濃淡を反映して，違いもみられる。したがって，この問題を考えるに当たっては，両者の共通点と相違点，違いをもたらす根拠などに着目してゆく必要がある。また仲裁判断については，多国間条約によって，承認・執行のルールが世界的にほぼ統一された状況にあるのに対して，外国判決の承認・執行については，いまだ各国国内法や地域的条約に任された部分が多く，どの国との関係で承認・執行が問題となるかにより，扱いが異なりうる点に注意を要しよう。

第2節　「承認」「執行」とは何か

1　承認・執行の必要性

　「承認」とは，外国の判決や仲裁判断が言渡国で有する既判力や形成力の内国への拡張を認めること（効力拡張）であり，その「執行」とは，内国執行機

関によって判決や仲裁判断の内容を強制的に実現する効力をこれらに付与すること（効力付与）であると説かれている。国際法上，国家は，自国領域内で自国主権に基づく行為を自由に行うことができ，他国はこれに干渉できない反面，当該外国国家行為の効果を自国内で認める義務を負うものでもない。裁判所は国家の司法機関であり，裁判は国家による司法権行使にほかならないから，ある国の裁判所が下した判決は，原則として当該国領域内でのみ効力を認められるにとどまり，当然に他国に効力を及ぼすものではない。一般国際法上，国家が外国判決承認・執行の義務を課されないということは，今日なお，中国，ロシアや北欧諸国のように，条約上の定めがない限り，外国判決の承認・執行を原則的に認めない国が存在することからも明らかであろう。

仲裁についても同様のことがいえる。仲裁は，私人による裁断的紛争解決ではあるが，それが社会紛争の解決手段として担うべき重要な役割に鑑み，国家は，そのうち一定条件を満たすものを裁判と同等の紛争解決手段として位置づけ，これを援助・監督するとともに，下された仲裁判断には既判力や形成力を認め，執行力を付与することとした。しかし，国家は，外国の仲裁までも内国紛争処理システム中に位置づけるものではないから，それに対して証拠調べの援助をしたり，仲裁判断取消しによる監督を行うことはしない（仲裁法3条，8条を参照）。日本の裁判所が，強制力を用いて仲裁手続のために援助をしたり，仲裁判断の品質コントロールを行うのは，あくまでも日本の仲裁判断に対してだけなのである[1]。このように考えるならば，外国仲裁判断は，当然に内国で効力をもつものではない，ということができよう。

それでは，なぜ多くの国家は，外国の判決や仲裁判断の効力を国内で認め，それに基づく強制執行を許すのか。このような法政策的判断は，国際的レベルでの当事者の権利実現促進，跛行的法律関係発生防止，司法エネルギー節約といった見地から基礎づけられる。外国の判決や仲裁判断が内国で全く効力をもたないとすれば，外国で自己の権利を認められた当事者は，場合によっては，内国で改めて紛争解決手続を開始しなければならない。そうすると，外国ですでに終了した実体審理が繰り返され，当事者は二重に時間・費用・労力を負担するほか，国際的な司法エネルギーの無駄にもつながる。より重要なことは，

内外国で同一事件につき複数の紛争解決手続が行われる結果，ある国で法的に確定された法律関係が，別の国で異なった判断を受ける，という事態（跛行的法律関係の発生）を招きうることであろう。グローバル化する取引社会にあっては，このような不満足な状況の存続は許されないのであり，第２次大戦後，外国判決・仲裁判断の承認・執行に関する国際的ネットワークが着実に形成されてきたことは，国際取引紛争の安定的・合理的解決システムの構築に向けられた国際社会の強い意思に基づくといってよい。国際取引は，複数国に関係するものであるがゆえに，その紛争解決もまた，関係国全てにおいて通用力を認められるものでなければいけないのである。わが国もまた，一定要件を満たす外国判決・外国仲裁判断につき，内国でその効力を承認し，執行を認めることとしている（民訴118条，民執22条６号, 24条，仲裁法45条, 46条）。

外国判決・仲裁判断の相互的承認・執行のネットワークに加わるということは，国家にとって，貿易振興や投資促進のための基盤整備という意味あいをもつ。訴訟や仲裁で紛争解決がなされた場合に，その効力を尊重しようとしない国で投資や取引を行うことは，外国企業にとって高いリスクを伴うからである。後述するように，合意管轄に基づく外国判決の承認・執行について多国間条約が作成され，外国仲裁判断の承認・執行を規定するニューヨーク条約や投資紛争解決条約に130を超える諸国が加盟しているという事実は，このような見地から理解することができよう。

２　承認・執行の方式と効果

外国判決・仲裁判断の承認について特別な手続は要求されず，これらが言渡国で効力を生じ，所定の承認要件を充足したときは，わが国において当然に効力を認められるものと理解されている（自動的承認の原則）。ただし，確認の利益があれば，外国判決・仲裁判断の承認ないし不承認の確認を求める訴えを提起することも妨げられない。承認要件の審査は，判決や仲裁判断の主文に限らず理由や事実にも及ぶが，実体審理のやり直しになってしまうと承認制度の意味が失われるので，法適用や事実認定の当否を審査することは原則的に禁じら

れている（実質的再審査［révision au fond］禁止の原則：民執22条2項参照）[(2)]。

　承認を，言渡国で認められる既判力や形成力の内国への拡張と捉えるならば，承認される効力の内容や範囲は，原則的に言渡国法によって定まるということになる[(3)]。判決や仲裁判断に対してどのような不服申立てが許されるか，発生する既判力・形成力の内容や範囲といった点については，国によって相違があるため，言渡国法上の効力と承認国である日本のそれが著しく相違するときには，場合によっては，承認される効力の範囲を，公序（民訴118条3号，仲裁法45条2項9号）によって制限ないし拡張する必要がありえよう。

　なお，準拠実体法が，確定判決や仲裁判断の存在を要件として，一定の法律効果（法律要件的効力）を認めることがある。たとえば，わが国の民法174条の2は，「確定判決によって確定した権利」および「確定判決と同一の効力を有するものによって確定した権利」に，短期消滅時効期間の延長を認めている。これは準拠実質法（たとえば契約債権の時効消滅であれば契約準拠法）の適用によって認められる効果であり，判決や仲裁判断がもつ効力の内国への拡張とみるべきではないが，準拠実体法が，既判力を伴う権利確定を要求する趣旨であれば，わが国で承認要件を満たす必要があろう。

　他方，執行力は，判決や仲裁判断で命じられた債務の強制的実現を言渡国国家機関に命じるものであるから，これをそのまま承認することはできず，内国において，承認要件の充足を審査したうえで，改めて付与しなければならないと解されている（効力付与説）。承認要件具備の判断を執行機関に任せるのは適当でないため，わが国においては，裁判所が，執行判決ないし執行決定によっ

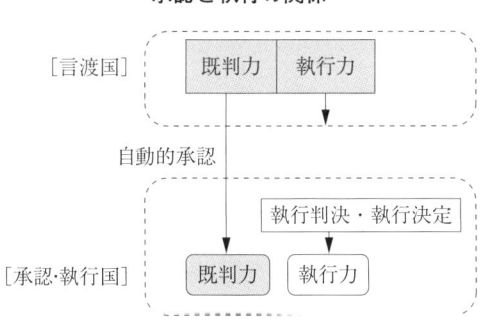

承認と執行の関係

［言渡国］　既判力　執行力

自動的承認

［承認・執行国］　執行判決・執行決定　既判力　執行力

てこれを行う（民執22条6号，24条）。

　承認・執行されない外国判決や仲裁判断であっても，それを内国での訴訟手続や仲裁手続で証拠として用いることは妨げられない。

第3節　外国判決の承認

1　法　　源

　外国判決の承認・執行に関する国際的ネットワークは，わが国を中心にみる限り，必ずしも満足のゆく状況にはない。その最大の理由は，外国判決承認・執行については，外国仲裁判断承認・執行に関するニューヨーク条約のように，国際標準となるべき普遍的条約が存在しないことにある。もちろん，それに向けた動きがなかった訳ではなく，すでに1971年にハーグ国際私法会議は，外国判決の承認・執行に関する条約を作成していた。この条約は，オランダ，キプロス等4ヵ国について発効しているが，多数の国々の批准を集める見込みはなく，実質的には失敗に終わった試みと評価できよう。

　その後，ハーグ国際私法会議は，アメリカからの問題提起を受けて，再度，国際裁判管轄および外国判決承認・執行に関する一般条約の作成準備に入った。しかし，管轄規則に関するアメリカと他の諸国との間の溝を埋めるのは難しかったことから，国際裁判管轄合意とそれに基づく外国判決承認・執行対象に対象を絞った条約（ハーグ合意管轄条約）が2005年6月に成立した[4]。

　他方，ヨーロッパにおいては，1968年に「民商事事件における裁判管轄権及び判決の執行に関する条約」（ブリュッセル条約）が成立し，これは，1992年のルガノ条約によって妥当領域をヨーロッパ自由貿易連合（EFTA）諸国に拡大したのち，2002年からは規則化されて今日にいたっている（ブリュッセルⅠ規則）[5]。ブリュッセルⅠ規則／ルガノ条約は，実体審理に入るための国際裁判管轄（直接管轄）規則を明記した上で，それに基づいて下された判決の承認・執

行を義務づけたものであり[6]，仮執行宣言付判決や保全命令についても国際的執行を認めるなど，その規律内容は極めて先進的なものとなっている。

他方，わが国は，油濁損害賠償保障法12条[7]などわずかの例外を除き，外国判決承認・執行を規整する条約をもたず，その規律をもっぱら国内法（民訴118条，民執22条6号，24条）に委ねている。逆に，外国における日本判決の承認・執行については，当該国の国内法を参照しなければならない。

2　承認の対象となる外国判決（承認適格性）

(1)　「外国裁判所」の判決

民事訴訟法118条は「外国裁判所の確定判決」を承認の対象とするが，ここでいう「外国」とは，わが国以外の国または地域を指す。未承認国は外国に含まれず，その判決は承認対象とすべきでないとの見解もあるが[8]，国際的な権利実現促進や跛行的法律関係発生防止という見地からこの制度を基礎づける以上，未承認国判決につき，承認・執行適格性を否定する理由はない。ただし，未承認国との間では国交がないために司法共助による送達の嘱託ができず，被告が未承認国にある場合には公示送達によらざるをえないという問題がある[9]。

(2)　「確定判決」

承認の対象となる「確定判決」とは，決定，命令など，その裁判の名称，手続や形式を問わず，外国裁判所が，私法上の法律関係について，終局的にした裁判をいう[10]。それは，判決国において有効なものであり，承認の対象となる効力をもつものでなければならない。判決の確定や既判力の概念は国によって異なるから，日本の民事訴訟法に照らすといまだ確定していない外国判決について，判決国が既判力類似の判決効を認めることもある。しかし，その効力を

認めると，日本国内で異質な既判力の併存を認めることになるから，承認される外国判決は，日本の目からみて「確定」したもの，すなわち，もはや上訴による取消・変更の可能性がなくなったものでなければいけない。

　執行についても，同様に判決の確定が要求される。国内判決であれば未確定でも仮執行の余地があるが，外国の仮執行宣言付判決に内国で執行を認めてしまうと，判決国でそれが取消・変更された場合，内国での執行措置取消しや原状回復に伴って，複雑・困難な処理が必要になるからである。同様の考慮から，通説・判例によると，終局性を欠く外国保全命令等の執行も認められない[11]。

　外国裁判所における請求の放棄・認諾，公正証書，裁判上の和解は，ここでいう「判決」に該当しないとされるが[12]，刑事裁判手続に附帯して民事の損害賠償を命じる判決や，訴訟追行に不熱心な当事者に対して下された懈怠判決（Default Judgment）[13]については，承認適格性が認められる。懲罰的損害賠償を命じる外国判決については争いがあるが，判例・多数説は，承認の対象とした上で，公序違反性の有無を問う（→後述3(3)）。承認の対象は外国判決全体である必要はなく，その分割可能な一部であってもよい。たとえば懲罰賠償判決は，塡補賠償を超えて懲罰的な損害賠償を命じる部分についてのみ，その公序違反性が問題となりうる。訴訟費用裁判もここでいう「判決」に含まれうるが，外国裁判所による破産宣告は本条による承認の対象とならず，特別法（外国倒産処理手続の承認援助に関する法律）の規律に服する。

　英米法系諸国では，判決債務に対する利息を判決中に記載せず，執行段階で計算する国が少なくない。その場合，判決中に記載のない利息債務については，外国訴訟で手続保障を欠く恐れがあるとして，承認・執行対象に含めることに消極的な意見もあるが，わが国のようにこれを判決中に記載するか法律の規定により直接執行力を認めるかは技術的相違に過ぎないとみれば，実質的見地から，判決国法が認める利息をも承認・執行の対象とすべきであろう[14]。

3 承認要件

(1) 外国裁判所の裁判権（1号）

裁判権

　国際法上，裁判を行う正当な権限（裁判権）を欠く国の裁判手続に，被告は応じる義務を負わない。それにもかかわらず裁判が行われた場合は，内国での効力を否定することによって，被告の手続権を事後的に保障する必要があるため，民事訴訟法118条1号は，「法令又は条約により外国裁判所の裁判権が認められること」を承認要件とした。

　国際法上，国家や外交官・領事，国際機関等は，国家主権，あるいはそれに準じた特殊な地位をもつことから，一定の場合に他国裁判権からの免除が認められる。外交使節については1961年のウィーン外交条約，領事官については1963年のウィーン領事条約が，それぞれ裁判権免除に関する規定をおく。国際機関およびその職員の特権免除は，機関設立条約（国際通貨基金協定など），または加盟国と国際機関との協定で規律される。外国国家に対する裁判権免除（主権免除）は，ながらく慣習国際法によって規律されてきたが，2004年末に国連で多国間条約が成立した（→後述第6節）。

国際裁判管轄

　法廷地国は，事件の内国牽連性，審理や当事者の便宜などを考慮して，自国裁判権を行使すべきかどうかを決定する。民訴法118条1号にいう「裁判権」は，この意味での国際裁判管轄をも含む。わが国裁判所で実体審理を行うために要求される国際裁判管轄を直接管轄と呼ぶのに対応して，ここで要求される判決国の国際裁判管轄を間接管轄（承認管轄）と呼ぶ。これは，国際裁判管轄の規律が各国国内法に委ねられる結果，事件や当事者と十分な関連をもたない国が管轄権を行使した場合を想定し，そこで応訴を強いられた被告の手続的保護を事後的に図るとともに，専属管轄事件につき内国がもつ利益を守るための

要件である。間接管轄の有無は，承認国であるわが国の直接管轄基準に照らして判断されるというのが通説的見解である[15]。これは，抽象的には，「当事者間の公平，裁判の適正・迅速を期するという理念」により，条理に従って決定されるが，具体的には，「特段の事情」がある場合を除き，国内土地管轄規定（民訴4条以下）の類推によるべきものとされている[16]。主な管轄原因と国際裁判管轄決定に際しての留意点は次のとおりである。

① 被告の住所，法人の本拠地・営業所所在地　国際裁判管轄についても，被告住所地（法人の場合は主たる営業所所在地）に普通裁判籍が認められるが，外国に被告住所があれば居所に基づく管轄を内国に認めるべきでなく，外国に住所・居所があれば，最後の住所（4条2項）に基づく国際裁判管轄を内国に認めるべきでない。また，外国法人には主たる営業所所在地国に一般的国際裁判管轄を認めれば足り，その日本営業所や主たる業務担当者の住所（4条5項）の所在を理由に国際裁判管轄を認める必要はない[17]。ただし，日本営業所の「業務に関する」訴えについては，営業所所在地の特別裁判籍（5条5号）を，国際裁判管轄についても認めることができる。

② 財産所在地（5条4号）　請求・担保目的物の所在地については問題がないが，差押可能な被告の一般財産所在地に国際裁判管轄を認めるについては，財産価値と訴額との均衡が要求される[18]。

③ 義務履行地（5条1号）　義務履行地の国際裁判管轄は，契約事件についてのみ認められる。「履行地」の決定については，国際民訴法独自の見地から，明示の合意があるか契約内容から一義的に定まる場合にのみこれを認める見解と，契約準拠法によるべきものとする見解が対立している[19]。

④ 不法行為地（5条9号）　ここでいう不法行為は製造物責任を含む。製造地（加害行為地）と被害発生地（結果発生地）が異なる場合（隔地的不法行為）には，その両方が不法行為地と解されている[20]。

⑤ 不動産所在地（5条12号）　不動産の物権関係訴訟については，その所在地に専属的国際裁判管轄を認める見解が有力である。

⑥ 関連請求の裁判籍（7条）　同一当事者間で複数請求がされる場合（請求の客観的併合），原告が複数被告を訴える場合（請求の主観的併合）には，

一つの請求につき内国に管轄があれば，他の請求についても国際裁判管轄を認めてよい。ただし，いずれの場合にも，併合される複数請求の間に密接関連性が必要と解されている。

⑦　合意管轄（11条）・応訴管轄（12条，13条）　外国裁判所の専属管轄を定める合意は，(a)日本の専属管轄に属さず，(b)合意された外国裁判所が管轄権をもち，(c)合意が公序に反しないことを要件として，効力が認められる[21]。2005年のハーグ合意管轄条約（→前述第3節1）6条によると，外国裁判所の専属管轄が合意されている場合，訴えの提起を受けた締約国裁判所は，以下の場合を除いて，訴訟を停止ないし却下しなければならない。すなわち，(a)（選択された裁判所の所属国法により）合意が無効である場合，(b)受訴裁判所所属国法により当事者が能力を欠く場合，(c)公序に反する場合，(d)例外的理由により合意が合理的には履行できない場合，(e)選択された裁判所が管轄権を行使しない場合，である。同様に，9条によると，合意で指定された裁判所が下した判決は，以下の場合を除き，他の締約国で承認・執行されなければならない。すなわち，(a)（選択された裁判所の所属国法により）合意が無効である場合（当該裁判所が合意を有効と決定した場合を除く），(b)承認・執行国法により当事者が能力を欠く場合，(c)被告への手続開始の通知に瑕疵がある場合，(d)判決が詐取された場合，(e)公序に反する場合，(f)承認・執行国において既判力の抵触を生じる場合，である。

(2)　手続開始の通知

送達要件の趣旨

　手続開始の通知は被告の防御権保障の根幹をなすから，民事訴訟法118条2号は，敗訴被告が訴訟開始に必要な呼出し・命令の送達を受けたことを承認要件とした。ただし，公示送達（裁判所掲示板などに呼出状を掲示して訴訟開始を知らせたものと擬制する方法：民訴110条～113条参照）による通知は，仮に法廷地国法上は適法な送達方法であっても，被告が実際にそれを目にして防御機会を得る可能性は極めて乏しいから，この要件を満たさない。「郵便に付する送達」

（民訴107条参照）のように，名宛人への文書到達を問題とせず，発送によって送達があったとみなす送達方法も，公示送達に準じて扱う見解が多い。

　他方，外国訴訟への応訴は，被告が手続開始を知って防御権を行使したことを示すから，もはや内国で承認を否定する理由はない。そのため，2号後段は，敗訴被告が送達を「受けなかったが応訴したこと」を承認要件とした。応訴管轄の発生を認めるためには，「無管轄の抗弁を提出せずにした本案についての応訴」であることが要求され，単なる手続問題に関する主張では足りないが，本号にいう応訴は，被告が訴訟開始を知って防御権を行使したことを示すものであればよいので，無管轄の抗弁を提出した上での応訴でも足りる[22]。

外国からの直接郵便送達・直接交付送達

　呼出状の送達は，法廷地国が司法権に基づいて被告を呼び出す国家行為という性質をもつため，外国でこれを実施するためにはその国の協力が必要となる。それに加えて，送達方法が国ごとに違うことから生じる実務的障害を克服するため，ハーグ送達条約は，嘱託国当局から受託国中央当局への要請による送達，派遣国領事官による送達など，いくつかの送達方法を規定し，締約国間ではこれらの方法によって送達を行うこととした。

　他方，英米法系の国では，当事者送達主義の建前から，弁護士が訴状を名宛人に直接交付したり，郵送したりするやり方が認められており，日本に住む被告に対してもこのような送達がされることが少なくない。前者（直接交付送達）は送達条約が認める送達方法に含まれないが，後者（直接郵便送達）につき条約10条(a)は，「名あて国が拒否を宣言しない限り」可能としており，日本はこの拒否宣言をしなかったため，外国からの直接郵便送達を適法と認める条約上の義務を負うのではないか，との疑いを生じてきた。しかし，わが国が留保をしなかったのは，直接郵便送達を主権侵害とはみなさないことを意味するにとどまり，内国でそれを有効な送達と認める趣旨ではないとすれば[23]，このような条約上の義務はないと考えられる。

　そうすると，次に問題となるのは，条約が定める正規の方式によらない送達が行われた場合，それがわが国国内法である民事訴訟法118条2号の要件を満

たす送達といえるかどうかである。この点につき，最近の学説・判例は，①送達の方式的適法性（適式性），②被告の了解可能性・防御可能性（適時性）の2つを区別して考える傾向にあるが，具体的解釈については見解が分かれる。

　従来の多数説は，条約上が定める方法によらない送達も，判決国法上適式であればわが国でも適式性（①）を満たすとした上で，送達受領者の使用言語・語学力や事件類型など，個別事件ごとの事情を勘案して，了解可能性・防御可能性（②）が満たされていたかどうかを審査すべきであるという[24]。この見解は，被告の防御権保障という2号要件の趣旨と整合的であるが，他方において，送達条約を遵守しない送達方法を許す結果になりうるほか，判断の画一性・明確性を損なうという消極面もないではない。そのため，判決国とわが国との間に条約上の取り決めがある場合，それを遵守しない送達については，一律に適式性（①）を否定してよいとする見解が増えつつある[25]。最近の最高裁判決も，直接交付送達がわが国で行われたケースにつき，「訴訟手続の明確と安定を図る見地」から，「条約に定められた方法を遵守しない送達は，同号所定の要件を満たす送達に当たるものではない」とした[26]。

(3) 公　　序

公序要件の趣旨

　各国の民商法は，いまだ不統一な部分を多く残している。国際私法は，法律関係ごとに適切な準拠法を選ぶことによってその溝に架橋しようとするが，国際私法もまた完全には統一されていないために，どの国で裁判するかにより，適用される法は異なりうる。それに加えて，各国はそれぞれ固有の司法制度をもつから，外国で下された判決の内容や成立過程が，日本の目からみると許容しがたい場合もありえよう。そのため，民事訴訟法118条3号は，一種の安全弁として，判決の内容や訴訟手続が公序良俗に反するときは，外国判決を承認しないこととした。民法90条は法律行為につき，法例33条は外国法の適用結果につき公序良俗に反しないことを要求するが，118条3号は，外国判決承認の局面で，同様の視点から，内国の基本的法秩序の維持を図るものといえよう。

公序要件の審査

外国判決の公序違反性を審査するに当たっては，①外国判決を承認・執行した場合に内国でもたらされる結果の異常性・重大性，②事案と内国との牽連性の強さ，の２つが衡量されなければならない。承認結果の反公序性が大きくとも内国牽連性が弱ければ承認の方向に傾くし，逆であれば承認拒絶の方向に近づく。これは，外国法適用に当たっての公序違反性審査（法例33条）と歩調を合わせたものであるが，被告の防御権保障など，訴訟手続の公序違反性を判断するに当たっては，②の点は必ずしも重要性をもたない。また，判決国手続で被告の手続保障に欠ける点があったとしても，当該国で不服申立ての機会が保障されている限り，内国で手続公序違反を問題にできないとみることもできないではないが，現にわが国で外国判決の効力が主張されている状況において，判決国で救済手段を尽くすことを敗訴被告に強いるのは難しいように思われる。

公序違反の有無は職権調査事項であり，その判断に当たっては，判決主文に限らず，理由中の判断や審理中に提出された証拠資料なども審査の対象となりうる。たとえば，判決主文は単なる金銭給付を命じるものでも，それが麻薬取引や人身売買に基づくものであれば，公序違反と評価される余地がありえよう。また，詐欺的手段（婚姻受理証明書の偽造）によって取得された外国判決につき，公序違反を認めた例がある[27]。外国判決の理由や成立手続に立ち入って公序違反の有無を審査することは，当事者の権利義務関係につき審理をやり直すことではないから，実質的再審査禁止原則には抵触しないと考えられる。外国判決確定後に事情変更があった場合，それを公序審査に反映しうるかについては争いがある（→後述第５節３）。

外国懲罰賠償判決の承認・執行

わが国の不法行為法制度は，被害者に生じた実損害の賠償を加害者に命ずることにより，当事者間で損害の公平な分担を図ることを建前とするが，英米法系諸国では，加害者への制裁としての加重的な損害賠償（懲罰的損害賠償：punitive damages）が制度的に認められている。当事者の不誠実な行動を理由に

訴訟費用負担を命じる判決は，制裁的性質を有するとしても，日本の公序に反するとはいえないが[28]，とりわけアメリカにおいては，不法行為の抑止，被害者が負担する高額な弁護士費用の塡補，私人による法執行の奨励といった見地から，実損額の数倍に及ぶ高額な懲罰賠償が命じられることが少なくないため，その承認・執行の可否が問題となる。学説の一部は，懲罰賠償の本質は制裁や秩序維持といった刑事法上の目的にあり，それを命じる外国判決を日本で承認・執行すれば域外的な公権力行使につながるとして，その承認適格性を認めない（非民事判決説）[29]。これに対して多数説は，懲罰賠償判決も，私人間での私法上の紛争について民事裁判手続で下された判決である以上，民訴法118条による承認の対象となるが，制度的異質性[30]や賠償額の過大さ[31]から，その承認・執行は公序に反するという。工場建設計画の中止をめぐる紛争に関係して，日本法人がアメリカ法人に対し，約40万ドルの塡補賠償と110万ドルを超える懲罰賠償の支払いを命じられたケースにおいて，最高裁もこの立場をとった[32]。

アメリカ1916年ダンピング防止法と対抗立法

アメリカの1916年ダンピング防止法は，アメリカの国内産業に被害を与える意図をもってダンピング輸入・販売を行った者に対して被害額の3倍の損害賠償を認めている。日本やECの申立てにより，本法はWTO違反であることが確定しているが，アメリカがWTOの勧告を実施せず，日本企業に対し3倍賠償を命じる判決が出されるという状況のなか，日本政府は対抗措置として，2004年秋の国会で「アメリカ合衆国の1916年の反不当廉売法に基づき受けた利益の返還義務等に関する特別措置法」（平16法162）を成立させた。ほぼ時を同じくして，アメリカ政府は同法の廃止に踏み切ったが，これには遡及効がない[33]。

この特別措置法によれば，反不当廉売法に基づく確定判決によって日本人・日本法人が被害を被った場合，被害者は，自己の普通裁判籍所在地で，利得者に対し，利息や弁護士報酬を含め，支払額の返還を請求することができる（3条，5条）。また，反不当廉売法に基づく日本法人等に対する訴えについて下された外国判決は，わが国での効力を否定される（6条）。

国際訴訟競合と内外判決の抵触

　国際取引紛争では，同一事件につき複数国が管轄をもつことが多いため，しばしば訴訟競合状態を生じる。国家間では，司法制度の相違から，訴訟物の同一性判断に困難があるうえ，先行外国訴訟を考慮して日本で訴えを却下しても，将来日本で効力をもつ外国確定判決が下される保証はないから，そもそも国際二重起訴は禁止されないという考え方もある[34]。しかし，訴訟経済や矛盾判決防止といった見地からすると，国内事件の場合（民訴142条）と同様に，渉外事件でも二重起訴を禁止する必要性は否定しがたい。そのため，学説の多くは，矛盾判決や既判力抵触の防止という観点から，先行外国訴訟で下される判決が日本で承認されることが予測される場合には日本での訴えを却下するが，そうでない場合は，既判力抵触の恐れがないので訴えを却下しないという（承認予測説）[35]。ただ，この見解は，公序要件や判決の確定性との関係で，確実な承認予測が難しいという問題をはらむため，外国での訴訟係属を，二重起訴禁止という判断枠組で捉えるのではなく，日本に国際裁判管轄（または訴えの利益）があるかどうかを判断する際の，利益衡量の一要素とみる見解も有力化しつつある（利益衡量説ないし「特段の事情」説）[36]。

　しかし，いずれの見解によっても，国際訴訟競合を完全な形で規制することはできず，一定の場合には，同一事件につき内外国で確定判決が下されることも避けがたい。たとえば，関西鉄工事件では，1973年の中間判決で二重起訴の抗弁が斥けられた後，1974年９月17日にアメリカ側勝訴の判決がアメリカ裁判所で言い渡され，同年10月17日に確定した。他方，大阪地裁は，同年10月14日に日本側勝訴の判決を下し，これは同年12月５日に確定している。その後，米国会社は，米国判決の執行を求めて日本で提訴したが，大阪地裁は，「同一司法制度内において相互に矛盾抵触する判決の併存を認めることは法体制全体の秩序をみだすものであるから訴の提起，判決の言渡，確定の前後に関係なく，すでに日本裁判所の確定判決がある場合に，それと同一当事者間で，同一事実について矛盾抵触する外国判決を承認することは」公序に反するとした[37]。

　この考え方では，先係属した外国訴訟で先に確定判決が下されても，執行までの間に内国で確定判決さえ取れば，外国判決の執行を阻止できることになる。

しかし，外国判決の効力は，確定時に自動的に内国に拡張するという自動的承認原則からすると，先確定した外国判決の承認が，後に確定した内国判決の効力によって拒絶されるというのは論理的に一貫しないので，いずれが先に確定したかで効力の優先関係を判断すべきであろう。

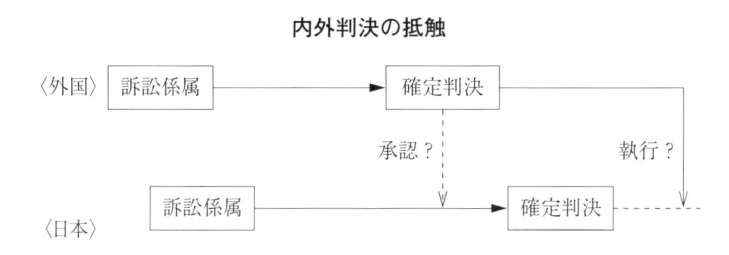

内外判決の抵触

〈外国〉 訴訟係属 → 確定判決
　　　　　　　　　承認？　　　執行？
〈日本〉 訴訟係属 → 確定判決

(4) 相互の保証

　相互保証とは，判決国が，同種の日本判決を，民事訴訟法118条と「重要な点で異ならない要件の下に」承認することをいう[38]。何が「重要な点」かは，外国判決承認制度の趣旨に照らして判断されるが，たとえば，実質再審査を許す国[39]や，判決承認を定めた条約がない限り承認しない国[40]との間では，相互保証はないと考えられる。判決国との間で一般的には相互保証が認められないが，承認が問題となる判決と同種の判決については認められるときは，その限りで部分的な相互保証の存在を認めてよい[41]。相互保証は，外国判決言渡時ではなく，その承認を審査する段階で認められれば足りる[42]。

　この要件の元来の目的は，国家主権の対等という国際法上の原則に加えて，外国判決の承認を認めない国に対して承認を拒むことにより，判決承認のための国内立法や条約締結に向かうよう，間接的圧力をかける点にあったと考えられる。しかし，一方的に外国判決を承認することが判決国主権への屈服を意味する訳ではなく，この要件が他国の法改正や条約締結への動機づけになるかどうかも不確実であるうえ，国際的な権利実現の促進や跛行的法律関係発生防止といった観点からすると，相互保証を求めることなく外国判決を承認した方がよいとも考えられる。この要件の廃止が立法論的に強く主張されるのみなら

ず(43)、身分判決や非訟裁判の承認については解釈論的にも不要論が有力に説かれるのは、このような事情に基づく。他方、条約で義務づけられない限り、原則的に外国判決を承認しない国もなお存在しており、そこには、外国での訴訟追行を間接的に封じることにより、被告となる内国当事者を保護するという政策判断が窺える。そうだとすれば、少なくとも財産関係事件については、内外当事者間の対等性確保という視点から、相互保証要件を基礎づけることも可能と思われる。いずれにせよ、国家間で相互的な判決承認・執行のネットワークを築くにあたり、解釈論的対応に限界があることは明らかであり、2国間・多国間の条約締結に向けた取り組みが優先される必要があろう。

第4節　外国仲裁判断の承認

1　法源とその相互関係(44)

(1) 多国間条約

　国際取引紛争解決手段としての仲裁の重要性やそのグローバルな性質を反映して、外国仲裁判断の承認・執行については、早い時期から多国間条約による国際的標準化が図られてきた。その嚆矢となったのは1927年の「外国仲裁判断の執行に関する条約」（ジュネーブ条約：昭27条11)(45)であり、わが国をはじめ30ヵ国余りがこれに加盟している。しかしその後、1958年に国連で「外国仲裁判断の承認及び執行に関する条約」（ニューヨーク条約：昭36条10）が成立し、その7条2項は、条約批准国（2006年現在137を数える）でジュネーブ条約が効力を失うとしたため、わが国でジュネーブ条約が適用されることはほぼ考えられない状態となった(46)。このほか、私人・国家間の投資紛争の仲裁（仲裁判断の承認・執行を含む）を規定する特殊な多国間条約として、1965年の「国家と他の国家の国民との間の投資紛争の解決に関する条約」（→後述第6節4）があ

る。

(2) 2国間条約

　わが国が第2次大戦後に締結した2国間通商条約中にも，仲裁判断の相互的承認・執行を定めたものがある。要件面からみると，ニューヨーク条約をそのまま取り込んだもの[47]，ジュネーブ条約の影響を窺わせるもの[48]のほか，執行国法に従い執行する義務だけを定めたものもあり[49]，必ずしも一様でない。

　わが国では，条約と国内法が競合する場合，条約中に特別な定めがない限り，一般に条約の優先が認められており（憲98条2項参照），上記2国間条約はこのような特別な定めをおかないから，国内法に優先するものと解される。

　2国間条約とニューヨーク条約の関係については，前者が後者より緩やかな要件を定める場合にのみ優先適用されるとみる立場や，締結時期の先後（後法優位の原則）を考慮する見解もあるが，承認・執行を求める当事者の便宜を重視し，当事者の選択権を認めるのが適当と思われる。

(3) 国　内　法

　従前のわが国国内法は明文規定をもたなかったため，条理によるか仲裁判断取消規定の適用ないし準用によるかが争われたが，2004年に施行された仲裁法45条，46条は，UNCITRAL国際商事仲裁モデル法にならい，ニューヨーク条約の承認・執行要件を取り込んだ規定をおいた。

　国内法とニューヨーク条約の関係について，条約7条1項は，「この条約の規定は，締約国が締結する仲裁判断の承認及び執行に関する多数国間又は2国間の条約の合意の効力に影響を及ぼすものではなく，また，仲裁判断が援用される国の法令又は条約により認められる方法及び限度で関係当事者が仲裁判断を利用するいかなる権利をも奪うものではない」としており，その解釈が問題となる。従来の多数説は，条約は，承認執行に関する制限の最大限度を定めたものであるから，他の条約や国内法は，ニューヨーク条約より緩やかな要件を

定める範囲でのみ適用されるという。しかし，このような理解は規定の文言とそぐわず，いずれの承認要件が緩やかかは判断しにくい場合もあるから，この規定は，ニューヨーク条約が当然に他の条約・国内法に優先するわけでないことを述べたに過ぎず，執行申立人は，ニューヨーク条約，国内法のいずれを選ぶこともできると解すべきであろう[50]。いずれにせよ，仲裁法45条は，ニューヨーク条約の承認要件を実質的に取り込む形になっているので，実際上，この点が争われることは考えにくい。

2　承認の対象となる外国仲裁判断

(1)　「外国」の仲裁判断

　仲裁は国家機関によらない紛争解決手段であるから，どの国にも属しない，超国家的な仲裁や仲裁判断の存在も考えられるが，現時点では，それは理論的可能性にとどまる。そのため，諸国の立法や学説は，仲裁判断の「国籍」を観念し，内国・外国仲裁判断を区別した上で，前者については内国裁判所による取消しを認めるとともに，後者については，内国で効力を承認し，執行するための要件を定めてきた。

　従前のわが国やドイツの多数説は，仲裁廷は国家機関でないから手続地との関係が薄く，複数国で手続が行われることも珍しくないこと，仲裁が当事者の合意を不可欠の前提とする自治的紛争解決手段であることを重視して，当事者による仲裁手続準拠法の指定を自由に認めるとともに（当事者自治説）[51]，外国法を仲裁手続準拠法として下された仲裁判断が外国仲裁判断にほかならないと理解してきた（準拠法説）。もっとも，これに対しては，仲裁地で許されない手続を導く恐れがあること，仲裁手続と仲裁地との密接関連性などを強調して，仲裁地法を仲裁手続準拠法にするとともに，仲裁地の内外によって仲裁判断の国籍を決する立場（手続地説）も有力に主張されていた[52]。

　ニューヨーク条約1条1項は，このような対立を考慮して，折衷的解決を図っ

た。1項前段は，手続地説の立場から，「承認及び執行が求められる国以外の国の領域内においてされ」た仲裁判断に条約が適用されるというが，後段では，「承認及び執行が求められる国において内国判断と認められない判断」にも条約の適用を認めるので，承認国が当事者自治説・準拠法説をとる場合には，それによって外国仲裁判断とされるものにも条約が適用される訳である。これは，仲裁判断の国際的執行を容易化するという条約の至上目的のためには，仲裁判断の概念規定に拘泥しない姿勢を示したものといえよう。

　このような中，1つの大きな転機となったのは，1985年のUNCITRAL国際商事仲裁モデル法の成立である。モデル法は，その内容的妥当性や立法化に際しての柔軟性が仲裁法制の近代化を急ぐ各国のニーズに合致した結果，多くの国で採用されるにいたっているが，その1条においては，法適用関係の明確さを重視して，「仲裁地が国内にある場合」に法の適用がある旨を明記していた。わが国仲裁法もこの考え方をとり，仲裁地が国内にあれば仲裁法を適用し，内国裁判所での取消訴訟を認めることとしたので，仲裁手続準拠法や仲裁判断の国籍決定をめぐる学説上の争いは，立法的に解決をみたということができる。もっとも，ここでいう「仲裁地」は，当事者が合意で自由に決定することができ（28条参照），審問手続をそこで行うかどうかとは直接関わらないこと（そのため，仲裁地をスイスに合意しながら，審問手続自体は全て外国で行われるスポーツ仲裁のような場合を念頭におき，「虚構的仲裁地」の許容という言葉がしばしば用いられる）からすれば，従来主張されていた当事者自治説・準拠法説との相違は，実質的にはほとんどないといってよい。

　他方において，ここ半世紀間におけるニューヨーク条約の圧倒的成功は，条約5条が定める執行拒絶事由に，仲裁判断を国際的に執行するための普遍的条件という意味あいをもたせるにいたった。同時に，外国仲裁判断の執行拒絶事由，内国仲裁判断の執行拒絶事由，内国仲裁判断の取消事由の3者間には，準拠法の問題などを除けば，必ずしも本質的違いがないことも徐々に認識されるにいたったため，モデル法は，これらを基本的にパラレルに扱うこととした。わが国仲裁法45条もこれにならい，仲裁地の内外を問わずに承認執行拒絶事由を規定している。これらの事由はニューヨーク条約5条を取り込んだ形になっ

ており，このことは，実質的には相互主義留保[53]を撤廃するに等しい。したがって，結局，現在の仲裁法の下では，仲裁判断の執行に関する限り，外国の，あるいはニューヨーク条約締約国の仲裁判断かどうかも，基本的には問題にならないが，仲裁判断の取消しは内国仲裁判断についてのみ認められるほか，仲裁手続準拠法や仲裁手続に対する内国裁判所の援助管轄を決める連結点として，仲裁地は大きな意味をもつということができる。

(2) 外国の「仲裁判断」

承認・執行の対象となる仲裁判断は，仲裁人による終局的な法的紛争の判断であって，仲裁地で確定判決と同様の効力を認められるものでなければならない。中間的判断は，本案請求に直接答えるものではなく，終局的仲裁判断の準備のために手続問題や前提問題につき判断するものに過ぎないから，独立に承認・執行の対象になることはない。仲裁廷による保全命令についても同様に考えるのが通説である。これに対して，本案請求の可分な一部についてのみ判断する仲裁判断（部分的仲裁判断）については，承認・執行を認める余地があろう。また，法律関係そのものではなく，その前提となる事実を確定するに過ぎない仲裁人の判断（仲裁鑑定）は，形成的効果をもつ限りで内国でも承認しうるが，執行の対象にはならないと考えられる。

仲裁手続進行中に当事者間で和解が成立した場合，これに執行力を付与することを主たる目的として，当事者の申立てに基づき，和解内容を仲裁判断とすることが多くの国で認められている（仲裁法38条参照）。日本商事仲裁協会の規則では，和解内容を仲裁判断とする旨を判断書に記載することが求められるが（54条2項），外国仲裁判断の場合，この点が明示されない場合もありえよう。このような手法は，仲裁判断に公正証書的役割をもたせたものであり，理論的には詰めるべき点を残すが，仲裁判断の承認・執行に関する限り，これも通常の仲裁判断と同様に扱われている。

(3) 仲裁地で取り消された外国仲裁判断の執行

　モデル法を介した仲裁法の緩やかな統一が進みつつある今日でも，仲裁判断取消しについて，各国法間の相違が全く除去された訳ではない。そのため，仲裁地で取り消された仲裁判断の執行が他国で問題になることがある。ニューヨーク条約は，締約国が承認・執行を「拒否することができる」場合として，仲裁判断が「判断がされた国若しくはその判断の基礎となった法令の属する国の権限のある機関により，取り消されたが若しくは停止されたこと」を挙げている（5条1項e）。ここで条約が裁量的表現（may be refused……only if）を用いたのは，仲裁判断の相互的執行の容易化という目的のために，拒絶事由の可及的限定が要請されたことに基づくが，反対解釈すると，仲裁判断の国籍国における取消しにもかかわらず，締約国があえて当該仲裁判断を執行することは，条約上は妨げられないということになる。仲裁法45条は，拒絶事由がない場合の自動的承認を定めるが，46条8項では，拒絶事由の存在が認められる場合に，執行決定申立てを「却下することができる」というから，問題状況は異ならない。また，条約7条1項は，締約国国内法に基づく外国仲裁判断執行の余地を認めるから（→第4節1(3)），国内法によってこのような仲裁判断を執行する可能性もありえよう。そのため，アメリカやフランスでは，仲裁地で取り消された外国仲裁判断の執行を認めた判例が散見される[54]。

　このような問題が生じる背後には，とりわけ国家契約がらみの場合に，仲裁地国で不当な取消しがなされうるという事情がある。その効力を内国で認めるべきでないとの価値判断に立てば，国籍国裁判所による仲裁判断取消決定が内国で承認されるかどうかを問う手法も考えられるが，民訴法118条が承認対象とする外国判決は，当事者間の実体関係に関するものに限られるとすれば，この解釈はとりにくい。承認適格性をもつ外国判決は，判決国で効力をもつものに限られることとのバランスからしても，仲裁地国で取り消され，効力を失った仲裁判断は，承認適格性を欠くものとして扱うのが適当かと思われる。

3 承認拒絶要件

(1) 被申立人が証明すべき事由（仲裁法45条2項1号～7号，ニューヨーク条約5条1項，6条）

外国仲裁判断は，承認拒絶要件がない限り自動承認され，確定判決と同じ効力を認められる（45条1項）。仲裁判断に基づく民事執行には執行決定（→第5節1）を要するが，そこでも，これらの要件の不存在が条件となる（46条8項）。

以下に掲げた承認拒絶事由の存在については，被申立人が証明責任を負う。

① 仲裁合意が，当事者の能力制限により効力を有しないこと。ニューヨーク条約は，「その当事者に適用される法令により」無能力であったことと規定するが，「当事者に適用される法令」の決定は，各国国際私法に委ねられたものと解されている。わが国の場合，自然人については法例3条ないし5条により，基本的にその者の本国法によるが，法人に仲裁契約の効果が帰属するかどうかは，条理上，その設立準拠法で判断される。

② 仲裁合意が，当事者の能力制限以外の事由により効力を有しないこと。仲裁合意の有効性は，当事者が指定した法により，指定がないときは仲裁地国法によって判断される。仲裁合意につき当事者の準拠法指定が許されることは，旧法下でも判例・学説の認めるところであったが[56]，仲裁法が明文規定をおいたことから，今後は，妨訴抗弁審査についてもこれを類推することになろう。

仲裁合意の準拠法が主契約とは別に指定されることは稀であるが，主契約準拠法の指定があれば，仲裁合意につき黙示の準拠法指定を認めてよい。主契約準拠法につき明示指定がないときは，第2段階に移り，仲裁地法を準拠法とすべきであろう。この関係で問題となりうるのは，最近の実務でよく用いられる「クロス型」仲裁合意である。これによると，仲裁申立人となる当事者は，相手方の本拠地の仲裁機関で申立てをしなければならない。この場合でも，主契約準拠法の明示指定がなければ，仲裁地法を仲裁合意準拠法とすべきであろ

う[56]。しかし，特に妨訴抗弁審査との関係では，仲裁地が仮定的なものに過ぎない場合が考えられ，どちらが先に仲裁を申し立てるかで仲裁合意準拠法が変わるのは適当でないとの実質判断から，（黙示の意思探求で定まる）主契約準拠法を仲裁合意の準拠法とする見解も少なくない[57]。

③　当事者が，仲裁人の選任手続または仲裁手続において，必要な通知を受けなかったこと。

④　当事者が仲裁手続で防御できなかったこと。被告が適時に仲裁人を選任しないため，仲裁条項の定めに従い原告が選任した3名の仲裁人が下した仲裁判断につき，「被告がその利益を防御する機会を不当に奪われたということはできない」として，ニューヨーク条約に基づく執行を認めた判決がある[58]。

⑤　仲裁判断が，仲裁合意または仲裁手続における申立ての範囲を越える事項に関する判断を含むこと。ただし，これが他の部分から分離可能であれば，他の部分を承認執行することを妨げない。

⑥　仲裁廷の構成・仲裁手続が，仲裁地国法または合意に反していたこと。

⑦　仲裁判断が確定していないこと，または仲裁地国（もしくは仲裁手続準拠法所属国）の裁判機関により取り消されたか効力を停止されたこと。ニューヨーク条約は，判断が「当事者を拘束するもの（binding）となるにいたっていないこと」を拒絶事由とする。これは，ジュネーブ条約1条2項d号が，仲裁判断が「final」になったことを申立人の証明すべき要件としたため，実務上，判断国でも執行許可を取ることが求められて執行遅延を生じたことから，このような二重執行許可の不要性を明らかにするために導入された概念であり，内容的には日本でいう「確定」の概念に相当する。

外国仲裁判断が仲裁地国で執行許可の決定を受けていることは，わが国におけるその承認執行の要件とはならないが，執行許可決定は仲裁判断が取り消されえない状態になったことの証拠となるため，仲裁地国裁判所が仲裁判断に執行許可決定を付与した場合に，後者に基づいて内国で執行を求めることができるかが争われる。アメリカ仲裁協会の仲裁判断を確認するカリフォルニア州裁判所判決につき，外国判決承認要件（民訴118条参照）を吟味して執行を認めたものがあり[59]，学説上も，このような手法を認めるものが少なくない。しかし，

執行許可決定は仲裁判断に執行力を付えるものであり，その効力は属地的なものというべきであるし，執行の容易さや迅速性の点からしても，仲裁判断ではなく，あえて外国執行許可決定の執行によるべき必要は乏しいように思われる。

仲裁判断取消・効力停止の申立てはされたがいまだ確定していないときは，裁判所は，仲裁判断執行手続を中止できるほか，必要に応じて，被申立人に立担保を命じることもできる（仲裁法46条3項，条約6条）。

(2) 職権調査事項（仲裁法45条2項8号9号，条約5条2項）

⑧ 仲裁手続における申立てが，日本法上，仲裁可能性のない紛争に関するものであること。仲裁可能性の範囲については国により相違があるため，それを判断する準拠法が問題となる[60]。この規定を文言どおりに解し，日本法上の仲裁可能性を外国仲裁判断にも厳格に要求すれば，仲裁地で仲裁可能な紛争につき，両当事者とも納得の上で手続が行われ，下された仲裁判断の効力をも否定することになりうる。ここでの仲裁可能性の要求は一種の公序判断と考えられるが，そうだとすれば，その運用は可能な限り緩やかに行われるべきであろう。

⑨ 仲裁判断の承認が日本の公序良俗に反すること。たとえばアメリカでは，仲裁手続においても懲罰的損害賠償が命じられることがあるが，仲裁判断で命じられた懲罰賠償額が過大なものであれば，本号にいう公序違反に該当しうるであろう[61]。また，仲裁法附則3条4条は，消費者仲裁合意につき消費者に一方的解除権を認め，個別労働契約上の仲裁合意を無効とするので，外国で，仲裁地法に従いこれらの類型に属する仲裁が行われ，仲裁判断が下されたとしても，わが国では公序に反するものとしてその執行を拒絶すべきことになろう。

(3) 外国判決承認要件との比較

上に掲げた要件のうち，①②⑤⑥は，広い意味で仲裁廷の管轄権に関わるものであり，外国判決承認要件における間接管轄要件に相当する。外国判決承認

の場合には，管轄規則についての国家間の隔たりが障害となりうるが，合意を唯一最大の管轄根拠とする仲裁においては，仲裁合意の有効性とその遵守を確保すればよい点が特徴的である。③は民事訴訟法118条2号と重なり，⑦は，仲裁判断が一定の安定性を備えていることを要求する点で，民事訴訟法118条にいう判決の「確定」性と同じ機能を果たす。④⑧⑨は実体的・手続的公序に相当する。相互の保証（118条4号）が問題にならない点も，仲裁判断承認の大きな特徴であり，仲裁の利点であるといえよう。

第5節　外国判決・外国仲裁判断の執行手続

1　執行判決・執行決定の意義

　承認要件を備えた外国判決・外国仲裁判断は，言渡国での確定とともに既判力や形成力を自動承認されるのみならず，内国執行機関を発動して，判決内容を強制的に実現することもできる。ただ，承認要件具備審査には難しい法的判断を要することもあるため，これを執行機関任せにするのではなく，裁判所が外国判決については執行判決（民執22条6号，24条），外国仲裁判断については執行決定（民執22条6の2号，仲裁46条）によって，強制執行を許す旨を宣言することとした。承認要件の具備を判決手続で審査することは慎重なやり方であり，仲裁法成立以前は，仲裁判断の執行についてもこの手法がとられていた。しかし，必要的口頭弁論を要求すると，仲裁の利点である迅速性が害されうることから，新仲裁法は決定手続を導入しており，将来的には，外国判決の執行についても同じ考え方が及ぼされるべきであろう[62]。いわゆる強制執行だけではなく，登記・登録や戸籍訂正など，広い意味での執行が問題となる場合にも，執行判決・執行決定が求められる。

　手続の性質については，外国判決・仲裁判断が言渡国でもつ効力を内国で確認するための手続と捉える見解もあるが，これらに内国での執行力を形成的に

付与する手続とみるものが多い。執行判決・執行決定が確定すれば，外国判決・仲裁判断はこれと合体して債務名義になる。執行判決・執行決定には仮執行宣言を付することができる。

2　執行判決・執行決定手続の審理

外国判決の執行判決訴訟では，通常の判決手続により，承認要件の具備が審査される。実質的再審査禁止の原則から，外国判決の当否を調査することはできない（民執22条2項）。外国判決に対して日本で執行力を認めるかどうかは公益に関わるため，被告の認諾は許されず，執行判決を不要とする当事者間の合意も無効である。承認要件の存否に関する被告の自白も，原則として裁判所を拘束しないと考えられるが，専属管轄を除く間接管轄および送達要件については，前者は応訴管轄に準じて考えられること，後者はもっぱら被告保護の要件であることから，自白の拘束力を認めてよいとする見解もある[63]。

外国仲裁判断の執行決定手続においては，口頭弁論または当事者双方が立ち会うことができる審尋期日を経なければならない（46条10項，44条5項）。承認拒絶事由があれば申立ては却下され，それ以外の場合には執行決定が行われる（46条7項8項）。

3　請求異議事由の主張

外国判決確定後に生じた，実体権の変更・消滅等に関する事由は，執行判決訴訟で抗弁として主張できるか。外国判決で子の監護権や離婚後の扶養義務が確定された後，そこで前提とされた事情に変更があった場合，判例・学説の多くは，それを公序審査の枠内で考慮することを許す[64]。これに対して消極説は，外国判決は確定と同時に内国でも自動承認されるので，その後に生じた事由は公序審査に影響を及ぼさず，別途請求異議の訴えで主張しなければならないと説く[65]。しかし，確定時に自動承認された外国判決でも，その後の事情変化により公序に反するにいたれば，その時点から不承認の扱いを受けると考えれば，

執行判決訴訟でこのような事由を考慮することは可能かと思われる。

仲裁判断の執行についても，従来は同じく積極説が多数をしめていたが[66]，仲裁法が執行決定手続を導入したことから，実体権審査について慎重を期するため，請求異議訴訟の提起を要求する考え方が強まるものと思われる[67]。

第6節　外国判決・外国仲裁判断の執行と主権免除

1　主権免除の意義と現状

資源開発契約や大規模建設工事契約では，外国国家が契約当事者になること（国家契約）が少なくないので，外国国家に対する民事裁判や執行の可否は，私企業にとって重大な問題となりうる。国際法上，国家には主権免除ないし国家免除が認められ，一定の場合には，他国の裁判所で民事裁判の被告とされないほか（判決手続からの免除），仮に判決手続が行われたとしても，執行手続について別途免除が認められる（執行手続からの免除）。主権免除は国家に与えられた特権であるから，放棄も可能であり，国家が自ら提訴したり，裁判権を争わず応訴したような場合には，黙示の放棄も認められるが，判決手続についての免除放棄は，執行免除の放棄をも自動的に意味するものではない。

主権免除の原則は，国家が互いの活動を阻害せず，友好関係を維持するための慣行として始まったものが，国家主権の独立・平等思想と結びついて19世紀に慣習国際法化したものといわれている。1970年代から多国間条約の作成準備が進められてきたが，免除を認める範囲などにつき国家間の対立が激しく，難航していたところ，旧社会主義圏の崩壊を1つの契機として合意達成への機運が生じ，2004年末，国連総会において「国家及びその財産の裁判権からの免除に関する条約」が成立した[68]。

2 判決手続からの免除：主権免除の範囲

　外国国家に対し，どのような範囲で判決手続からの免除を認めるかについては，国家間で考え方の対立があった。伝統的な考え方によれば，国家は，自ら免除を放棄して提訴ないし応訴した場合や法廷地国所在不動産の物権関係訴訟など，ごく例外的な場合を除いて，原則的に裁判権から免除される（絶対免除主義）。従来のわが国判例もこの考え方によっていたが[69]，これによると，広範囲に裁判権免除が認められ，私人・私企業の権利救済は困難化せざるをえない。そのため，最近の国内立法や判例では，国家の行為を「主権的(公法的)行為」（acta jure imperii）と「非主権的(私法的ないし商業的)的行為」（acta jure gestionis）に2分し，前者についてのみ免除を認めるものが一般化しつつあり（制限免除主義），2002年のわが国最高裁判決も，制限免除主義に大きく傾斜した一般論を述べた[70]。

　制限免除主義においては，主権的行為・非主権的行為の区別が問題となる。これについては，国防，軍事・警察など，本来国家にしかできない行為を主権的行為，契約など私人にもできる行為を非主権的行為とみる行為性質基準説が有力であるが，旧社会主義国や発展途上国の中には，国家目的に直接関連する行為を主権行為とする行為目的基準説を採る国もあった。国連国家免除条約は，制限免除主義の立場から「商業的取引」について免除を否定するとともに（10条1項），商業的取引かどうかの判断については，行為性質基準説を基礎としながら，当事者の合意があるか，法廷地国が行為目的基準説をとる場合には行為目的をも考慮に入れることとして，妥協を図っている（2条）。また，この条約では，外交使節や領事機関が雇用主となる雇用契約（11条）など，一定類型の紛争について，免除の援用が可能とされた点が注目されよう。管轄合意や本案の提訴・応訴を行った国家は，主権免除を援用できないほか（7条～9条），仲裁合意があれば，仲裁判断取消訴訟など，仲裁手続に関連する裁判手続につき免除放棄が認められる（17条）。

3　執行手続からの免除

　判決や仲裁判断に基づく強制執行については，執行対象となる外国財産が主権的活動目的のものである場合（たとえば外交使節団の銀行口座）に免除を認める考え方が有力であり，国連国家免除条約も，①外国国家が，国際的な合意や仲裁合意その他の書面において明示的に執行に同意した場合，②外国国家が，特定財産を訴訟目的である債権の満足のために指定していた場合，または③執行財産が，訴訟の対象となっている組織（entity）と関連をもち，「非商業的目的以外のために」用いられる場合に強制措置を許している（19条）。また同21条によると，外国使節団や領事機関の活動のための銀行口座，軍事目的の財産，中央銀行の財産など，いくつかのものが商業目的財産とみなされない旨が明記されている。

4　投資紛争解決条約

　以上のように，国家を相手方とする私人の権利保護にはなお大きな障害があり，このことは，発展途上国への民間投資を阻害する要因となりうる。そのため，1965年，世界銀行主導のもとで締結された「国家と他の国家の国民との間の投資紛争の解決に関する条約」（投資紛争解決条約）[71]により，私企業と投資受入国の間の紛争処理（調停および仲裁）を行う機関として，「投資紛争解決国際センター」（ICSID）が設立された。ここで下された仲裁判断は両当事者を拘束し（条約53条），各締約国はそれを承認・執行する義務を負う（54条）。ただし，55条によれば，54条は執行免除に関する締約国国内法に影響を及ぼさないとされるため，その内容によっては，仲裁判断を執行できない場合もありうる。

第7節　外国判決・外国仲裁判断の執行と国際民事保全

1　本案裁判所による保全命令とその国際的執行

　渉外民事訴訟では，準拠法や国際裁判管轄の決定，外国での訴状送達や証拠調べといった様々な困難が伴い，国内訴訟より一般に時間と労力がかかるうえ，債務者が執行逃れのための財産処分をすることは逆に容易になるため，民事保全をいかに迅速・効率的に行うかが重要になる。保全命令の発令に当たっては，保全の必要性とともに，債権者が本案で勝訴する蓋然性が重要な判断要素となるが，これは本案審理に携わる裁判所において判断するのが最も適当といえよう。そのため，民事保全法12条は，仮差押目的物ないし係争物の所在地の裁判所とともに，本案の管轄裁判所にも保全命令の管轄を認めている。

　しかしながら，本案裁判所が発した保全命令は，取消・変更される可能性がありうることから，一般に，外国で承認・執行の対象となる終局的な判決とはみなされていない。わが国民事訴訟法118条の解釈としても，外国裁判所による保全命令は承認適格性を欠くとされてきた（→前述第3節2）。この解釈を前提にすれば，本案裁判所が命じた保全命令は，外国では執行判決付与の対象にならず，せいぜい，仮差押目的物・係争物の所在地で保全訴訟を行う場合に，証拠として利用できるに過ぎない。これが国際的権利保護の迅速化・効率化という観点から極めて不都合な状況と感じられたことから，ヨーロッパでは，ブリュッセル条約／ブリュッセルⅠ規則やルガノ条約をはじめとする国際的取決めにおいて，外国裁判所による保全命令の執行を許すこととしている[72]。

2　仲裁廷による保全命令とその国際的執行

　仲裁を利用する当事者の最大の目的は，仲裁判断によって自らの紛争を終局的に解決することにある。そこから，かつての通説は，仲裁廷の役割は終局

仲裁判断を下すことに尽き，それにいたるまでの暫定的規整は仲裁廷の権限に含まれないと理解していた。保全命令とその執行手続は密接不可分の関係に立つが，仲裁廷に保全命令の発布を委ねたとしても，そのような措置は裁判所の保全命令と違って執行力をもたない反面，裁判所による保全命令は仲裁合意の有無に関わらず常に利用できる，といった事情も，この結論を側面から支えていた。しかしながら，この考え方においては，仲裁廷での本案審理手続と裁判所での保全命令手続が分裂する結果，審理の迅速や秘密保持といった，仲裁を選ぶに際して当事者が重視した様々な利点が，結果的に損なわれる恐れがある。そのため，モデル仲裁法をはじめとする最近の仲裁立法は，仲裁廷による保全命令の発令を認める傾向にあり，仲裁法24条もこれにならった。

　もっとも，仲裁廷による保全命令は，裁判所による仮差押・仮処分命令に，あらゆる点で代替しうるものではない。第1に，常時保全命令を発しうる体勢にある裁判所とは違い，仲裁廷は仲裁人選任を経て構成されなければならない。しかも，仲裁の結果は仲裁人に依存するところが大きいから，その選任には時間を要することも少なくない。第2に，仲裁廷による保全措置命令は，執行決定の対象として仲裁法が予定する「仲裁判断」(仲裁法44条，45条)に当たらないため，それ自体として執行力をもたず，ニューヨーク条約も，このような命令の国際的執行の可能性を念頭において作られたものではない。そのため，執行力を必要とする保全命令は，裁判所で取得できるようにしておく必要があり，仲裁法15条は，仲裁合意の存在は，当事者による保全処分申立ておよび裁判所による保全命令の発令を妨げないと規定した。

　もっとも，仲裁廷の保全命令に執行力を認めないという，現在多くの国がとっている態度が，今後とも維持されるべきものかどうかは，なお検討を要する。確かに，終局仲裁判断を念頭におく執行決定手続は，保全命令の迅速な執行に適したものではないから，仮に仲裁廷による保全命令の執行決定を考えるとすれば，特別な手続的手当てをすべきであろう。また，当事者の視点からすると，終局仲裁判断での不利な扱いを避けるために，仲裁廷の命令には任意に従う必要があるから，仲裁廷による保全措置は，執行力がなくとも，かなりの程度実効性をもちうると考えられる。しかしながら，本案は仲裁廷，執行力を伴う保

全命令は裁判所に委ねるとすれば，仲裁による紛争解決を選んだ当事者の意図が十分に満足されない恐れもあり，保全命令の発布を仲裁廷に委ねるのであれば，最終的には，それに執行力を認めるところまで踏み込む必要があろう。このような見地から，ドイツの仲裁法は，仲裁廷による保全命令を執行決定の対象に含めているほか，UNCITRALの仲裁・調停作業部会においても，同様の問題意識に基づき，この問題についての検討が進められている[73]。

3　内国裁判所での保全命令と外国本案判決の承認・執行可能性

保全命令を発した裁判所は，債務者の申立てにより，債権者に対し，相当期間内に本案訴訟の提起を命じることができる（民保37条）。内国が目的物・係争物の所在地であって，本案管轄地でない場合，外国裁判所での訴え提起や外国仲裁廷での仲裁申立てでも，そこで下されるべき判決や仲裁判断が，日本での承認・執行を合理的に予想されうるものであれば，適法な本案の起訴とみてよい。承認・執行の可能性がないような場合には，適法な本案起訴がない場合に準じて，民事保全法37条3項により保全命令を取り消すことになろう[74]。

第8節　むすびにかえて

外国仲裁判断の承認・執行については，ニューヨーク条約の成功により，世界的に大幅な法統一が達成されているのに対し，外国判決の承認・執行については，地域的な法統一を別として，その歩みは遅々としたものにとどまっている。その背景には，とりわけ管轄規則や送達，証拠収集方法等に関する国家間での隔たりの大きさがあり，これについては，なお時間をかけて国際的スタンダードを構築してゆかなければならない。2005年に成立したハーグ合意管轄条約は，このような状況を打破する1つの契機になりえよう。

本案の管轄裁判所や仲裁廷で発せられた保全命令の執行が，国際的に保障されていないことも問題であり，この点については，今後，多国間条約の作成や

UNCITRAL によるモデル法やニューヨーク条約の見直しにより，適切な手当てがされることが望まれる。ただ，ハーグ会議での外国判決承認・執行に関する一般条約策定の試みが，大幅な縮小を余儀なくされたところからも知れるように，現在の状況下では，大多数の国が受入可能な普遍的条約を作ることは難しい。むしろ，韓国やシンガポールといった近隣の主要貿易相手国との間で2国間の承認・執行協定を結び，その中で，保全命令について相互的執行の可能性を認めてゆくことが検討されるべきであろう。

<注>

(1) 道垣内正人「国際商事仲裁－国家法秩序との関係」『日本と国際法の100年 9巻』97頁以下（三省堂，2001年），同「国際仲裁における仲裁地の意味と機能」JCA51巻12号62頁（2004年）。

(2) これに関する詳細な研究として，中西康「外国判決の承認執行における révision au fond の禁止について（1～4・完）」法学論叢135巻2号～136巻1号（1994年）。

(3) 本文のような通説的見解に対して，外国判決の承認とは，「外国判決を自国の同種の判決と……同視すること」であり，外国判決に「我が国でいかなる効果を賦与するかという問題に他ならない」とする，注目すべき見解もある。高田裕成「財産関係事件に関する外国判決の承認」澤木敬郎・青山善充編『国際民事訴訟法の理論』378頁（有斐閣，1987年）。

(4) 本条約につき，道垣内正人「2005年のハーグ『管轄合意に関する条約』」国際私法年報7（2005年）184頁。

(5) これにつき中西康「民事及び商事事件における裁判管轄及び裁判の執行に関する2000年12月22日の理事会規則（EC）44/2001（ブリュッセルⅠ規則）（上，下）」国際商事法務30巻3号311頁，4号465頁（2002年）。なお，婚姻および親責任事件の裁判管轄・判決承認については，いわゆるブリュッセルⅡ規則が2000年に成立している。

(6) 外国判決の承認だけを対象とする条約をシングル条約と呼ぶのに対して，直接管轄をも含めて規律する本条約はダブル条約と呼ばれている。

(7) これによると，「油による汚染損害についての民事責任に関する国際条約」9条1項により管轄権をもつ外国裁判所が，油濁損害賠償請求の訴えについて下した確定判決は，①当該判決が詐欺によって取得された場合，②被告が訴訟の開始に必要な呼出しまたは命令の送達を受けず，かつ，自己の主張を陳述するための公平な機会が与えられなかった場合を除き，日本でその効力を認められる。

(8) 高桑昭「外国判決の承認及び執行」鈴木忠一・三ケ月章編『新実務民事訴訟講座7』133頁（日本評論社，1982年：以下，『新実務民訴』と略す）。

(9) 河野俊行「外国裁判所」高桑昭・道垣内正人編『新裁判実務大系3・国際民事訴訟法（財産法関係）』320頁（青林書院，2002年：以下，『国際民事訴訟法』と略す）。

(10) 最判平成10年4月28日民集52巻3号852頁，国際私法百選（有斐閣，2004年）188頁。オーストラリアのサマリー・ジャッジメントの承認適格性を認めたものとして東京地判平成10年2月25日判夕972号258頁。

⑾　中野俊一郎「確定判決」「外国保全命令の効力」前掲注9・『国際民事訴訟法』313頁，414頁。
⑿　高桑昭「外国裁判の承認」前掲注9・『国際民事訴訟法』308頁ほか通説。ただし，裁判上の和解については，民訴法267条が「確定判決と同一の効力」を認めること，同意判決の承認が許されることとのバランスから，承認適格性を認める見解もある。上村明広「外国裁判承認理論に関する一覚書」曹時44巻5号855頁（1992年），安達英司「米国クラス・アクションによる裁判上の和解・判決の承認について」民訴48号204頁（2002年）。
⒀　水戸地龍ヶ崎支判平成11年10月29日判タ1034号270頁。
⒁　前掲注10・最判平成10年4月28日。
⒂　直接管轄と間接管轄は同じ問題を別方向からみたにすぎず，両者の判断基準は鏡に映したように同一であるという趣旨で，鏡像原則（Spiegelbildprinzip）と呼ばれる。これに対して，間接管轄は外国ですでに終わった手続に対する事後的評価に関わり，跛行的法律関係発生防止という要請がより強まるため，直接管轄よりも緩やかな基準で判断してよいとする考え方（間接管轄独自説）も根強い。最近の最高裁判決も，「基本的に我が国の民訴法の定める土地管轄に関する規定に準拠しつつ，個々の事案における具体的事情に即して，当該外国判決を我が国が承認するのが適当か否かという観点から，条理に照らして判決国に国際裁判管轄が存在するか否かを判断すべき」であるとしており（前掲注10・最判平成10年4月28日），抽象的表現ではあるが，間接管轄につき独自判断の余地を認めたものと理解されている。
⒃　最判平成9年11月11日民集51巻10号4055頁，国際私法百選164頁［ファミリー事件］。学説・判例の状況につき，高橋宏志「国際裁判管轄－財産関係事件を中心にして－」前掲注3・『国際民事訴訟法の理論』31頁以下，道垣内正人「国際裁判管轄」前掲注9・『国際民事訴訟法』40頁以下。
⒄　これに対して，最判昭和56年10月16日民集35巻7号1224頁，国際私法百選162頁［マレーシア航空事件］は，外国法人の日本営業所の存在を理由に，事件の業務関連性を問うことなく国際裁判管轄を認めた。
⒅　池原季雄「国際的裁判管轄権」前掲注8・『新実務民訴』29頁。
⒆　渡邉惺之・長田真里「義務履行地の管轄権」前掲注9・『国際民事訴訟法』74頁参照。
⒇　佐野寛「不法行為地の管轄権」前掲注9・『国際民事訴訟法』92頁を参照。
(21)　最判昭和50年11月28日民集29巻10号1554頁，国際私法百選172頁［チサダネ号事件］。
(22)　前掲注10・最判平成10年4月28日。
(23)　日本政府は，ハーグ国際私法会議の特別委員会においてこの旨を正式に表明している。原優「私法の国際的統一運動」国際商事法務17巻12号1288頁（1989年）を参照。
(24)　鈴木正裕・青山善充編『注釈民事訴訟法4』378頁〔高田裕成〕（有斐閣，1997年），小林秀之・判タ467号23頁，河野俊行・平成元年度重判282頁，道垣内正人・判評371号207頁など。他方，翻訳文の添付を一律に要求する見解として，元木伸・細川清編『裁判実務大系⑽渉外訴訟法』120頁〔後藤明史〕（青林書院，1989年），東京地判平成2年3月26日金判857号39頁など。
(25)　東京地判昭和63年11月11日判時1315号96頁，鈴木忠一・三ケ月章編『注解民事執行法1』400頁〔青山善充〕（第一法規，1984年），渡邉惺之「外国判決承認に関する新民訴法118条2号について」阪法47巻4・5号869頁（1997年），同・判評484号208頁，竹下守夫「判例から見た外国判決の承認」中野古稀『判例民事訴訟法の理論（下）』536頁（有斐閣，1995年）。

⑶ 前掲注10・最判平成10年4月28日。
⑵ 横浜地判平成元年3月24日判時1332巻109頁，東京高判平成2年2月27日判時1344号139頁。
⑶ 前掲注10・最判平成10年4月28日。
⑵ 石黒一憲『ボーダーレス・エコノミーへの法的視座』136頁（中央経済社，1992年），道垣内正人・判評391号44頁，早川吉尚・ジュリ1050号194頁，神前禎・ジュリ1023号140頁，横溝大・判評475号40頁。
⑶ 竹下・前掲注25・545頁。吉野正三郎・安達栄司・判タ828号93頁，中野俊一郎・NBL627号23頁，藤田泰弘・判タ953号64頁，田尾桃二・金判1031号58頁，横山潤・国際私法百選195頁。
⑶ 岡田幸広「外国判決の承認・執行要件としての公序について⑷」名法152号455頁（1994年），小林秀之・吉田元子・NBL630号47頁，春日偉知郎・平成5年度重判292頁，渡辺惺之・特許管理41巻10号1326頁，櫻田嘉章・平成9年度重判293頁など。
⑶ 最判平成9年7月11日民集51巻6号2573頁，国際私法百選194頁［萬世工業事件］。
⑶ 2004年12月4日外務報道官談話＜http://www.mofa.go.jp/mofaj/press/danwa/16/dga_1204.html＞を参照。
⑶ 大阪地中間判昭和48年10月9日判時728号76頁［関西鉄工事件］。
⑶ 代表的な学説として，道垣内正人「国際訴訟競合⑴～⑸・完」法学協会雑誌99巻8～11号，100巻4号（1982年）。東京地中間判平成元年5月30日判時1348号91頁［グールド事件］はこれに従うが，確実な予測の困難を指摘する。
⑶ 東京地判平成3年1月29日判時1390号98頁，国際私法百選200頁，東京地判昭和59年2月15日判時1135号70頁，静岡地浜松支判平成3年7月15日判時1401号98頁，古田啓昌『国際訴訟競合』77頁（信山社，1997年），山本和彦「国際民事訴訟法」斎藤秀夫ほか編『注解民事訴訟法⑸』465頁（第一法規，第2版，1991年），小林秀之・渉外百選238頁（有斐閣，第3版，1995年），不破茂・ジュリ959号122頁，渡邉惺之「国際二重訴訟論」中野古稀『判例民事訴訟法の理論（下）』504頁（有斐閣，1995年）。
⑶ 大阪地判昭和52年12月22日判タ361号127頁。
⑶ 最判昭和58年6月7日民集37巻5号611頁，国際私法百選196頁，前掲注10・最判平成10年4月28日。
⑶ 東京地判昭和35年7月20日下民集11巻7号1522頁［ベルギー］。
⑷ 大阪高判平成15年4月9日判時1841号111頁［中国］。
⑷ 青山・前掲注25・注解民執406頁，高桑昭「相互の保証」前掲注9・『国際民事訴訟法』374頁ほか通説。
⑷ 青山・前掲注25・注解民執406頁，高田・前掲注24・注釈民訴391頁，高桑・前掲注9・『国際民事訴訟法』375頁，389頁ほか通説。
⑷ 立法論としては多数説といってよい。たとえば青山・前掲注25・注解民執367頁，上村・前掲注12・879頁など。
⑷ この点につき高桑昭『国際商事仲裁法の研究』147頁（信山社，2000年）。
⑷ 『仲裁法規集』（日本商事仲裁協会，加除式）Ⅳ-5を参照。
⑷ 英文テキストおよび締約国リストは，UNCITRALのウェブサイト＜http://www.uncitral.org/uncitral/en/index.html＞にある。締約国表によると，バハマがこの例外に属するようである。
⑷ ポーランドとの通商航海条約15条，ハンガリーとの通商航海条約9条。

⑱　その1つのあらわれとして，仲裁判断が言渡国において「final and enforceable」（ニューヨーク条約では単に binding という用語が用いられる）であることを要求する規定が用いられる。たとえばパキスタンとの友好通商条約6条，アルゼンチンとの友好通商航海条約7条など。
⑲　中国との貿易協定8条。
⑳　高桑昭『国際商事仲裁法の研究』170頁以下（信山社，2000年）。
㉑　小山昇『仲裁法』154頁（有斐閣，新版，1983年），青山善充「仲裁法改正の基本的視点と問題点」三ヶ月古稀『民事手続法学の革新　上巻』555頁（有斐閣，1991年）など。
㉒　代表的文献として，高桑昭「仲裁手続の準拠法」前掲注9・『国際民事訴訟法』434頁，道垣内・前掲注1・『日本と国際法の100年』97頁など。判例として，大判大7年4月15日民録24輯865頁。
㉓　わが国は，ニューヨーク条約1条3項に従い，「他の締約国の領域においてされた判断の承認及び執行についてのみこの条約を適用する旨を相互主義の原則に基づき宣言」している。
㉔　中村達也「取り消された仲裁判断の国際的効力」『現代先端法学の展開：田島裕教授記念』551頁以下（信山社，2001年），小川和茂「仲裁地国裁判所により取消された仲裁判断の我が国における承認及び執行の可否（上，下）」JCA50巻6号16頁，7号28頁（2003年）。
㉕　最判平成9年9月4日民集51巻8号3657頁，国際私法百選204頁［リングリング・サーカス事件］，青山善充「仲裁契約」前掲注9・『国際民事訴訟法』424頁ほか。
㉖　前掲注55・最判平成9年9月4日，中野俊一郎「仲裁契約の準拠法と仲裁法」JCA51巻11号69頁以下（2004年）。
㉗　渡辺惺之・知財管理49巻5号641頁（1999年）など。
㉘　大阪地判昭和58年4月22日判時1090号146頁。
㉙　東京地判昭和44年9月6日判時586号73頁。
㉚　中野俊一郎「国際仲裁における仲裁可能性の準拠法」『仲裁法試案改定案に関する調査研究』13頁以下（産業研究所，2000年）。
㉛　中野俊一郎・澤井啓「仲裁と懲罰的損害賠償」（国際商事仲裁協会委託研究論文，1995年），同「懲罰的損害賠償を命じる仲裁判断の効力」JCA42巻8号32頁（1995年）。
㉜　外国判決の執行判決手続には必ずしも簡易・迅速といえない面があるため，外国で確定判決を得た当事者が，それと同一原因に基づく給付訴訟を内国裁判所に提起することも一般に認められている。
㉝　小林昭彦・判タ937号40頁。この見解は，「外国裁判所の」「民事」「終局」「給付」「判決」であることは公益に関するため，職権調査事項・職権探知事項に当たるという。
㉞　東京高判平成5年11月15日判タ835号132頁，国際私法百選192頁，東京高判平成13年2月8日判タ1059号232頁，中野貞一郎『民事執行法』178頁（青林書院，新訂4版，2000年），竹下・前掲注25・553頁，高田・前掲注24・注釈民訴367頁，海老沢美広「外国判決執行の一断面：執行と変更のあいだ」朝日法学論集25号36頁（2000年），中西康・平成13年度重判329頁，高桑昭「外国判決の執行」前掲注9・『国際民事訴訟法』389頁。
㉟　渡辺惺之・平成5年度重判298頁，同・私判リマークス2002＜下＞154頁，山田恒久『渉外百選』231頁（有斐閣，第3版，1996年），早川吉尚「実体的公序」前掲注9・『国際民事訴訟法』360頁，釜谷真史「外国判決承認執行制度と外国判決後の事情の考慮について」九大法学83号162頁（2002年）。

(66) たとえば小島武司『仲裁法』377頁（青林書院，2000年）を参照。
(67) これに対し，請求異議事由を執行決定手続で主張するか請求異議訴訟によるかは，債務者（相手方）の選択に委ねてよいとする見解として，安達栄司「外国仲裁判断の取消，承認・執行」JCA51巻12号67頁（2004年）。
(68) Convention on the jurisdictional immunities of States and their property, A/59/22 Annex I.
(69) 大決昭和3年12月28日民集7巻1128頁，東京地八王子支判平成9年3月14日判タ953号298頁など。
(70) ただし，結論としては，軍用機の夜間離発着は，「その活動の目的ないし行為の性質上，主権的行為であることが明らか」だとして免除を認めたので（最判平成14年4月12日民集56巻4号729頁，国際私法百選160頁［新横田基地訴訟］），明確な制限免除の採用にはいたっていない。もっとも，下級審判決の中には，本判決は「大審院決定を実質的に変更したものと理解すべき」であるとして，制限免除主義により，円貨債券の償還を求められた外国国家の免除主張を排斥したものも現れている（東京地判平成15年7月31日判時1850号84頁［ナウル共和国債償還事件］）。
(71) 昭42条10。本条約につき河野真理子「投資紛争解決国際センターの制度と活動」国際商事法務26巻6号601頁以下（1998年），同「投資紛争解決国際センターにおける仲裁判断のコントロール」国際法外交97巻1号32頁（1998年）。2006年1月現在の条約署名国は155ヵ国に及び，そのうち143ヵ国が批准書を寄託している＜http://www.worldbank.org/icsid/constate/c-states-en.htm＞。
(72) 中野俊一郎「国際民事保全法の現状と課題」『日本と国際法の100年 9巻』54頁以下（三省堂，2001年）。
(73) 三木浩一「仲裁制度の国際的動向と仲裁法改正の課題」ジュリ1207号48頁（2001年）。
(74) これに対して，旭川地判平成8年2月9日判時1610号106頁，国際私法百選179頁は，「本案についての外国の裁判所の判決が日本で執行される可能性が認められれば……仮差押命令申立事件の管轄権を認めるのが相当」として，本案判決の承認・執行可能性を国際裁判管轄決定の一要素として考慮している。

（中野　俊一郎）

第4章

日本における ADR の現状と問題点
――仲裁と調停を中心に――

第1節　はじめに

　一般に紛争解決は裁判という概念があるが，近年のように取引のグローバル化，情報化，多様化の時代においては，事案の性格，当事者の事情に応じた多様な紛争解決手段が必要とされる。その意味で裁判以外の紛争解決手段を整備，活性化することは大いに意義がある。

　ADR は裁判外紛争解決手段であり，非公開，簡易，迅速，多様な専門家の知見を活かした当事者自治による解決手段として時代のニーズに対応する解決手段である。

　国際的観点から ADR の現状をみると，国連国際商取引法委員会（UNCITRAL）において ADR の整備について検討が進められ，1976年に仲裁における手続規則の具体的モデルとして UNCITRAL 仲裁規則を，1980年に調停における手続規則の具体的モデルとして UNCITRAL 調停規則を，そして1985年に国際商事仲裁法の具体的モデルとして UNCITRAL 国際商事仲裁モデル法が，また2002年に国際商事調停法の具体的モデルとして UNCITRAL 国際商事調停モデル法が策定された。特に UNCITRAL 国際商事仲裁モデル法は数多くの国でこれを採用した仲裁法が制定されており，ADR 制度の整備，振興に世界的な影響を与えている。諸外国では欧米諸国を中心に ADR に関する多様な紛争処理形態が生み出され，特に民間機関による ADR が競争的環境の下で発展している。

一方，日本における ADR は必ずしも充分に機能しているとはいえないのが現状であり，諸外国からも ADR の整備，拡充の取組みが求められている。そのような状況の下で，司法制度改革の中で ADR の拡充・活性化が検討されており，ADR 関係法整備，制度基盤の整備，拡充など種々の改革が進められている。

本章では，多様な ADR の形態の中で，グローバル商取引の紛争解決手段として活用されている国際商事仲裁と現在日本が取り組んでいる ADR 振興の対象のひとつである民間紛争解決手続，具体的には民間型調停を検討の対象として取り上げる。まずは，ADR の発展と日本の ADR および ADR 制度改革の概観と仲裁と調停の特質と相違の説明により，ADR の基礎的知識を理解する。そして各論的に，日本の国際商事仲裁と民間型調停の現状と問題点を取り上げて検討していく。日本の国際商事仲裁の現状と問題点については，日本を「仲裁地」とする環境について，国際的観点および諸外国との対比から検討する。また，国際的知的財産権紛争の仲裁についても，日本の現状と可能性について検討する。民間型調停については，その現状，改革の動向を，ADR 促進法を中心に紹介し，民間型調停発展の可能性を検討する。

第2節　ADR の概観

1　ADR の振興

ADR とは英語の"Alternative Dispute Resolution"の頭文字をとった略称であり，日本では「裁判外紛争解決手段」，「代替的紛争解決手段」などと訳され用いられている。ADR の概念は裁判所の判決手続によらない方法で紛争を独立，公正な第三者が入った手続で解決する方法であるといわれている。ADR は，どの範囲の紛争解決手段までを含むかは定まっておらず，解釈が分かれる。

ADR は日本やアジア諸国において調停や仲裁という形態で古くから存在す

るが，現代的 ADR はアメリカにおいて1960年代から調停（mediation），仲裁（arbitration），ミニトライアル（mini-trial），サマリー・ジュリー・トライアル（summery jury trial）レントアジャッジ（rent a judge），ファクトファインディング（fact finding）ミーダブ（med-arb）等が振興してきている。その当時アメリカでは，膨大な訴訟件数，それによる裁判の遅滞，ディスカバリー手続の長期化に伴う弁護士費用の高額化，専門的知識を必要とする紛争において専門的知識をもたない陪審員が参加する制度への不満，不信等，悪循環の中で，裁判に替わる効果的な解決手段が模索されていた。そのような環境の下で，アメリカの ADR が発展していったといわれている。その後，イギリスをはじめヨーロッパ，オセアニア，アジアなど世界的に影響を与え今日の ADR の世界的普及，拡大につながっている。

2　日本の ADR

日本の ADR は，解決手段としては仲裁，調停が中心である。ADR はいくつかの形式により分類される。

常設の ADR 機関により手続の運営，管理が行われる機関 ADR と，当事者自らが手続の運営，管理を行うアド・ホック ADR がある。機関 ADR には，民間機関が運営する民間型と行政機関が管轄する行政型 ADR に分けられる。民間型 ADR には，日本商事仲裁協会，日本海運集会所，各地域の弁護士会仲裁センター，日本知的財産仲裁センター，他消費生活センターや交通事故紛争処理センターなどそれぞれの分野の紛争に対応した ADR 機関が設立されている。行政型 ADR には中央・地方労働委員会，中央・都道府県建設工事建設中央委員会などがある。裁判所で行われる調停も裁判所の判決によらないで中立的な第三者が入る解決手続であり ADR に含まれると解される。裁判所付属型ADR は，地方裁判所・簡易裁判所が民事調停を，家庭裁判所では家事調停を行っている。

3　仲裁と調停

　ADR を手続の特徴の面から分類すると，裁断型と調整型に分類される。裁断型とは，紛争の解決において，中立な第三者が当事者双方の主張，立証を検討した上で一定の判断を下し当事者がその判断に従うことで解決する方法をいう。裁断型の典型例が仲裁である。調整型とは，当事者双方の言い分を聞いて，双方の主張を調整しながら合意点を探して和解を促進する方法をいう。調整型の典型例が調停である。いずれの手続も当事者の合意を前提とする解決手段であり，非公開性，柔軟性，迅速性，専門性があるという特質を共有する。しかし，仲裁と調停はそれぞれ固有の特質をもっておりその性格が異なる解決手段である。

(1)　調　停

　調停は当事者間の紛争につき，独立，公正な第三者（調停人という）に介入してもらい，かかる調停人の下で当事者が交渉をして協調的，建設的に解決する方法である。当事者に和解案が提示される場合が多いが，当事者が和解案を受け入れるか否かは自由であり，その和解案に強制されない。調停手続において必ずしも和解案を提示しなければならないというものではない。当事者の話し合いを促進することを重視し，調停人の紛争解決技術によって和解案をできるだけ提示しないで，当事者の交渉を促して，当事者の紛争解決能力を引き出すことにより和解を促進する方法がとられることもある。この方法を交渉促進型調停（facilitative mediation）といって，欧米においてよく用いられる方法である。日本では，双方当事者の言い分について一定の評価をし，解決の方向性の意見など，和解案を示す方法がとられることが多いが，この方法を評価型調停（evaluative mediation）という。

　なお，日本では「斡旋」という用語が ADR の一形態として調停と同様に使用されている。調停と斡旋の区別には手続に関与する第三者が積極的に和解案を提示するか否かで区別する見解があるが，実際には斡旋でも和解案を提案するケースが多く，ADR 運営機関によって呼称が異なっているだけで，たとえば，

弁護士会仲裁センターの手続では「斡旋」を使用しており，また日本商事仲裁協会の手続では「調停」を使用しているが，手続内容は実質的に同じであり，調停と斡旋の手続上の区別は明確ではない。本章では斡旋も含めて調停の用語を使用する。

(2) 仲　裁

　仲裁は当事者の合意に基づき独立，公正な第三者（仲裁人という）に当事者間の紛争の解決を委ね，かかる仲裁人の判断（仲裁判断という）に当事者が服従することにより解決する強制的解決手段である。仲裁判断は当事者間において最終であり，法的に拘束する。仲裁は第三者の判断により当事者間の紛争を強制的に解決する点で調停とは異なる。強制的解決手段である点では裁判と類似しているが，仲裁は裁判官に当たる仲裁人の選任の他，仲裁手続の多くの部分は当事者の合意に基づくことを原則とする私的自治による解決手段である。また，仲裁地，手続言語，仲裁人の国籍なども当事者の合意によって決めることができる。仲裁人が下す仲裁判断は裁判による確定判決と同一の効力があり，仲裁判断に基づく民事執行も可能である。

(3) 仲裁と調停の組み合わせ

　調停と仲裁の性格の相違を利用して調停と仲裁を組み合わせたハイブリッドな紛争処理手段が利用されることもある。仲裁手続に入る前に調停を行い，調停が不調に終れば，仲裁に移行する方法である。また，仲裁手続の中で仲裁人が調停人を兼ねて調停を行う方法もある。仲裁と調停の組み合わせた紛争処理手法で，英語ではMediationとArbitrationとの頭文字を合わせてMeb-ArbとかArb-Medと称される。調停は仲裁と比較して時間，費用面でより安く，早く解決できるメリットがあり，手続もより柔軟であることから，調停で解決できればより効果的であり，また不調の場合には仲裁により最終的に解決する方法が残されている。また，調停で和解が成立した場合に，仲裁に移行してかかる和解を仲裁判断とすることにより執行性をもたせることができるメリットもある。一方，仲裁と調停は全く異なる手続であり，仲裁人は仲裁手続，調停

人は調停手続に専念すべきで，調停人と同一人が仲裁手続を再開，継続すること，また調停で得た情報，証拠，心証が，仲裁判断に用いられることは，仲裁人の倫理である当事者に対する公正，独立性に反するとしての批判もある。

4　日本のADR改革

　司法制度を国民にとって利用しやすいものとするために，内閣府に司法制度改革推進本部が設けられ，裁判制度，法曹養成制度の改革，刑事手続における裁判員制度による国民の司法参加など，司法制度全般にわたる作業が進められているが，ADR制度も司法制度改革の一環として改革が進行している。司法制度改革審議会意見書（2001年6月）にはADRの整備，拡充をすべきであるとの提言がなされており，その意見書の中で，「国民の期待に応える司法制度の構築のためには，ニーズに応じて多様な紛争解決手段を選択する必要があり」，「ADRは，厳格な裁判手続と異なり，利用者の自主性を活かした解決，プライバシーや営業秘密を保持した非公開での解決，簡易・迅速で廉価な解決，多様な分野の専門家の知見を活かしたきめ細かな解決，……柔軟な対応も可能である」，「裁判機能の充実に格別の努力を傾注すべきことに加えて，ADRが，国民にとって裁判と並ぶ魅力的な選択肢となるよう，その拡充，活性化を図るべきである」，また，意見書は，「多様なADRについて，それぞれの特徴を活かしつつ，その育成・充実を図っていくため，関係機関等の連携を強化し，ADRの利用促進，裁判手続との連携強化のための基本的な枠組みを規定する法律の制定をも視野にいれ，必要な方策を検討すべきである」と提言している。司法制度改革審議会意見書の提言を受けて，早速に内閣府の司法制度改革推進本部に仲裁法検討会およびADR基本法検討会が設置され，かかる検討会が中心となって仲裁法案，ADR基本法案が作成された。

　日本の仲裁法は1890年に民事訴訟法の第八編に組み込まれ制定されて以来一度の改正もなく，民事訴訟法の改正から取り残され，「公示催告及び仲裁手続きに関する法律」として未改正のままであった。仲裁法検討会で新仲裁法案の作成検討作業が進められた結果，仲裁法が2003年第156回国会において成立し，

同年8月1日，2003年法律第138号として公布された（以下新仲裁法という）。2004年3月1日から同法は施行されている。新仲裁法は，UNCITRALが策定した国際商事仲裁モデル法に沿った国際的標準の内容となっている。新仲裁法は，国際仲裁，国内仲裁および商事，非商事双方に適用され，仲裁地が日本の国内にある仲裁手続および仲裁に関する日本国内における裁判所の手続に適用がある。その内容は，総則，仲裁合意，仲裁人，仲裁廷の特別権限，仲裁手続の開始及び仲裁手続における審理，仲裁判断の終了，仲裁判断の取消，仲裁判断の承認及び執行決定，雑則，罰則の10章55条および附則22条で構成されている（詳細は第5章「日本の新仲裁法」を参照願いたい）。

　ADR基本法検討会では，ADR基本法案の作成作業が行われ，正式名称を「裁判外紛争解決手続の利用の促進に関する法律」（ADR促進法という）として2004年の第161回臨時国会において成立，同年12月1日に2004年法律第151号として公布された。同法は公布の日から起算して2年6ヶ月を超えない範囲内において政令で定める日に施行されることになっている。同法は，民間業者の行う裁判外紛争解決手続の業務を対象とした法務大臣による認承制度を導入，併せて時効の中断等にかかる特例を定めてその利便の向上を図ることを目的として制定された法律である。民間紛争解決手続を対象にした法律であり，紛争処理形態としては調整型ADRであり，民間型調停がこれに該当する。裁断型ADRである仲裁は，同法の民間紛争解決手続の対象から除外されている。

　ADR関係法整備以外にも，ADRの拡充・活性化に向けて，ADR関係諸機関の連携，情報提供の強化，担い手の確保などの方策が検討され，ADR改革が進行中である。

第3節　国際商事仲裁の環境

1　仲裁地の選択

　仲裁は当事者自治に基づき，当事者が紛争を仲裁により解決することを合意

したときにのみ利用できる解決手段である。仲裁制度が国際性のメリットを有する要因は，国境を越えて発生する国際商事紛争の場合，仲裁では当事者が合意によって国境を越えて柔軟に仲裁地を決定でき，使用する言語，仲裁人の国籍も当事者合意により決めることができること，また，事案に応じた専門性，国際性および国際商事仲裁の経験のある仲裁人を選任することで当事者にとってより公正で満足のいく解決が期待でき，さらに，仲裁判断がニューヨーク条約等により条約締約国において国際的強制力が保証されていることにあり，国際商事仲裁の利用は世界的に増大している。

　当事者が紛争解決手段として仲裁を選択する場合に，国境を越える紛争の場合は仲裁地を何処にするか，またアド・ホック仲裁か，機関仲裁か，機関仲裁を選択する場合，いかなる仲裁機関を利用するか，その選択は国際商事紛争を効果的かつ効率的に解決する上で当事者にとって非常に重要な問題となる。国際商事仲裁を利用する上で，国際的に魅力ある環境の良い「仲裁地」としてよく当事者から選択される国としては，欧米では，スイス，イギリス，アメリカ，フランス，ベルギー，スウェーデン，ドイツ，オーストリア，アジアではシンガポール，香港，オセアニアではオーストラリア，ニュージーランドが挙げられる。中近東では，仲裁地として良い環境とはいえない中で，エジプトが仲裁地として選択されることがある。また中南米も良い仲裁地環境とはいえないが，ブラジル，メキシコが最近では仲裁地としての期待が高まってきている。また，中国も良い仲裁地環境ではないが，中国を仲裁地とする件数は非常に多い。

　国際的仲裁機関である国際商業会議所（International Chamber of Commerce：ICC）国際仲裁裁判所（International Court of Arbitration）が扱う国際商事仲裁では，世界いずれの国，地域においても仲裁地を指定できるシステムであり，当事者が自由に仲裁地を選択できる。2004年のICC国際仲裁裁判所の仲裁受理件数561件のうち，当事者により選択された，およびICC国際仲裁裁判所により指定された仲裁地は，フランスが89件，スイス78件，アメリカ42件，イギリス65件，ドイツ17件，シンガポール16件であり，日本は2件であった。

　ICC仲裁の主要地域での仲裁件数は表4-1に示されたとおりである。

第4章 日本における ADR の現状と問題点——仲裁と調停を中心に—— 115

表4-1 2004年 ICC 主要仲裁地仲裁件数

国名	当事者選定仲裁地	ICC 選定仲裁地	総計	国名	当事者選定仲裁地	ICC 選定仲裁地	総計
オーストリア	10	3	13	オランダ	6	3	9
ベルギー	5	3	8	シンガポール	10	6	16
ブラジル	10	0	10	スウェーデン	7	1	8
メキシコ	10	0	10	スイス	67	11	78
フランス	75	14	89	イギリス	62	3	65
ドイツ	14	3	17	アメリカ	38	4	42
メキシコ	10	0	10	日　本	2	0	2

(出所) ICC International Court of Arbitration Bulletin Vol.16/No.1-Spring 2005, p10 "Place of Arbitration".

ICC 国際仲裁裁判所以外にも，世界各国，各地域に仲裁機関があり国際商事仲裁を扱っている。たとえばアメリカには米国仲裁協会，イギリスにはロンドン国際仲裁裁判所，スウェーデンにはストックホルム商業会議所仲裁裁判所，シンガポールにはシンガポール国際仲裁センター，香港には香港国際仲裁センター，中国には中国国際経済貿易仲裁委員会，日本では日本商事仲裁協会などの常設仲裁機関が国際商事仲裁を行っている。主要仲裁機関の仲裁事件取り扱い件数は，表4-2のとおりである。

2　日本における仲裁地の環境

日本を仲裁地とする仲裁事件数は，ICC 国際仲裁裁判所の仲裁事件で日本を仲裁地とした件数，また日本の代表的国際商事仲裁機関である日本商事仲裁協会が受理する仲裁事件数も，世界的に見て少ない状況にある。国際的経済活動が活発に行われている日本であるが，日本企業のグローバル化に伴い日本企業を巻き込む国際商事仲裁事件も増大している。国際商事仲裁事件で日本企業が当事者となるケースでは日本を仲裁地として選択されるよりはむしろ日本以外の国，地域を仲裁地として選択されるケースが増えている状況にある。例えば，2004年 ICC 仲裁統計によると，日本を仲裁地とする件数が2件に対して，日本企業が仲裁当事者（申立人，被申立人）となる仲裁件数は26件である。日

表4-2　主要仲裁機関の1998年から2003年までの年間仲裁件数

仲裁機関	1998	1999	2000	2001	2002	2003
ICC	466	529	541	566	593	580
AAA	387	453	510	649	672	646
LCIA	70	60	87	71	88	104
SCC	122	135	135	130	120	169
CIETAC	645	609	543	731	684	709
HKIAC	240	257	298	307	320	287
SIAC	67	67	55	56	49	41
ICSID	11	10	12	14	19	31
JCAA	14	12	10	17	9	14

ICC：THE INTERNATIONAL CHAMBER OF COMMERCE（国際商業会議所（仲裁裁判所））
AAA：THE AMERICAN ARBITRATION ASSOCIATION（アメリカ仲裁協会）
LCIA：THE LONDON COURT OF INTERNATIONAL ARBITRATION（ロンドン国際仲裁裁判所）
SCC：THE STOCKHOLM CHAMBER OF COMMERCE（ストックホルム商業会議所(仲裁判所)）
CIETAC：THE CHINA INTERNATIONAL ECONOMIC AND TRADE ARBITRATION COMMISSION（中国国際経済貿易仲裁委員会）
HKIAC：HONG KONG INTERNATIONAL ARBITRATION CENTRE(香港国際仲裁センター)
SIAC：SINGAPORE INTERNATIONAL ARBITRATION CENTRE（シンガポール国際仲裁センター）
ICSID：INTERNATIONAL CENTER FOR THE SETTLEMENT OF INVESTMENT DISPUTES（国際投資紛争解決センター）
JCAA：THE JAPAN COMMERCIAL ARBITRATION ASSOCIATION（日本商事仲裁協会）

White & Case 主催ニューヨーク仲裁会議 "Current Trends in International Arbitration"（2004年12月）での White & Case 提供資料。

を仲裁地とする件数がなぜ少ないのかについては様々な要因が挙げられるが，本章では仲裁地としての環境を取り上げて，世界標準の観点，ユーザーの観点から日本の仲裁地の環境を考察することで，今後の日本における国際商事仲裁振興の問題点と可能性を探る。

　当事者が国際商事仲裁の「仲裁地」を選択する上でチェックしておかなければならない「仲裁地」の環境条件としては，次の2点が挙げられる。

　①仲裁法が整備されていること。

　　具体的には，ニューヨーク条約の締約国であること，UNCITRAL モデル

仲裁法を採択した国際標準の仲裁法が整備されていること，司法が仲裁の私的自治を認識して，仲裁への裁判所の介入が明確かつ最小限であることなどが挙げられる。

②仲裁手続に必要な諸設備，便宜，土壌等のインフラが整っていること。

具体的には，仲裁人の選任において当事者の自治が保証されており，選任された仲裁人の独立，公正性を維持するシステムが整備されており，国際商事仲裁の担い手である人材，仲裁人候補者が数多く育っている，常設の仲裁機関が存在している，仲裁手続の国際標準化，近代化が図られている，仲裁手続での使用言語が英語でも可能である，外国弁護士の代理が認められていることなどの諸要素が挙られる。

以上の諸要素を基準に日本の仲裁地としての環境を検討する。

(1) 仲裁関係法の整備と裁判所の関与

仲裁法，仲裁規則，仲裁に関する国際条約

仲裁に関する法規範につき，日本では，仲裁手続，仲裁制度全般にわたり規定する仲裁法，そして仲裁判断の取消や，仲裁判断の承認，執行手続における民事訴訟法および民事執行法など，法律面での手続上の整備は整っている。特に，2004年に施行された新仲裁法は国際標準の仲裁法である。仲裁機関が備える仲裁手続規則や，アド・ホック仲裁に利用されることを目的として作成されたUNCITRAL仲裁規則も，当事者間の合意により採用された場合は，当事者間の仲裁手続規範として機能することになる。たとえば，日本商事仲裁協会では商事仲裁規則を備えている。同規則は新仲裁法の施行に合わせて，国際標準の仲裁規則に改正している。同規則は当事者が紛争を同協会の商事仲裁規則による仲裁，または同協会における仲裁に付する旨の合意をした場合に適用される。仲裁地を日本とする機関仲裁またはアド・ホック仲裁において，当事者は国際標準の仲裁手続規則を選択できるように整備されている。

国際商事仲裁に関する条約に関しては，日本が加盟，締結している条約は1923年ジュネーブ議定書，1927年ジュネーブ条約，1958年ニューヨーク条約，1966年投資紛争解決条約（ICSID条約という），そして日本と締結された2国間

の通商関係条約に仲裁に関する規定がおかれている。

　ニューヨーク条約は，その正式名称を「外国仲裁判断の承認及び執行に関する条約」といい，世界的なネットワークをもつ最も重要な条約である。1958年に国連のもとで作成され1959年に発効した条約である。日本は1961年に加盟している。ニューヨーク条約の加盟国間においては，この条約に拘束されるときから，ジュネーブ議定書およびジュネーブ条約は失効する（ニューヨーク条約第7条2項）。現在ニューヨーク条約の締約国は137国に及び，グローバルなネットワークをもっている。

　ICSID条約は国家と他の国家の国民との間の投資紛争の解決に関する条約で，国際復興開発銀行（世界銀行という）の提唱により，主として発展途上国への民間資本の投資を促進するための法的環境の整備の一環として，外国企業と投資受入国の間の紛争解決の場を提供することを目的に作成された条約で，1966年に発効，日本は1967年に同条約に加盟，批准している。同条約に基づき投資紛争解決国際センターが世界銀行に設立され，調停および仲裁手続サービスを提供している。

裁判所の協力と関与

　仲裁は国家裁判所とは無関係に，私人である仲裁人が下す判断によって紛争を解決する私的な当事者自治による紛争解決手段であるが，仲裁判断に裁判所の判決と同じ効力が与えられている以上，国家がこれに貢献的に援助，監督することがある程度必要であり，裁判所が仲裁手続に関連して関与する局面がいくつかある。たとえば，仲裁合意の妨訴抗弁，書面通知の裁判所による送達，仲裁人の選任，仲裁人の忌避，解任，仲裁廷の仲裁権限の有無，裁判所の証拠調べの実施，仲裁判断の取消し，仲裁判断の執行決定などにおいて裁判所が関与することになる。ただし，仲裁制度は当事者自治に基づく制度であり，国家裁判所の過度の介入を抑止すべきであることは国際標準の仲裁制度においては非常に重要な要素でもある。

　新仲裁法では，司法機関の仲裁手続への過度の介入を抑止する趣旨に基づき，仲裁手続に関しては，裁判所は，新仲裁法に規定する場合に限り，その権限を

行使することができるとしており、裁判所が仲裁に関して権限を行使できる範囲を明確に限定している。

裁判所が関与する場合の審理形式に関しても、仲裁は特に迅速性が求められるので、簡易、迅速性のある「決定」手続が多くの国で採用されているが、新仲裁法では、裁判所が行う手続にかかる裁判は口頭弁論を経ないですることができ、また裁判所が行う手続に関する裁判についての不服申立てについては即時抗告による「決定」になり、口頭弁論、通常の上訴手続（控訴、上告）を経なければならない「判決」と比べて、より簡易、迅速な手続が可能となっている。

現に、仲裁判断の強制執行手続のための裁判が執行決定となったことにより、大幅な手続の迅速化が図られた。日本を仲裁地とした日本商事仲裁協会により行われた商事仲裁事件の仲裁判断を、新仲裁法の下で大阪地方裁判所に執行決定の申立てを行った事例では、申立てから50日程で執行決定が出されている[1]。

(2) 機関仲裁とアド・ホック仲裁の環境

仲裁には、機関仲裁とアド・ホック仲裁の2種類のタイプの仲裁がある。アド・ホック仲裁は国によって、たとえば中国ではアド・ホック仲裁を認めていないが、日本を仲裁地とする場合はいずれのタイプの仲裁も可能である。

アド・ホック仲裁

アド・ホック仲裁は当事者間に発生した紛争を仲裁機関に付託しないで、当事者が自ら仲裁手続を進めていく仲裁をいう。アド・ホック仲裁では、当事者は仲裁手続を自由かつ柔軟に進めることができる。たとえば、紛争の内容に応じて当事者が仲裁人の数や選任の方法、仲裁手続の進行スケジュール、仲裁人の報酬、その他の手続事項について当事者合意により最大限柔軟に決めることができる。一方、アド・ホック仲裁では、仲裁手続進行において当事者間の事前の手続上の合意と手続進行への協力姿勢が不可欠であり、当事者間の利害対立から手続上の問題でデッドロックとなり、手続遅延や予想外のコスト負担を強いられることがある。また、国際商事仲裁の知識、経験の浅い当事者が手続

を管理運営することで，手続上の瑕疵が発生しやすく，結果として手続上の瑕疵を理由に仲裁判断が取り消される恐れもある。

アド・ホック仲裁が実際にどの程度行われているかについては，仲裁が非公開，秘密性を原則とするため，その詳細，件数は正確には掴めないが，国際商事仲裁の環境の良い地域では，たとえば欧米諸国では，国際標準の仲裁法が整備され，仲裁部門を擁する国際弁護士事務所や仲裁人として仲裁経験のある専門家が数多く活動しており，アド・ホック仲裁も数多く行われている。アジアにおいてもインドやシンガポールでは少なからずアド・ホック仲裁が行われている。

日本を仲裁地とするアド・ホック仲裁は，ほとんど行われていない状況にある。国際商事仲裁の手続管理の専門家，仲裁人候補者がいまだ充分に育っていないことが大きな要因として挙られる。今後，仲裁人候補者および仲裁手続専門家の育成等，アド・ホック仲裁に必要なインフラが整備されることで，今後日本でもアド・ホック仲裁が行われる余地があると考えられる。

機関仲裁

仲裁はもともとアド・ホック仲裁から発展してきたものであるが，仲裁が数多く行われるようになると，常設の仲裁機関が設立されるようになり，しだいにアド・ホック仲裁に代わって機関仲裁が拡大，発展していった。現在では国際商事仲裁事件の多くが常設仲裁機関による機関仲裁である。

機関仲裁の特徴は，当事者間の紛争の仲裁付託を受けた仲裁機関が仲裁申立てから仲裁判断までの仲裁手続上のサービスを提供することにある。仲裁機関は仲裁人リスト，仲裁手続規則を備え，熟練スタッフが仲裁手続上の管理をすることで，より効率的かつ迅速で手続上の瑕疵の無い手続が期待できるメリットがある。

日本の代表的な国際商事仲裁機関は日本商事仲裁協会である。その他に特定の分野の国際商事紛争を扱う仲裁機関として，海事紛争を扱う日本海運集会所，また知的財産権紛争を扱う日本知的財産仲裁センターがあり，それぞれの仲裁機関が新仲裁法に対応する仲裁規則を備えており，日本を仲裁地とする国際商

事仲裁では，国際取引から生ずる多様な紛争に対応できる常設仲裁機関が存在する。日本の常設仲裁機関は諸外国の仲裁機関と比較して活発に活動しているとはいえない状況であり，国際商事仲裁の発展に向けての質の向上と活性化への努力が求められている。

(3) **仲裁人選任における環境**

仲裁人の選任

　国際標準の仲裁の下では仲裁人の選任において当事者の自由，自治が尊重されていなければならない。仲裁廷は単独仲裁人か複数仲裁人で構成され，仲裁人の数，選任方法は当事者が自由に合意によって取り決められる。また，仲裁人の国籍や職業も制約を受けないで，各当事者は平等に仲裁人を選任する権利をもつことを原則とする。たとえば，仲裁人が3人の場合の典型的な選任方法では，各当事者が1名の仲裁人をそれぞれ選任し，選任された2名の仲裁人が合意によって第3の仲裁人を選任する。当事者が仲裁人を選任しない場合，また2名の仲裁人が第3の仲裁人選任合意ができない場合，仲裁人選任機関が当事者に代わって仲裁人を選任することになる。仲裁人選任機関は通常は裁判所または機関仲裁では仲裁機関がその役割を果たす。日本を仲裁地とする場合，新仲裁法の下で同様の仲裁人選任方法および当事者の自治が尊重されている。一方，日本で実際に当事者が仲裁人を選任する場合，国際商事仲裁に対応し得る能力，経験のある仲裁人候補者が日本では限られるのが現状である。国際商事仲裁の担い手人材育成，および仲裁人候補者の養成は日本の国際商事仲裁発展のための重要課題である。

仲裁人の独立・公正性の確保

　仲裁人は当事者に対して独立的で公正でなければならない。仲裁人の独立・公正性を疑う理由があるときは仲裁人の忌避対象となる。また仲裁人は，自己の公正性または独立性に疑いを生じさせる事実を当事者に開示する義務がある。新仲裁法では仲裁人の倫理としての独立・公正性，忌避事由にかかる事態の仲裁人の開示義務の規定が設けられている。仲裁人の賄賂の収受に関して，

新仲裁法では，仲裁人がその職務に関して賄賂を受け，または賄賂を要求もしくは約束したときは5年以下の懲役となる罰則規定が設けられている。

　以上のように新仲裁法の下では，仲裁人の独立・公正性の確保のための制度は明確にされている。しかし，具体的に仲裁人忌避の問題が発生した場合，日本においては仲裁人の倫理，独立・公正性についての具体的な議論があまりなされていない。また仲裁人忌避に関する判例もほとんど無く，具体的に何を基準に仲裁人忌避について判断するかが問題となる。仲裁人の独立，公正性の国際的標準を示した倫理規範には，たとえば，IBA (International Bar Association) により策定された "IBA Guidelines on Conflicts of Interest in International Arbitration"，またアメリカ仲裁協会とアメリカ弁護士会が策定した "Code of Ethics for Commercial Arbitrators" などは仲裁人の倫理の国際的標準を示したものであり参考となる。国際商事仲裁の振興のためには，日本においても上述のガイドライン等を参考に日本の実情および国際標準に対応する仲裁人の倫理規範を策定することにより仲裁人の倫理，独立・公正性の基準を明確にし，そして一般に開示することで，内外に対して透明性の高い規範を示す必要がある。

国際仲裁人の養成

　国際商事仲裁制度の拡充，発展のためには，その担い手となる人材の獲得，養成が不可欠である。欧米諸国においては大学，大学院における仲裁教育，また仲裁関係機関による仲裁人養成教育など，広い層の仲裁教育がなされており，効果をあげている。一方，日本においては国際商事仲裁の担い手となる人材の養成はほとんど行われていなかった。最近，ADR制度の拡充，活性化に向けた改革において仲裁，ADRを主導する人材の獲得，養成が重要課題の1つとして位置づけられ，種々の動きがみられる。一部の大学，大学院ではあるが，ADR,国際商事仲裁をカリキュラムに取り入れて学生に対する教育が行われており，今後増えていく傾向にある。大学でのADR，国際商事仲裁の研究活動も行われるようになっており，たとえば，名城大学法学研究科，社会経済紛争研究所は1999年から5ヵ年計画のプロジェクト「アジア・オセアニア国際商事

仲裁制度の活性化の条件と方策」の共同研究が，アジア・オセアニア諸国の国際商事仲裁の研究者，実務者が参加して行われ，その研究成果報告書が纏められ文部省に提出している。2003年に設立された日本仲裁人協会では，ADRおよび国際商事仲裁の研究と仲裁人の養成を目的とした活動が行われており，国際商事仲裁の実務者，研究者を対象に国際仲裁人の養成講座を開催している。ロンドンに本部を置くCIArb.（Chartered Institute of Arbitrators）の東アジア支部の日本委員会が，同様に国際仲裁人養成講座を開催している。また，日本商事仲裁協会をはじめ各仲裁機関が国際商事仲裁に関する各種セミナー，国際シンポジウムを開催している。2004年には仲裁・ADR法学会が設立され，仲裁法，ADR法に関する研究発表や情報交換を通じて，仲裁法，ADR法に関する学問的，実務的研究活動の場が設けられた。

　日本においては，大学教育，人材育成，研究活動も最近に始められたものばかりであるが，このような活動が端緒となり，国際商事仲裁の研究，人材育成の活動が活発化することで国際商事仲裁の発展に寄与することが期待されている。

(4)　外国弁護士の代理

　国際商事紛争の解決においては各国の渉外弁護士の役割は大きい。国境を越える紛争では，各当事者の手続代理を行う代理人弁護士が各国，各地域で承認，登録された弁護士資格で，外国において法律事務の取扱い，法律事件の手続の代理ができるか否かが問題となる。国際商事仲裁においても渉外弁護士の手続の代理が認められるか否かが問題となる。日本においては弁護士法72条の非弁護士の法律事務の取扱いの禁止規定で，弁護士でない者が報酬を得る目的で仲裁もしくは和解その他の法律事務を取り扱うこと，またはこれらの周旋をすることを業とすることができないとされており，日本を仲裁地とする国際商事仲裁事件での外国弁護士の代理は弁護士法第72条の制約を受けていた。諸外国では外国弁護士の国際商事仲裁事件の代理を認めている国が多く，弁護士法第72条による外国弁護士の国際商事仲裁事件の代理の制約は諸外国から批判があり，国際商事仲裁の発展の障害ともなっていた。しかし，現在は外国弁護士に

よる法律事務の取扱いに関する特別措置法により，日本の弁護士会において承認・登録を受けた外国法事務弁護士および外国において法律事務を行っている弁護士も含め（外国弁護士という），国際仲裁事件の手続の代理を行うことが認められている。なお，国際商事仲裁事件の仲裁人は弁護士法第72条の制約を受けないと解されている。今後，日本を仲裁地とする国際仲裁事件で，外国弁護士が当事者の代理をするケースは増えてくるものと思われる。

(5) 国際商事仲裁手続の言語

国際商事仲裁では，使用言語の異なる当事者間の争いとなることが多く，当事者は，それぞれ自ら親しんでいる言語の使用を望み，言語の決定は仲裁手続の円滑な運営，翻訳，通訳等の費用負担，当事者間の公平の面からも重要である。新仲裁法には仲裁手続において用いる言語について規定があるが，仲裁手続において使用する言語およびその言語を使用して行うべき手続は，当事者が合意により，また合意がない場合は仲裁廷の決定により，いずれの言語でも使用できる旨規定されている。

国際商取引での交渉，契約書の作成において日本語が使用されることは非常に少ない。国際商取引で使用される言語は圧倒的に英語であり，証拠書類などは英語である場合が多い。また，当事者間の契約書に規定される仲裁条項に仲裁手続言語を英語と規定していることも多くある。したがって，日本を仲裁地とする国際商事仲裁手続で必ずしも日本語が行われるとは限らない。むしろ国際標準の仲裁では英語が手続言語として使用されることが多く，今後は英語による手続が増えてくることが予想される。また，中国や韓国等極東地域の商取引から発生する紛争の仲裁では韓国語や中国語による仲裁手続の需要も増えてくるものと考えられる。

国際標準の仲裁手続においては，仲裁手続に参加する仲裁人，当事者，当事者代理人，また仲裁手続管理者に英語等の外国語の能力が求められる。国際商事仲裁の振興のためには，英語等の外国語での手続に充分に対応できうる人材が必要とされるが，日本ではそのような人材獲得，養成は十分ではないのが現状であり，今後は言語教育も含めた教育が必要となろう。

⑹ 仲裁手続における国際標準化

法的文化の相違と標準化

　国際商事仲裁は法的仲裁[2]が主流である。仲裁手続の代理は弁護士であり，また仲裁人も元裁判官，弁護士，法学部門の大学教授と法律専門家が多いのが最近の国際商事仲裁の特徴である。裁判手続に慣れた仲裁人，代理人弁護士が自国の裁判手続を導入することで，仲裁手続の裁判手続の疑似化という問題が発生する恐れがある。裁判手続の擬似化は，仲裁における手続の柔軟性と迅速性，専門性の特徴が失われ手続にかかる時間と費用が増大するだけで，当事者が満足する公正な仲裁手続ができず，結果としてユーザー側に仲裁手続に対する不満，不信をもたれる要因ともなる。20世紀後半の一時期に，仲裁手続の裁判手続の擬似化に対する批判，および仲裁手続における法的文化の相違による不協和音が，世界的に起こった時期があった。国際商事仲裁のような国境を越える当事者間の紛争解決手続では，当事者間の法律文化の相違が問題となることがある。世界の二大法体系であるシビルロー（civil law）とコモンロー（common law）との間には手続法，実体法において大きな相違がある。

　たとえば，日本企業とアメリカの企業間の仲裁手続では，法律文化の相違が当事者の誤解，不信を生むことがある。日本を仲裁地とする国際商事仲裁で，証拠手続を日本の裁判手続と同様の手続がなされるならば，コモンローの法律文化に慣れたアメリカ側当事者およびアメリカの代理人弁護士に対して不満足かつ不公正な手続として印象づけることがある。反対に，アメリカでなされる仲裁手続において広範囲な証拠開示手続（Discovery）などアメリカの裁判手続と同様の手続が行われることで，シビルローに慣れた日本側の当事者および日本の代理人弁護士が不満，不信を抱く原因となることがある。かかる法律文化の相違，仲裁手続の裁判手続の擬似化に対する批判を反省材料に仲裁手続の柔軟性，迅速性，専門性などの仲裁の特質を活かした国際標準の仲裁手続を行うことで，裁判手続の擬似化，また法律文化の相違から発生する諸問題を避ける努力がなされている。

　最近では世界各地域で頻繁に国際商事仲裁会議が開催されているが，かかる

会議に世界各国,地域から仲裁専門家が集合し,その時々の仲裁に関するトピックスをめぐる議論,情報交換がなされることで,国際商事仲裁の国際的調和化,標準化が進行している。また仲裁手続の国際的標準を示した各種のガイドライン,モデル法等,たとえば,UNCITRAL が策定した UNCITRAL 国際商事仲裁モデル法,UNCITRAL 仲裁規則は仲裁手続の国際的調和化,標準化に大きな影響を与えている。International Bar Association (IBA) が策定した "IBA Rules on the Taking of Evidence in International Commercial Arbitration" は,証拠手続の国際的標準を示したものであり,証拠手続の国際標準化に影響を与えている。他に "IBA Guidlines of Conflicts of Interest in International Arbitration",アメリカ仲裁協会とアメリカ弁護士会の共同で策定された "Code of Ethics for Commercial Arbitrators" なども仲裁人の倫理についての国際標準化に影響を与えるガイドラインとして注目されている。

　日本では UNCITRAL 国際商事仲裁モデル法を採り入れた新仲裁法の制定により,仲裁法の国際的標準化がなされたが,今後国際商事仲裁を振興,活性化させるためには上述の各種ガイドライン等の普及,日本での国際仲裁会議の開催,また諸外国で開催される国際仲裁会議への積極的参加など,国際商事仲裁の国際的標準化に向けての努力が求められている。

仲裁判断基準の国際標準化

　法的仲裁において,仲裁廷は紛争を解決するために,事実関係を確認して,かかる事実に適用される法律を決定して判断をしなければならない。国際商事仲裁では実体法的判断基準について如何なる国家法,または非国家法を適用するかが問題となる。最近の国際的傾向としてはトランスナショナル・ロー,レックス・メルカトリアが実体法的判断基準として採用される傾向にある。判断基準としてトランスナショナル・ロー,レックス・メルカトリアを選択するメリットは,国家法では対応しきれない国際商取引のニーズに対応する統一的解釈が期待できるところにある。トランスナショナル・ロー,レックス・メルカトリアの定義,内容,またその適用については明確に確立されているものではなく国家法と比較して不明瞭,不完全なものであるが,国際商事仲裁における仲裁

判断の国際的標準化，調和化においてトランスナショナル・ロー，レックス・メルカトリアの重要性は増してきている。たとえば，ウィーン売買条約（The UN Convention on Contracts for the International Sale of Goods：CISG），ユニドロワ国際商事契約原則（UNIDROIT The Principle of International Commercial Contracts：PICC），インコタームズ（International Commercial Terms：Incoterms）等の重要性が増してきており，欧米における国際仲裁事件の仲裁判断基準に採用されるケースが増えてきている。一方，日本においてはトランスナショナル・ロー，レックス・メリカトリアの普及がインコタームズを除き充分にされていない状況から，仲裁判断の基準に採用されるケースは少ない。今後日本でもトランスナショナル・ロー，レックス・メルカトリアの普及により，仲裁とトランスナショナル・ロー，レックス・メルカトリアとの組合せによる国際標準の紛争解決が求められている（詳細は第6章「国際商事仲裁とグローバル商取引法の発展」を参照願いたい）。

第4節　国際的知的財産権紛争と国際商事仲裁

　知的財産権は国家経済にとって，また個人，企業の知的財産権の所有者，使用者にとって巨大な財産的価値，利益を生む可能性を秘めている。コンピュータ・ソフトウェア，情報技術，バイオ技術等および当該技術に含まれる知的財産権が国際的経済発展，また企業のグローバル商取引の利益に重要な役割を果たす時代が到来している。

　新技術に対する研究，開発には莫大な資本が費やされるため，知的創造物である知的財産を権利として登録すること，他の適切な保護策を講じることは知的財産の所有者にとって非常に重要なことである。知的財産権制度は知的財産の保護と利用により産業の発達に寄与することを目的としており，知的財産権は知的財産を侵害する者を排除することができ，また知的財産を含む製品の製造，販売，ライセンス，ジョイントベンチャー，その他の取引を通して知的財産権を効果的に利用することで産業，経済の発展に寄与し，利益を享受するこ

とができる。

　知的財産権を活用したビジネスが振興，拡充するのに伴い，知的財産権をめぐる種々のトラブル，紛争も発生している。知的財産権の争いは通常裁判によって解決されているが，仲裁による解決のメリットである，非公開性，迅速性，専門性，および国際性に関心が示され，仲裁による解決に対する関心が高まっている。世界知的所有権機構（World Intellectual Property Organization：WIPO）は1994年から仲裁・調停センターを設置して国際的知的財産権紛争の仲裁・調停事業を行っている。また，ICC国際仲裁裁判所，日本および各国の数多くの常設仲裁機関も国際的知的財産権紛争の仲裁を取り扱っている。

1　知的財産権と仲裁対象の紛争

　知的財産権（Intellectual Property Rights）とは，知的成果，知的財産という形のない無体財産に対する権利である。WIPOの定義では，知的財産権は，文芸，美術および学術の著作物，実演家の実演，レコードおよび放送，人間の活動の全ての分野における発明，科学的発見，意匠，商標，サービスおよび商号その他の商業上の表示，不正競争に対する保護に関する権利ならびに産業，学術，文芸または美術の分野における知的活動から生ずる他の全ての権利とされる。知的財産権は様々な権利が含まれるが，大別すると以下のように分類できる。

(i)　産業的創作を保護する権利

　　産業的創作を保護する権利には，特許権，実用新案権，意匠権，著作権（コンピュータソフトの保護を含む），半導体集積回路配置権，植物新品種，バイオテクノロジーを保護する権利などがある。

(ii)　営業標識などを保護する権利

　　営業標識などを保護する権利には，商標，サービスマーク，商号，原産地表示の保護にかかる権利などがある。

(iii)　秘密情報，ノウハウを保護する権利

　　秘密情報，ノウハウを保護する権利には，不正競争防止法の保護対象とな

る企業機密，ノウハウ等の営業秘密の保護にかかる権利などがある。

　上述の知的財産権をめぐって発生する紛争を仲裁で解決する場合，仲裁は私的自治の解決手段であり，当事者の仲裁付託の合意が必要である点を考慮しなければならない。仲裁の対象となる紛争は，知的財産権取引の契約関係があり，その契約にあらかじめの仲裁合意（仲裁条項という）が存在していないと，たとえば，取引契約関係のない第三者との特許権侵害の紛争では，当該紛争が発生してから当事者が当該紛争を仲裁で解決する旨の合意（仲裁付託契約という）をしない限りは，仲裁による解決はできない。したがって，主にライセンス契約，知的財産権の移転の伴う企業買収（M&A）契約，知的財産の共同研究開発契約，開発委託契約などの仲裁条項が規定された取引契約から発生する紛争となる。たとえば，以下の紛争が考えられる。

(i)　ノウハウ，トレードシークレット

　　ノウハウ，トレードシークレット，他の秘密情報の開示に伴い交わされる秘密保持契約や他の契約に仲裁条項が規定されるケースが多いが，当該契約から発生する紛争。たとえば，秘密保持契約に基づき開示されたノウハウ，トレードシークレット，他の秘密情報の不正開示，不正使用にかかる争い，ライセンス契約で提供されたノウハウ，トレードシークレット，他の秘密情報のライセンス契約終了後の不正使用にかかる争い。

(ii)　ライセンシング

　　知的所有権を対象とする国際的ライセンス契約に仲裁条項が規定されるケースは多いが，当該契約から発生する紛争。たとえば，ロイヤルティの未払いなどの契約違反に基づく損害賠償請求などの争い。

(iii)　特許の権利範囲，権利侵害

　　ライセンス契約や他の契約で特許権の権利の範囲および権利侵害をめぐっての争い。たとえば，特許ライセンス契約で，ライセンス特許の実施範囲の解釈から，ライセンシーの実施の特許権侵害の是非をめぐっての争い。

(iv)　特許の有効性

　　ライセンス契約や他の契約において対象となる特許の効力をめぐる争い。たとえば，特許ライセンス契約で，実施に関する特許権侵害主張に対して

当該特許の無効を主張することで，当該特許の有効性の是非をめぐっての争い。

2　知的財産権紛争の仲裁適格

　仲裁適格は，紛争が仲裁に付託することができる範囲の紛争か否かの問題であり，仲裁合意の効力の必要条件である。仲裁適格のない紛争を対象とする仲裁合意は無効である。仲裁適格は仲裁合意に由来するものであり，仲裁廷の管轄権の問題でもある。新仲裁法では，当事者が和解をすることができる民事上の紛争（離婚又は離縁の紛争を除く）を対象とすると規定しており，仲裁適格の範囲について和解可能性の有無を基準としている。日本や韓国等，和解可能性の有無を基準とする国，また，アメリカやスイス等，和解可能性の有無を基準としていない国もある。アメリカの連邦仲裁法では仲裁適格を限定する規定がなく，公序，公益に関係する紛争を除き，広い範囲の紛争の仲裁適格性があるとされる。スイス国際私法では経済的利益を含む紛争は仲裁の対象となるとされており，当事者にとって経済的価値を有する全ての請求の争いは仲裁適格があるとされる[3]。知的所有権をめぐる紛争の中で，ノウハウ，トレードシークレットをめぐる争い，またライセンシングをめぐる争いも，後述の特許侵害，特許有効性が関係する紛争を除き仲裁適格は肯定されている。

　特許侵害，特許有効性をめぐる争いに関して，特許権は国家機関である特許庁に登録され，公衆に公開されることで権利が発生する公益的性格を有する権利であり，当事者自治による解決手段である仲裁には親しまないとして仲裁適格を否定する傾向がある。しかし，国により仲裁適格の解釈は異なるので，仲裁地となる国，地域の仲裁適格の是非を検討する必要がある。たとえば，アメリカでは特許侵害，特許有効性をめぐる紛争について仲裁適格が認められている[4]。アメリカ特許法294条（a項）では，「特許権又は特許権に基づく全ての権利を内容とする契約は，契約に基づき生ずる特許の有効性または侵害に関連する全ての紛争を仲裁に付託すべき旨の規定を設けることができる」，また「こうした規定がなくとも，特許の有効性または侵害に関連する紛争が現に存す

る当事者は当該紛争を仲裁で解決することを文書で合意することができる」旨規定している。さらに同条(c)項で「仲裁判断は当事者間において最終のものであり，拘束力を持つものであるが，いかなる他の当事者に対してもなんら拘束力も，また効果をもつものではない」旨規定している。特許の有効性，侵害をめぐる紛争の仲裁適格について肯定的な国は他にスイス，イギリス，オーストリア，ドイツ等が挙げられる。これらの国では，仲裁判断は当事者間にのみ拘束力があり，第三者に対しては効果をもつものではなく，仲裁判断が公的機関の登録には直接には影響しないという条件で仲裁適格を認めている。

　国際商事仲裁は国境を越える当事者間の紛争を解決することになり，仲裁判断の外国での承認と執行性が問題となるが，通常はニューヨーク条約に基づき外国仲裁判断が承認，執行される。ニューヨーク条約第5条2項では，仲裁判断の承認および執行は，承認および執行が求められた国の権限のある機関がa)紛争の対象である事項その国の法令により仲裁による解決が不可能であること。b)判断の承認および執行が，その国の公の秩序に反することを認める場合において拒否することができる旨規定されている。国際的知的財産権紛争を仲裁で解決する場合，仲裁地での仲裁適格性の是非だけでなく，仲裁判断の執行が求められる国，地域における仲裁適格性と仲裁判断の執行性が密接に関係して，公序，公益問題の影響を受けることになるので，執行地における知的財産権紛争の仲裁適格を考慮しておかなければならない。

3　日本における国際的知的財産権紛争の仲裁

　日本において知的財産権が関係する国際取引は急速に増加しており，それに伴い当該取引契約に仲裁条項が挿入されることが増えている。日本においても国際的知的財産権紛争を扱う仲裁機関が必要とされるが，日本に所在する国際的知的財産権紛争を扱う仲裁機関として，日本知的財産仲裁センター，日本商事仲裁協会がある。またWIPO仲裁・調停センター，ICC国際仲裁裁判所が日本を仲裁地とする国際的知的財産権紛争の仲裁を行っており，国際的知的財産権紛争を処理する仲裁機関の体勢は整っている。知的財産権紛争の仲裁手続

の代理についても，弁護士以外に知的財産権の専門家である弁理士の代理が認められている。弁理士法第4条2項第2号の規定により弁理士は特許，実用新案，意匠，商標，回路配置または特定不正競争に関する仲裁事件の手続について，仲裁業務を公正かつ適確に行うことができると認められるとして，経済産業大臣から指定を受けた団体が行う仲裁手続（当該手続に伴う和解を含む）についての代理業務を行うことができるとされた。なお，経済産業大臣から指定を受けた団体は，現在のところ日本知的財産仲裁センターと日本商事仲裁協会である。

　日本における国際的知的財産権紛争の仲裁の役割は今後増大することが予想されるが，知的財産権紛争の中で特許権侵害，有効性をめぐる紛争の仲裁適格については，日本では特許庁の専属的管轄にかかる権利の争いであり，仲裁には親しまないとの解釈が通説であるが，その解釈は定まっていない。特許権侵害については当事者間で和解ができる紛争であり，第三者や登録機関に影響を与えない範囲で，当事者間においては仲裁適格を認める解釈もある。また，特許権をめぐる争いの仲裁で特許の有効性を含む場合，特許の有効性についての判断を避ける方法で仲裁判断を下すという実務上の対策を講じて解決する方法もとられている。

　仲裁地を日本とした場合，特許侵害，有効性をめぐる仲裁適格については明確な解答が出ないのが実情である。諸外国において，たとえばアメリカで下された特許権の侵害，有効性の争いに関する仲裁判断の承認と執行をニューヨーク条約に基づき日本の裁判所に求めてきた場合，かかる仲裁判断の承認および執行が公の秩序に反するとして拒否事由に該当するか否かで議論がされることになる。特許権の侵害，有効性を巡る紛争の仲裁適格は欧米の諸国が認めているように，日本においてもこれを広く認める方向で明確にすべきであり，仲裁適格を考慮した知的財産権紛争仲裁の発展が望まれる。

第5節　日本における調停制度の現状と問題

1　日本における調停制度の現状

　日本における調停は，裁判所付属調停が中心的役割を果たしてきている。裁判所付属調停は，裁判制度の中で，国家予算を活用して，低廉な費用で調停サービスを提供しており，2004年度の簡易裁判所，地方裁判所を含む裁判所付属民事調停事件の受付件数は約44万件であり，莫大な数の調停事件を取り扱っている。統計数字だけみれば民事調停が大盛況であるが，紛争の種類に偏りがあり，一般の商事，民事の調停事件は振るわない状況にあり，時代のニーズ，利用者のニーズに対応するためには，欧米のように民間型調停の振興が求められるのであるが，民間型調停の取扱い件数は全機関の調停件数を合わせても極くわずかであり，民間型調停はその役割を十分に発揮しているとはいえない。
　司法制度改革の一環としてのADRの改革は，調停制度にあっては民間型調停の活性化，整備，拡充に重点がおかれており，ADR促進法の制定も民間型調停制度の改革の一環である。裁判所付属民事調停，家事調停はそれぞれ民事調停法，家事調停法の法律根拠に基づき調停が行われているのに対して，民間型調停の場合は法律上の根拠がなかった。ADR促進法は民間型調停の根拠法となり，民間型調停の振興において立法の意義は大きい。

2　ADR促進法の制定

　2004年12月1日に公布されたADR促進法は，民間紛争解決手続業務に関し，法務大臣の認証の制度を導入し，あわせて時効の中断等にかかる特例を定めてその利便の向上を図ることを目的として制定された法律である。同法では，「民間紛争解決手続」を，民間事業者が，紛争の当事者が和解することができる民事上の紛争について，紛争の当事者双方からの依頼を受け，当該紛争の当事者との間の契約に基づき，和解の仲介を行う裁判外紛争解決手続きを言うと定義

しており，民間型の調停等を対象とした法律であり，紛争解決の判断を行う仲裁は同法の民間紛争解決手続の対象から除外されている。

　民間紛争解決手続を業として行う者は，その業務について，法務大臣の認証を受けることができる。法務大臣は，認証の申請をしたものが行う民間紛争解決手続の業務が一定の基準に適合し，かつ，申請者が当該業務を行うのに必要な知識および能力ならびに経理的基礎を有するものであると認めるときは，認証をするとしている。ただし，民間紛争解決手続業者に認証の取得を義務づけるものではなく，認証の取得申請を行うか否かは民間紛争解決手続業者の自由選択によるものである。同法の定義規定において，認証を受け，認証紛争解決手続の業務を行うものを認証紛争解決事業者と，また認証紛争解決手続を，認証受けた業務として行う民間紛争解決手続と定義して，認証を受けない他の紛争解決業者，解決手続を区別している。

　認証紛争解決手続は同法の適用を受けて，時効の中断が認められ，認証紛争解決手続の目的となった請求について訴えを提起したときは，時効の中断に関しては，当該認証紛争解決手続における請求の時に，訴えの提起があったものとみなされる。また，紛争の当事者が和解をすることができる民事上の紛争について，当該紛争の当事者間に訴訟が継続する場合において，当該紛争の当事者間において認証紛争解決手続が実施されているか，または当該紛争の当事者間に認証紛争解決手続によって当該紛争の解決を図る旨の合意がある場合に，当該紛争の当事者の共同の申立てがあるときは，受訴裁判所は，4ヵ月以内の期間を定めて訴訟手続を中止する旨の決定をすることができるとされている。

　同法の認証基準は相当詳細にわたり，また認証を受けた後の認証紛争解決事業者の業務に関しても，紛争当事者に対する説明義務，手続実施記録の作成，保存義務，暴力団などの使用の禁止，法務大臣への事業報告書等の提出義務，認証紛争解決事業者への報告請求，検査権など，認証紛争解決事業者に対する規制，監督，また不正認証取得や暴力団員などを業務に従事させるなどの違反に対する罰則規定も置かれ，民間型ADRの健全な発展のために，民間型ADRに参入する事業者の不正手続や暴力団などのADR事業の参入を警戒した予防的措置を含む内容となっている。

同法が定める認証基準は次のとおりである。
① その専門的知見を活用して和解の仲介を行う紛争範囲を定めていること。
② 紛争の範囲に対応して，個々の民間紛争解決手続において和解の仲介を行うのにふさわしい者を手続実施者として選任することができること。
③ 手続実施者の選任の方法および手続実施者が，紛争の当事者と利害関係を有すること。その他の民間紛争解決手続の公正な実施を妨げる恐れがある事由がある場合において，当該手続実施者を排除するための方法を定めていること。
④ 申請者の実質的支配者等または申請者の子会社等を紛争の当事者とする紛争について民間紛争解決手続の業務を行うこととしている申請者にあっては，当該実質的支配者等または申請者が手続実施者に対して不当な影響を及ぼすことを排除するための措置が講じられていること。
⑤ 手続実施者が弁護士でない場合において，民間紛争解決手続の実施にあたり，法令の解釈適用に関し専門的知識を必要とするときに，弁護士の助言を受けることができるようにするための措置を定めていること。
⑥ 民間紛争解決手続の実施に際して行う通知について相当な方法を定めていること。
⑦ 民間紛争解決手続の開始から終了にいたるまでの標準的な手続の進行について定めていること。
⑧ 紛争の当事者が申請者に対し民間紛争解決手続の実施の依頼をする場合の要件および方式を定めていること。
⑨ 申請者が紛争の一方の当事者から前号の依頼を受けた場合において，紛争の他方の当事者に対し，速やかにその旨を通知するとともに，当該紛争の他方の当事者がこれに応じて民間紛争解決手続の実施を依頼するか否かを確認するための手続を定めていること。
⑩ 民間紛争解決手続において提出された資料の保管，返還その他の取り扱いの方法を定めていること。
⑪ 民間紛争解決手続において陳述される意見または提出され，もしくは提

示される資料に含まれる紛争の当事者または第三者の秘密について，当該秘密の性質に応じてこれを適切に保持するための取り扱い方法を定めていること。
⑫ 紛争の当事者が民間紛争解決手続を終了させるための要件および方式を定めていること。
⑬ 手続実施者が民間紛争解決手続によっては紛争の当事者に和解が成立する見込みがないと判断した時は，速やかに当該民間紛争解決手続を終了し，その旨を紛争の当事者に通知することを定めていること。
⑭ 申請者，その代理人，使用人その他の従業者および手続実施者について，これらの者が民間紛争解決手続の業務に関し知り得た秘密を確実に保持するための措置を定めていること。
⑮ 申請者が支払いを受ける報酬または費用がある場合には，その額または算定方法，支払方法その他の必要な事項を定めており，これが著しく不当なものでないこと。
⑯ 申請者が行う民間紛争解決手続の業務に関する苦情の取り扱いについて定めていること。

民間紛争解決の業務は，他人間の紛争の解決を図ることを目的とし，かつ，認証紛争解決手続の業務を利用するについては時効の中断等の一定の法的効果が付与されることから，認証を受けるためには，それにふさわしい適格性が求められる。適格性の要件として，上述の基準に適合すること，また当該業務を行うに必要な知識及び能力並びに経理的基礎を有するものであることが求められる。

3　民間型調停の現状と可能性

民間型調停の形式にはアド・ホック調停と機関調停に分類できる。欧米においてはアド・ホック調停，機関調停ともに活発に行われているが，日本ではアド・ホック調停はほとんどみられない。今後の傾向においても，アド・ホック調停は ADR 促進法に基づく認証紛争解決事業に該当しないので，非弁護士が

アド・ホック調停を行うことは弁護士法第72条（非弁護士法律事務の取り扱いの禁止）の問題を含むことになり，アド・ホック調停の振興は難しいと考えられる（ただし，個人でも認証紛争解決事業者として認証の対象であり，個人事業者として調停を行う余地はある）。司法制度改革の一環として進行しているADR制度改革は，民間機関による機関調停の振興が中心である。民間の調停機関としては，日本商事仲裁協会，日本海運集会所，各地域の弁護士会仲裁センター，日本知的財産仲裁センター，消費生活センターや交通事故紛争処理センター，土地家屋調査士会，司法書士会，行政書士会，他にも数多くの調停機関が設立されており，また設立準備段階にある。これらの調停機関も，今後施行されるADR促進法に基づき認証を受ける認証紛争解決事業者と認証を受けない紛争解決業者に分かれることになるであろう。行政による認証制度の導入に関しては，調停は私的自治の理念に基づき行われることを本旨とするものであり，行政による認証制度は私的自治の理念に反するものでるとする批判があるが，認証制度は民間型調停に参入する事業者の不正な手続や暴力団などのADR事業の参入を阻止して，質の維持と向上を図るためのものであり，ADR振興に大きな役割を期待する意見も数多くある。認証制度の導入の是非論は別として，ADR促進法が施行されれば，民間型調停機関は認証紛争解決事業者として認証を受けるか否かの選択をしなければならないことになる。

　日本において進行している調停制度の改革は国内民事，商事紛争を対象とする民間型調停が中心である。現在のところ，日本商事仲裁協会，および他のADR機関が進めている調停事業は国内商事調停が中心であり，国際商事調停への対応が遅れている。今後，国際商事紛争のADRによる解決手段として仲裁と並び調停のニーズも高まってくることが予想される。国際商事調停規則の整備，調停人の獲得，養成など，国際商事紛争に対応し得る国際商事調停の制度基盤の整備，活性化も求められている。

第6節　む　す　び

　紛争解決制度の改革は，21世紀のテーマのひとつでもある。日本は現在ADR制度の整備，拡充，活性化に向けての改革の途上にある。ADR制度改革の中心課題のひとつである法律の整備が，新仲裁法の施行，ADR促進法の成立によりおおむね完了した。法律の制定は活性化の契機となるが，それだけでは十分ではなく，ADR制度振興のための種々の改革がいまだ残されている。欧米のADR先進国ではADR事業をサービス産業として捉え，時代のニーズに応じてADR振興の種々の政策，改革が現在でも進行しており，その改革のスピードが非常に速い。

　今後日本において国際商事仲裁，民間型調停が振興，活性化するためには，ADR機関の質的向上，ADR機関の連携，調停，仲裁の担い手人材の育成，利用者への適切な情報提供，調停，仲裁制度の国際的標準化等，数多くの改革が急務である。ADR制度が裁判制度と並び魅力ある紛争解決手段として発展することにより紛争処理手段の選択肢が広がり，グローバル化時代における利用者のニーズに対応しうる紛争処理メカニズムが構築されることが期待される。

<注>
(1) 大阪地裁平成16年9月6日「仲裁判断に基づく執行決定申立事件」判決。児玉実史・生沼寿彦「新仲裁法のもとで執行決定を取得した事例」JCA51巻12号1頁以下（2004年）。
(2) UNCITRAL国際商事仲裁モデル法第28条は次のように規定する。
　　1）仲裁廷は，当事者が紛争の実体に適用すべきものとして選択した法の規定に従って紛争を解決しなければならない。
　　2）当事者がいかなる指定もしていないときは，仲裁廷は，仲裁廷が適当と認める抵触規則によって決定される法律を適用しなければならない。
　　3）仲裁廷は，当事者の明示の授権がある場合に限り，善と衡平により，又は友誼的仲裁により判断する。
(3) Swiss Private International Law Act (PILA) Article 177 "Any dispute involving an economic interest may be the subject matter of an arbitration".
(4) 大貫雅晴「特許紛争と仲裁」弁理士会パテントVol.39 36頁以下（1986年）。

<参考文献>
　David W. Plant, *Resolving International Intellectual Property Disputes*, (1999) ICC

Publishing Inc.
Gabrielle Kaufmann et al., *International Arbitration in Switzerland*,（2004）Kluwer Law International.
J.William Rowley QC et al., *Arbitration World-Jurisdictional comparison*,（2004）European Lawyer Reference.
Julian D. M. Lew et al., *Intellectual Property Dsiputes And Arbitration*, A ICC International Court of Arbitration Bulletin Vol 9 No.1（1998）.
Masaharu Onuki, *JCAA Arbitration in Practice under New Arbitration Rules*, Lecture Notes in International Arbitration Seminar -"New Trends in International Arbitration"-, N. Y. USA, December 1, 2004.
William K. Slate Ⅱ, *Paying attention to Culture in International Commercial Arbitration*, Dispute Resolution Journal, American Arbitration Association（2004）.
内堀宏達『ADR法概説とQ&A』（商事法務，2005年）。
大貫雅晴『国際ライセンスビジネスの実務』（同文舘出版，2001年）。
大貫雅晴｜国際商事仲裁の新展開」新時代の貿易取引を考える会研究報告書（財団法人貿易奨励会，2004年）。
近藤昌昭ほか『仲裁法コンメンタール』（商事法務，2003年）。
司法制度改革推進本部事務局報告書「総合的なADRの制度基盤の整備について」（司法制度改革推進本部，2003年）。
松浦馨・青山義充編『現代仲裁法の論点』（有斐閣，1998年）。

（大貫　雅晴）

第5章

日本の新仲裁法

第1節　はじめに

　国際商取引から生じる紛争の解決に，仲裁は訴訟に比べて広く利用されている[1]。仲裁は訴訟と同様に紛争解決手続であり，その手続を規律する法である仲裁法が各国で制定されている。わが国では，1890年に制定された民事訴訟法第8編仲裁手続が仲裁法に当たり，これは1877年ドイツ民事訴訟法第10編をほぼ完全に模倣したわずか20条から成る法律で，制定後1世紀以上もの間改正されることはなかった。これに対し，仲裁の法的基盤の整備を図り，特に国際仲裁に通用する他国と比肩しうる仲裁法に改正することが内外から強く求められてきたが[2]，今般政府の司法制度改革の一環としてようやくその全面改正が行われ，新たな仲裁法が制定された。この新仲裁法（以下新法という）は旧法を全面的に改正するものであり，附則を除いて55条から成る。この制定は，1999年に内閣に設置された司法制度改革審議会に遡り，同審議会が2001年6月21日に内閣に提出した意見書の内容の一部を実現させたものである[3]。新法は，2003年の通常国会に同法案が提出され，同年8月1日に法律第138号として公布され，2004年3月1日から施行されている。

　新法は，諸外国の仲裁法に採用され，仲裁法の国際標準といっても過言でない国際連合国際商取引法委員会が1985年に採択した国際商事仲裁モデル法（UNCITRAL Model Law on International Commercial Arbitration（1985）。以下単にモデル法という）に準拠して作成され[4]，わが国においても国際的に通用する

仲裁法の法的基盤が整備されたことになる。今後，わが国においても，仲裁が特に国際商事紛争の解決に広く利用されることが期待される中，本章は，国際仲裁の視点から，実務上重要と考えられる問題を中心に，わが国の新仲裁法について考察を試みるものである[5]。考察は新法の条文の順序に従って進める。

第2節 総　　則

新法は，第1章の総則において1条から12条までの12ヵ条を定める。1条（趣旨），6条（任意的口頭弁論），7条（裁判に対する不服申立て），8条（仲裁地が定まっていない場合における裁判所の関与），9条（裁判所が行う手続に係る事件の記録の閲覧等），10条（裁判所が行う手続についての民事訴訟法の準用），11条（最高裁判所規則）については，モデル法に対応する規定はない。

1　スポーツ仲裁と新法

新法2条は，定義規定として，仲裁合意，仲裁廷，主張書面をそれぞれ定義する。これはモデル法2条に対応するが，モデル法の規定と若干異なり，仲裁合意を「……民事上の紛争の全部又は一部の解決を1人又は2人以上の仲裁人にゆだね，かつ，その判断（以下仲裁判断という）に服する旨の合意をいう」と定義するとともに，「民事上の紛争」が仲裁合意の対象となる旨を明らかにする。これは，訴訟が「法律上の争訟」を対象とするのと異なる。近時，仲裁が，スポーツ競技団体による代表競技者の選考，ドーピング検査結果に基づく処分などをめぐる競技者とその団体との紛争の解決に利用されているが[6]，このようなスポーツ紛争は，訴訟では，民事審判権の限界から「法律上の争訟」には当たらないとされることがあり，仲裁においても，新法が仲裁の対象とする「民事上の紛争」に当たるかどうかが問題となる。「争ノ判断ヲ為サシムル合意」[7]を仲裁契約とする旧法下の通説，判例は，争いは法律上の争訟であることを必要とするが[8]，そうではないとするものがある[9]。仲裁は訴訟に代替

する紛争解決手続であり，訴訟で解決することができる「法律上の争訟」は，仲裁の対象になることはいうに及ばないが，それ以外の紛争であっても，当事者が紛争を第三者の判断に委ね，その判断に従うということにより紛争を解決するという合意をした場合，その合意に基づく紛争解決手続に対しその実効性を確保すべく，国家は援助の手を差し伸べるべきでものがあり，仲裁合意の対象である「民事上の紛争」に当たらないと断じるべきではないように思われる(10)。

2 適 用 範 囲

新法は，適用範囲について，モデル法が国際商事仲裁を適用対象としているのに対し，これを採用せず，国際商事仲裁に適用範囲を限定していない。同様の立法は，モデル法採用国であるドイツや韓国にもみられる。UNCITRALという機関が国際商取引の法分野の統一を任務としていることから，モデル法が適用範囲を国際商事仲裁に限定しているのに対し，仲裁法を立法するに際し，このような限定をする格別の必要はないと解される。特に，今日企業だけではなく個人のレベルでも活動が国際化する中，国際・国内を区別する実益は乏しく，商事・非商事を区別する現実的意義もないように思われる。また，定義如何によっては，ある仲裁が「国際」仲裁なのか，あるいは「商事」仲裁なのか，という法適用をめぐる問題が実務上生じることにもなり，この点からも，「国際商事」仲裁に限定すべきではないと考える(11)。

3 属地主義の採用

次に，新法はモデル法と同様に，一部の例外を除き，仲裁地が日本国内にある場合に適用されるとする（3条）。これは，国際的に広く認められている属地主義（principle of territoriality）と呼ばれる原則を採用したものである。この原則の例外として，新法は次の事項については属地的適用を排除している。すなわち，仲裁合意の対象となる紛争について訴えが提起されたときに，被告の

申立てにより，裁判所が訴えを却下することを定めた14条1項，保全処分について定めた15条は，仲裁地が日本国内にある場合，仲裁地が日本国外にある場合および仲裁地が定まっていない場合に適用される（3条2項）。また，仲裁判断の承認・執行について定めた45条，46条は，仲裁地が日本国内にある場合および仲裁地が日本国外にある場合に適用される（3条3項）。

　この新法の属地主義によれば，仲裁手続の準拠法については，仲裁地法が適用され，わが国に仲裁地がある限り，当事者が外国法を仲裁手続の準拠法に指定したとしても，その外国法の指定は，わが国の仲裁法が許容する範囲内で仲裁手続に適用されるという実質法的指定であると解される[12]。わが国では旧法の下，仲裁手続の準拠法について，仲裁手続が当事者の自主的紛争解決手続であることから当事者自治が妥当するとする当事者自治説と，手続の属地性を重視して仲裁地法によるべきであるとする仲裁地法説との2つの立場があり，前者が通説であるとされていたが[13]，新法は後者の立場を採用したので，新法下ではもはや仲裁手続の準拠法の決定という問題を議論する意義はないことになる。もっとも，実務上当事者が仲裁地ではなく仲裁法を指定することはまずないと思われるが，そのような指定がされた場合，仲裁法所属国に仲裁地を指定したとする黙示の合意が当事者間に認められるとする見解に立てば，当事者の指定した仲裁法が仲裁手続の準拠法となる[14]。

　新法は，以上の規定に加え，仲裁地が定まっていない場合であっても，仲裁地が日本国内となる可能性があり，かつ，申立人または被申立人の普通裁判籍（最後の住所により定まるものを除く）の所在地が日本国内にあるときも，裁判所は，仲裁人の選任（17条2項から5項まで），その数の決定（16条3項），仲裁人の忌避（19条4項），その解任（20条）の手続をそれぞれ行う旨規定している（8条）。この属地的適用の例外は，モデル法にはない規定である。これと類似の規定は，ドイツ法にもみられ，ドイツ民事訴訟法は1025条3項において，同国の裁判所は，仲裁地が定まっていない場合であっても，申立人または被申立人が同国に事業所または常居所を有しているときは，仲裁人の選任に関する同法の定める裁判所の権限を行使することができる旨規定している。このような属地的適用の例外を定めた理由は，国際仲裁の場合，当事者が仲裁地を指定して

いることが多いように思われるが，当事者間に仲裁地の合意がない場合，仲裁地が定まらないことにより，仲裁が仲裁法に連結されないという問題が生じるが，この場合，その決定は，仲裁合意に内在された仲裁人の権限であると解され，仲裁人が選任されさえすれば，仲裁廷により仲裁地が決定され，仲裁がいずれの仲裁法にも連結されないという事態を回避することができるからであると解される[15]。

4　仲裁地の概念

この属地主義によれば，仲裁地は，仲裁法の適用基準となり，また外国仲裁判断の承認及び執行に関する条約（昭和36年7月14日条約第10号）いわゆるニューヨーク条約の適用基準でもあり，国際仲裁では重要な要素となるが，仲裁地の概念について，新法はモデル法と同様にそれを定義していない。しかし，仲裁地と仲裁手続が現実に行われる地（仲裁手続地）との関係については，28条において，次のように定めている。すなわち，まず，仲裁地は，当事者が合意により定め，その合意がないときは，仲裁廷が，当事者の便宜その他の紛争に関する事情を考慮して定めるとした上で（1項，2項），仲裁廷は，当事者間に別段の合意がない限り，仲裁地にかかわらず，適当と認めるいかなる場所においても，仲裁廷の評議，当事者，鑑定人もしくは第三者の陳述の聴取，または物もしくは文書の見分を行うことができるとする（3項）。したがって，仲裁手続地は，仲裁地であるとは限らないことになる。つまり，仲裁地が日本国内にあっても，仲裁手続は，現実に仲裁地で行われることが要求されておらず，仲裁廷の判断で日本国外において行われることがある訳で，仲裁地が，仲裁手続が現実に行われる地ではないことに留意する必要がある[16]。

この仲裁地の意味について，仲裁手続の重要な部分が行われた地または行われる地を仲裁地とするのでなければ，仲裁地を当事者または仲裁人が指定した場合であっても，仲裁地と仲裁手続の準拠法との関連性を有しないことになり，また，日本国内で実際に仲裁手続が行われる場合にも，外国にある地を仲裁地と指定することによって新法の適用を回避することは妥当でない，との理由か

ら仲裁地とは仲裁手続の重要な部分が行われる地をいうと解すべきであるとする有力説があるが[17]，法文上からはこのような解釈を導き出すことはできず，この見解が妥当するかどうかは疑問である[18]。

新法によれば，仲裁地は，仲裁手続地を意味するのではなく，仲裁を仲裁法に連結するための抽象的な概念にしか過ぎず，このような仲裁地という用語を使用することが適当であるかは，疑問である。むしろ仲裁地という場合，仲裁手続が行われるべき地を観念することがごく自然であり，これが当事者の通常の意思とも合致しているように解され，仲裁地の概念については，再検討を要するようにも思われる[19]。

5　裁判所の関与の制限

新法4条は，仲裁手続に関する裁判所の関与を制限する規定であり，モデル法5条と同じ内容を定めている。裁判所は，仲裁手続に関し，送達（12条2項）仲裁人の選任（17条）・忌避（19条4項），仲裁人の解任（20条），仲裁廷の仲裁権限の有無についての判断（23条5項），裁判所による証拠調べの実施（35条），仲裁判断の取消し（44条），執行（46条）についてのみ関与することができる。したがって，これら以外の仲裁手続に関し裁判所は関与することは許されない。

この裁判所の関与で実務上問題となるのは，仲裁合意の当事者の一方がその合意の存否を争い，裁判所に対し仲裁合意の不存在や無効の確認を求めて提訴した場合に，裁判所がそれを審理，裁判することが，新法4条に反しないかどうかである。つまり，仲裁手続に関する裁判所の関与が厳格に制限され，仲裁合意の存否という仲裁権限の有無をめぐる当事者間の争いは，まずは新法23条が定める仲裁廷の判断に委ねるべきであり，この問題に関し裁判所が行使することができる権限は，仲裁廷の判断の審査権に限られるかどうかが問題となる。この問題については，本章第5節で検討するが，新法4条の規定の趣旨に照らし，仲裁合意の存否に関する争いに関しては，23条の規定による場合を除き，裁判所は仲裁手続に関与することはできないと解すべきであるように思われる。

6　書面による通知と裁判所の送達

　新法12条は，モデル法3条に対応し，書面の通知について規定しているが，モデル法の規定に追加し，2項において，仲裁手続における書面によってする通知を裁判所の送達によることができる旨規定している。現実の仲裁手続において，たとえば，被申立人の受領拒絶により書面の配達ができないことがあるが，そのような場合，この制度を利用することにより仲裁手続が停頓することを回避することができることになる。この12条は，モデル法3条とは異なり，属地的適用を排除しているが，仲裁手続に関する事項であるので，属地的適用を排除する理由はなかったように思われる[20]。また，裁判所の送達については，裁判所の管轄規定が同条4項に規定がされており，この規定は，裁判所の土地管轄について定めた5条の特則であり，国際裁判管轄規定ではなく，国際仲裁には直接適用されないように解されるが，この土地管轄規定が定める裁判籍が日本国内にある場合に，仲裁地が未定であっても，裁判所は送達の援助を行うことになるとされる[21]。

第3節　仲裁合意

　第2章は，13条から15条の3カ条を定める。13条は，仲裁可能性（1項），仲裁合意の方式（2項から5項まで）および仲裁合意の分離独立性（6項）について定める。次いで14条で，仲裁合意と本案訴訟との関係を，15条で仲裁合意と裁判所の保全処分との関係をそれぞれ定める。これら3カ条は，13条1項を除き，モデル法に対応する規定であり，その内容もモデル法と実質的に同じである。

1　仲裁合意の準拠法

　仲裁合意が有効に成立しているか，あるいは，仲裁合意の人的範囲や物的範

囲がどこまで及ぶか，といった仲裁合意の成立，効力が問題となる場合，国際仲裁では，仲裁合意の準拠法の決定が問題となるが，新法はこれに関し明文の規定を設けていない。

　この仲裁合意の準拠法については，旧法下ではあるが，リングリング・サーカス事件において最高裁判所は，「仲裁は，当事者がその間の紛争の解決を第三者である仲裁人の仲裁判断にゆだねることを合意し，右合意に基づいて，仲裁判断に当事者が拘束されることにより，訴訟によることなく紛争を解決する手続であるところ，このような当事者間の合意を基礎とする紛争解決手段としての仲裁の本質にかんがみれば，いわゆる国際仲裁における仲裁契約の成立及び効力については，法例7条1項により，第1次的には当事者の意思に従ってその準拠法が定められるべきものと解するのが相当である」と判示し，法例7条によると判決した[22]。これは多数説でもあるが[23]，この立場は新法の下でも維持されるのであろうか。というのは，新法は仲裁判断の取消事由の1つとして，44条1項2号で「仲裁合意が，当事者が合意により仲裁合意に適用すべきものとして指定した法令（当該指定がないときは，日本の法令）によれば，当事者の能力の制限以外の事由により，その効力を有しないこと」を挙げ，仲裁合意の抵触規則を定めており，わが国の訴訟において，仲裁地が日本国内にある仲裁合意が抗弁として提出された場合に，裁判所がこの44条1項2号ではなく法例7条の抵触規則により仲裁合意の準拠法を決定すると，仲裁判断の取消しの局面とで準拠法の決定ルールが異なることになり，このような違いが適当であるとは思われないからである。

　また，同様の問題が，仲裁判断の承認・執行の局面との関係でも生じる。すなわち，新法は，仲裁判断の承認・執行拒否事由の1つとして，45条2項2号で，「仲裁合意が，当事者が合意により仲裁合意に適用すべきものとして指定した法令（当該指定がないときは，仲裁地が属する国の法令）によれば，当事者の能力の制限以外の事由により，その効力を有しないこと」を挙げ，仲裁判断の取消しの場合と同様に，仲裁合意の抵触規則を定めている。

　したがって，本案訴訟と仲裁判断の取消しまたは承認・執行の局面において仲裁合意の準拠法が同一の抵触規則により決せられるためには，法例7条によ

るのでなく,新法44条1項2号,45条2項2号に組み込まれた抵触規則によるべきである[24]。この考え方は,旧法下において,ニューヨーク条約2条3項と5条1項(a)との関係からも主張されていた立場である。すなわち,同条約2条3項は,当事者が仲裁合意をした事項について訴えが提起されたときは,「締約国の裁判所は,その合意が無効であるか,失効しているか,又は履行不能であると認める場合を除き,当事者の一方の請求により,仲裁に付託すべきことを当事者に命じなければならない」と規定し,他方,5条1項(a)は,外国仲裁判断の承認・執行拒否事由の1つとして,「第2条に掲げる合意の当事者が,その当事者に適用される法令により無能力者であったこと,又は前記の合意が,当事者がその準拠法として指定した法令により若しくはその指定がなかったときは判断がされた国の法令により有効でないこと」を挙げ,2条における仲裁合意の準拠法は,両者の整合的解釈から,5条1項(a)が定める抵触規則により決せられるべきであるとする[25]。したがって,新法下においても,リングリング・サーカス事件の最高裁判例が変更されない限り,判例上,仲裁合意の準拠法は法例7条により決せられることになるようにも思われるが,今後の判例の動向に注目していく必要がある。

2 仲裁可能性

新法13条1項は,仲裁可能性について,「仲裁合意は,法令に別段の定めがある場合を除き,当事者が和解をすることができる民事上の紛争(離婚又は離縁の紛争を除く)を対象とする場合に限り,その効力を有する」と規定し,和解可能性を仲裁可能性の有無を決する基準とする。これは,モデル法には対応する規定がないが,旧法の規定を維持したものである[26]。この和解可能性を仲裁可能性の基準とする場合,国際仲裁では,和解可能性の有無は,紛争の実体関係に適用される法により決せられることになる[27]。この和解可能性を仲裁可能性の基準とする抵触法的アプローチは,フランスやベルギーの立法にもみられる[28]。

国際仲裁では,仲裁可能性の準拠法の決定が問題となり,学説は多岐にわたっ

ているが⁽²⁹⁾，新法の下では，13条が属地的に適用されるので，仲裁地が日本国内にある仲裁の仲裁可能性の有無は仲裁地法である新法13条1項の規定によって決せられることになる。仲裁地が日本国内にない場合の仲裁可能性の準拠法については，仲裁地が日本国内にある仲裁可能性は日本法による，とする一方的抵触規定を双方化することにより，仲裁可能性は仲裁地法による，とする双方的抵触規定が妥当するように思われる⁽³⁰⁾。このことは，新法が仲裁判断の取消事由の1つとして，44条1項7号で，「仲裁手続における申立てが，日本の法令によれば，仲裁合意の対象とすることができない紛争に関するものであること」を挙げ，仲裁可能性は仲裁地法によるとすることからも導き出されよう⁽³¹⁾。したがって，わが国の訴訟で仲裁地が外国にある仲裁合意の抗弁が提出された場合，仲裁可能性については，仲裁地法によることになる⁽³²⁾。また，新法は，仲裁判断の承認・執行拒否事由として，45条2項8号で，「仲裁手続における申立てが，日本の法令によれば，仲裁合意の対象とすることができない紛争に関するものであること」を挙げ，仲裁地法上，仲裁可能性が肯定され，仲裁判断がされても，日本法上，仲裁可能性が否定され，その結果，わが国において仲裁判断が承認・執行されないということがありうることになる。

3 仲裁合意の方式

旧法下では仲裁合意は口頭により締結することができたが，新法下では書面性が要求される（13条2項から5項まで）。この規定は，モデル法7条2項の規定と実質的に同じ内容を定めている。この書面要件に関しては，現在UNCITRALがモデル法7条の書面要件を緩和する方向で改正作業を進めており，今後の動向が注目される。同作業部会は，新法13条3項が定める「仲裁条項が記載された文書を引用する契約」について，契約が口頭その他書面によらない方法で締結された場合にも，書面要件を満たすとする改正案を示している⁽³³⁾。

次に，国際仲裁では，仲裁合意の方式の準拠法の決定が問題となるが，国際私法による抵触法的処理を介するとすると，法例8条により，仲裁合意の効力の準拠法または行為地法のいずれかの定める方式に従っていればよいことにな

る。もっとも，新法13条は属地的に適用されることから，仲裁地が日本国内にある仲裁合意は，13条2項から5項までの書面要件を具備しなければならないことなろう。これに対し，仲裁可能性の準拠法の場合と同様に，仲裁合意の方式も，13条が定める一方的抵触規定を双方化することにより，仲裁地法による，とする双方的抵触規定を導くことができようが[34]，このような単純な双方化が果たして妥当なのかどうか，属地的適用を規定する当否と併せて更なる検討を要しよう。

　国際仲裁における仲裁合意の方式については，ニューヨーク条約2条2項が，「契約中の仲裁条項又は仲裁の合意であって，当事者が署名したもの又は交換された書簡若しくは電報に載っているものを含むものとする」と規定し，同条約の適用を受ける仲裁合意[35]について，この要件を具備する限り，締約国の裁判所で妨訴抗弁が認められる。この仲裁合意の方式要件は，必要条件であるとともに，十分条件でもあると解されている[36]。つまり，同条約の締約国において，仲裁合意が妨訴抗弁として認められるためには，2条2項の書面要件を具備する必要があるが，その一方で，これより厳しい要件は課せられることはない。

　したがって，妨訴抗弁の局面において，条約以外を根拠に，これより厳しい要件を仲裁合意の成立に課すことはできない。しかし，同条約の規定以外の国内法を根拠に，これより緩い要件で妨訴抗弁は認められる。というのは，同条約は，7条1項で，「この条約の規定は，締約国が締結する仲裁判断の承認及び執行に関する多数国間又は二国間の合意の効力に影響を及ぼすものではなく，また，仲裁判断が援用される国の法令又は条約により認められる方法及び限度で関係当事者が仲裁判断を利用するいかなる権利をも奪うものではない」と規定し，この規定は，外国仲裁判断の承認・執行の場合のみならず，仲裁合意の承認の場合にも国内法を援用することができるとされているからである[37]。したがって，仲裁合意の方式の準拠法として指定された仲裁法が，たとえば，スウェーデン1999年仲裁法のように，仲裁合意に何らの方式をも課していない場合，ニューヨーク条約2条2項の書面要件を具備しなくとも仲裁合意は有効に成立し，妨訴抗弁が認められることになる。

4　仲裁合意の分離独立性

　新法は，13条6項で，「仲裁合意を含む一の契約において，仲裁合意以外の契約条項が無効，取消しその他の事由により効力を有しないものとされる場合においても，仲裁合意は，当然には，その効力を妨げられない」と規定する。これは，モデル法16条1項中段，後段の規定と実質的に同じ内容を定めたものであり，国際的にも広く認められた仲裁合意の分離独立性（separability）の原則である[38]。また，わが国でも旧法下ではあるが，これを認める最高裁判例がある[39]。この分離独立性は，Competence/Competence の前提となる。すなわち，仲裁条項を含む主たる契約が終了した場合であっても，この原則により，仲裁廷は自己の仲裁権限の有無について判断する根拠が与えられている[40]。また，仲裁廷が，たとえば，主たる契約の内容が公序良俗に反するとして無効であると判断した場合，この分離独立性の原則が働かないと，仲裁合意も無効となり，仲裁廷に主たる契約を無効と判断する権限がないことにもなる[41]。

　仲裁合意は，それを含む主たる契約とは目的，性格を異にする契約であるから，分離独立性の原則が働くことは当然のことであるように思われるが，現実には，たとえば，詐欺による主たる契約の取消しがその契約中の仲裁合意の効力をも否定することはあり，このような場合，分離独立性の原則は働かず，当事者の意思解釈の問題となる。

5　仲裁合意と本案訴訟，裁判所の保全処分との関係

　仲裁合意の当事者がその対象となる紛争について提訴した場合，相手方当事者は，本案について弁論し，または弁論準備手続において申述をする前に，仲裁合意を妨訴抗弁として提出することにより，訴えは却下される（14条1項）。実務上，本案訴訟で妨訴抗弁を提出した被告が，仲裁を申し立てることがあり，その場合，訴訟と仲裁とが競合することになるが，新法は，14条2項で，仲裁廷は，訴訟が係属する間も，仲裁手続を開始し，または続行し，かつ，仲裁判断をすることができる，と規定する。この14条はモデル法8条と同じ内容を定

めた規定である。この14条2項が定める仲裁廷の手続続行権は、仲裁合意に反して当事者が仲裁手続を遅延させることを避けることを意図していると解される[42]。しかし、通常、仲裁廷は、仲裁合意が明らかに存在すると認められる場合を除き、裁判所が仲裁合意の効力を否定すると、仲裁手続は無駄になってしまうので、裁判所の判断を待つことになろう。この仲裁と訴訟の競合は、仲裁地が外国にある場合にも生じ、その両者の調整という厄介な問題があるが、この問題については、本章第5節で取り上げる。

仲裁においても訴訟の場合と同様に、当事者は、仲裁判断の執行を確保するため、裁判所に対し、たとえば、仮差押えの保全処分を求めることがあるが、その場合、当事者が保全処分を申し立てることによって仲裁合意が失効することはなく、また、仲裁合意の存在を理由に裁判所がその申立てを却下することはないが、新法は、モデル法9条の規定に倣い、15条で、「仲裁合意は、その当事者が、当該仲裁合意の対象となる民事上の紛争に関して、仲裁手続の開始前又は進行中に、裁判所に対して保全処分の申立てをすること、及びその申立てを受けた裁判所が保全処分を命ずることを妨げない」と規定し、その旨を明文で規定している。

第4節　仲　裁　人

仲裁人に関する規定として、新法は16条、17条でその数、選任手続に関し規定する。仲裁人の忌避に関しては、続く18条、19条で規定する。仲裁人の解任に関しては、20条で規定し、21条で仲裁人の任務終了事由を列挙し、22条で後任の仲裁人の選任について規定する。この仲裁人に関する規定は、モデル法10条から15条までの規定と実質的に同じ内容を定めている。

1　仲裁人の数・選任手続

仲裁人の数・選任手続は、当事者が合意により定めることができる（16条1項、

17条1項)。国際仲裁では仲裁機関を利用することが多いように思われるが，その場合，仲裁人は，当事者が選択した仲裁機関の仲裁規則に従って選任されることになる。

　仲裁人の数について合意がない場合，16条2項のデフォルト・ルールが適用され，その数は3人となる。これは，モデル法10条の規定に倣ったものである。この仲裁人の数については，それを1人とすることも考えられ，仲裁法によっては，たとえば，イギリス1996年仲裁法のように，デフォルト・ルールとして仲裁人の数を1人とするものがあるが（同仲裁法15条3項），その場合，紛争当事者で1人の仲裁人を選任することは現実には容易ではなく，仲裁機関を利用しないアド・ホック仲裁のときは，仲裁人の選任は常に裁判所に求めなければならないことになる。したがって，仲裁人の数を3人とすると，その分仲裁人の報酬が余分にかかるが，選任の便宜という点から，仲裁人の数を1人ではなく3人とするデフォルト・ルールが適当であるように思われる。

　この16条2項の規定は，当事者が2人の場合であって，当事者が3人以上の多数当事者仲裁の場合には，16条3項により，当事者が合意により仲裁人の数を定めることができないときは，当事者の申立てにより裁判所が仲裁人の数を定めることになる。もっとも，多数当事者仲裁の場合，当事者間に仲裁人の数について合意がない場合，通常，仲裁人の選任手続についても当事者間に合意がなく，仲裁人の数だけ決まっても仲裁人を選任することができず，仲裁人の数の決定に加え，17条4項の規定によりその選任を裁判所に求めることになるものと思われる。この多数当事者仲裁の場合の規定は，モデル法には規定がないが，仲裁人の選任に関する裁判所の援助を明文で規定したことに意義があろう。

2　仲裁人の忌避

　仲裁人は当事者が選任することができるが，当事者と一定以上の関係がある者，たとえば，会社の場合，従業員である法務部長を仲裁人に選任することは，仲裁の公正を欠くことになるので，このような選任は許されない。新法は，当

事者に仲裁人の選任権を与える一方で，仲裁人に公正性，独立性を要求し，仲裁人に公正性または独立性を疑うに足る相当な理由があるときは，その仲裁人を当事者は仲裁人の任務から排除することができるとする（18条1項）。

この仲裁人の公正性，独立性という概念は，旧法下ではなく，忌避事由を定めるモデル法12条に規定されている impartiality, independence にそれぞれ対応し，これらを翻訳したものであると解される。この impartiality および independence は，国際仲裁では仲裁人に要求される普遍的な基本原則であるとされている[43]。これらの概念は定義されている訳ではなく，両者は区別されず互換性のある概念としても用いられるとされるが[44]，仲裁人の公正性とは，文字通り，仲裁人が不公正な行為をしないという意味であるのに対し，仲裁人の独立性とは，仲裁人が不公正な行為をすることになる関係を当事者と有しないという意味であると解するのが適当ではなかろうか[45]。その場合，仲裁人の独立性は，仲裁人と当事者の関係を問題とし，その関係は客観的事実であるが，仲裁人が当事者と独立性を欠く関係にあっても，公正に手続を行うことはあり，逆に，独立性が維持されていても，不公正な行為をしないとは言い切れない。しかし，仲裁人と当事者との関係がある一定以上となれば，公正な仲裁手続を合理的に期待することはできず，独立性を欠くことになる[46]。

比較法的には，イギリス1996年仲裁法は，24条1項において，公正性だけを仲裁人の要件とする。これは，独立性の要件を加えることにより，独立性の範囲をめぐって際限のない議論を生むことになり，また，業界人が仲裁人になっている海事や商品取引などの分野での仲裁が機能しなくなる，といったことから，モデル法が定める独立性の要件を採用しなかったとされる[47]。これに対して，スイス連邦国際私法は，180条において，両者の違いが判然とせず，公正性は独立性の当然の結果であり，両者は不可分の関係にあることから，逆に仲裁人の独立性だけを仲裁人に要求する[48]。

仲裁人が公正性または独立性を欠く場合に当事者がその仲裁人を忌避するためには，仲裁人に忌避事由となる事情があるかどうかを知る必要がある。そのため，新法は，18条4項において，「仲裁人は，仲裁手続の進行中，当事者に対し，自己の公正性又は独立性に疑いを生じさせるおそれのある事実（すでに

開示したものを除く）の全部を遅滞なく開示しなければならない」と規定し，仲裁人に対し当事者に対する開示義務を課している。また，仲裁人に就任する者に対しても，18条3項において，「仲裁人への就任の依頼を受けてその交渉に応じようとする者は，当該依頼をした者に対し，自己の公正性又は独立性に疑いを生じさせるおそれのある事実の全部を開示しなければならない」とその開示義務を規定している。これらの開示義務の規定は，モデル法12条1項と同じ内容を定めたものである。

　この仲裁人の開示義務に関し，モデル法の解釈として，当事者とともに仲裁人には，仲裁人の公正性，独立性に疑義がある事情がないかどうかを調査する義務があるとする判例があるが[49]，合理的範囲における調査義務は妥当であろう。また，アメリカのように，不開示そのものが開示されなかった事情によっては，明白な偏頗（evident partiality）を理由に仲裁判断が取り消されるが[50]，新法の下では，不開示そのものが公正性，独立性の欠如にならず，仲裁人が開示しなかった事情のみによって判断されよう。

　仲裁人の忌避手続については，新法は19条1項で，当事者がこれを合意により定めることができるとした上で，2項で，その合意がないときは，当事者の申立てにより仲裁廷が仲裁人の忌避についての決定をすると規定する。その具体的手続については，3項で，仲裁人の忌避の申立てをしようとする当事者は，仲裁廷が構成されたことを知った日または忌避事由のあることを知った日のいずれか遅い日から15日以内に忌避の原因を記載した申立書を仲裁廷に提出しなければならないと規定するが，この期間内に忌避の申立てをしなければ，忌避権を放棄したものとみなされるのであろうか。この仲裁人の忌避手続についての規定は，モデル法13条に相当するが，モデル法の規定の解釈として，当事者は仲裁人から開示された事実に基づき忌避の申立てをしなかった場合，忌避権を放棄したものとみなされ，その事実に基づき仲裁判断を取り消すことはできないとされるが[51]，その一方で，仲裁人は常に公正性，独立性が要求され，これと異なる合意をすることは許されず，27条が規定する異議権の対象とはならないので，当事者は仲裁人により開示された事実により適時に仲裁人の忌避の申立てをしなくとも，仲裁判断の取消し，執行手続において異議を提出するこ

とができるとする見解がある[52]。いずれの場合も，当事者は，仲裁人および相手方にとって不意打ちにならないよう，忌避事由に当たると考える事実を知った時点で異議を述べるべきであろう。また，仲裁人の忌避事由となる事実を仲裁判断がされた後に当事者が知った場合，当事者は，仲裁人の忌避ではなく，仲裁判断の取消しを求めることになろう[53]。

仲裁人の忌避の当否は，裁判所が最終的に判断することになるが（19条4項），その場合，新法は，本案訴訟が係属する場合と同様に，仲裁廷に手続続行権を認め，19条5項で，忌避の申立てにかかる事件が裁判所に係属する間も，仲裁廷は手続を進めることができる旨を明文で規定しているが，通常，裁判所が仲裁人に忌避事由があると判断したときは，それまで行われた仲裁手続は無駄になってしまうので，仲裁廷は，当事者の主張する事実が明らかに忌避事由に当たらないと考える場合を除き，裁判所の判断が出るまで手続を停止することになろう。仲裁法によっては，仲裁廷の手続続行権を認める実務上の意義なく，たとえば，モデル法を採用したブルガリア国際商事仲裁法は16条2項で，事件が係属している間，仲裁廷は，手続を停止しなければならない旨の規定を置いている。

3　IBAの新ガイドライン

この仲裁人に要求される独立性，公正性は，抽象的概念であり，実務上，具体的に如何なる事実が忌避事由に該当するのか，また，如何なる事実が開示義務の対象となるかという厄介な問題がある。この問題に対し，国際法曹協会（IBA）は，2004年5月に，「国際仲裁における利益相反に関するIBAガイドライン（IBA Guidelines on Conflicts of Interest in International Arbitration）」を作成，公表している[54]。国際法曹協会は，1987年に「国際仲裁人倫理規則（Ethics for International Arbitrators）」を作成しているが，同規則と抵触する事項については，このガイドラインの規定が優先する。このガイドラインは，第1部と第2部から構成され，第1部は，公正性，独立性および開示に関する解説を付した一般基準を定め，他方，第2部は，一般基準の実務的適用を定め，網羅的では

ないが，仲裁人に就任することのできない事情を挙げたレッド・リスト，開示しなければならない事情を挙げたオレンジ・リスト，開示を必要としない事情を挙げたグリーン・リストの3つに区分する。

　第1に，レッド・リストは，仲裁人の公正性または独立性について相当の疑いを生じさせる事情について，当事者が忌避権を放棄することはできず，仲裁人に就任することができないものと，当事者が放棄することにより仲裁人に就任することができるものとの2つに区分されている。前者は，誰も自己の裁判官にはなりえない（no person can be his or her own judge），という基本原則に則り，開示の有無にかかわらず，仲裁人へ就任することができない事情として，仲裁人が当事者の役員であることなど4つの例を挙げる。後者は，仲裁人の①紛争との関係，②紛争への直接・間接の利害，③当事者，代理人との関係の3つに分類し，14の例を挙げる。仲裁人と代理人との関係では，たとえば，仲裁人が当事者の代理人と同じ法律事務所の弁護士であることが挙げられている。仲裁人の忌避権の放棄は，その事前放棄は公序に反することから許されないとされるが[65]，このガイドラインでは，全ての当事者，仲裁人および仲裁機関またはその他の仲裁人選任機関が，利益相反を十分に知り，その上で全ての当事者が，利益相反があるにもかかわらず，仲裁人を務めることを明示的に合意する場合に限り，当事者は忌避権を放棄し，その者が仲裁人に就任することができるとし，事後的放棄は許されるとする。

　第2に，オレンジ・リストは，仲裁人が開示しなければならない事情を挙げる。このリストは，①当事者の一方に対し過去に提供した役務その他事件への関与，②当事者の一方に対し現在提供している役務，③仲裁人と他の仲裁人，代理人との関係，④仲裁人と当事者その他仲裁に関与する者との関係，⑤その他の事情の5つに分類し，23の例を挙げる。これらは，仲裁人が開示しなければならない事情であるが，この事情が仲裁人の忌避事由に当たるかどうかは個別の事案により判断されることになる。第3に，グリーン・リストは，仲裁人が開示する必要のない事情を挙げる。このリストは，①過去に表明した法的意見，②当事者の一方を相手方とする過去に提供した役務，③当事者の一方に対し現在提供している役務，④他の仲裁人，当事者の一方の代理人との関係，⑤

仲裁人と当事者の一方との関係の5つに分類し，8つの例を挙げる。他の仲裁人，当事者の一方の代理人との関係として，たとえば，仲裁人と当事者の一方の代理人または他の仲裁人が過去に共に仲裁人，代理人を務めたことが挙げられている。このグリーンリストは，仲裁人の開示が，不当な忌避申立てを招き，仲裁手続を遅延させてしまうことを避けることを意図したものである。

このガイドラインは，現在の国際仲裁実務の共通の理解を反映させることを意図した一応の成果であり，今後更なる検討が加えられることになっているが，忌避事由に関する具体的事情を列挙するなど，新たな試みが盛り込まれており，仲裁人にとって有用な資料であることは間違いない。もっとも，列挙されている事情は例示であることに加え，これに基づく開示，不開示が法律と整合しているかどうかは必ずしも保証の限りではなく，このガイドラインの使用には留意する必要があろう[56]。

4　仲裁人の任務終了

仲裁人の任務終了に関して，新法は21条で，当事者の合意による仲裁人の解任とともに，仲裁人の辞任をその終了事由に挙げる。当事者が合意により仲裁人を解任することは，仲裁が当事者の合意に基づく手続であるという性格から肯定されようが[57]，他方，仲裁人は自由に辞任することができるのであろうか。旧法下における学説は，仲裁人の辞任は，正当な理由がある場合に限り許されるとする[58]。仲裁人が手続の途中で辞任すると，それに伴い手続をやり直す必要が生じ，手続の遅延も必至であり，何らの理由もなく仲裁人が辞任することができるとするのは適当ではないが，モデル法の立場は，仲裁人の任務を強制することはできず，辞任に正当な理由を要することは現実的ではないとする[59]。したがって，モデル法に依拠した新法の規定の解釈としては，仲裁人の辞任に正当な理由は必要ないということになろう。また，この規定に拠らずとも，実務上も，辞任する仲裁人に手続の続行を求めることは意味がなく，当事者は仲裁人を交代する道を選ぶことになろう[60]。

第5節　仲裁廷の特別の権限

　仲裁廷は，当事者間の紛争を仲裁判断により解決することを任務とするが，当事者間で生じる仲裁合意の成立，効力をめぐる紛争についても判断する権限が認められている。この仲裁廷の自己の仲裁権限の有無について判断する権限は，国際的に広く認められた原則で，一般に，Competence/Competence（ドイツ語で，Kompetenz/Kompetenz）と呼ばれている[61]。この原則は新法23条に定められており，仲裁廷は，自己の仲裁権限（competence）を判断する権限（competence）を有する。また，仲裁廷は，一般に，裁判所の仮差押えや仮の地位を定める仮処分などの保全処分に相当する措置を当事者に命じる権限を有している。この仲裁廷による暫定的保全措置は，新法24条に定められている。これら仲裁廷の特別の権限は，モデル法16条，17条に対応し，その内容も実質的にモデル法と同じである。

1　異議権の放棄と仲裁合意の成立

　新法は，Competence/Competence の原則について，23条1項で，「仲裁廷は，仲裁合意の存否又は効力に関する主張についての判断その他自己の仲裁権限（仲裁手続における審理および仲裁判断を行う権限をいう。以下この条において同じ）の有無についての判断を示すことができる」と規定する。
　仲裁を申し立てられた被申立人が仲裁権限の有無を争うには，その主張は，仲裁権限を有しない旨の主張の遅延について正当な理由があると仲裁廷が認めるときを除き，その原因となる事由が仲裁手続の進行中に生じた場合にあってはその後速やかに，その他の場合にあっては本案についての最初の主張書面の提出の時（口頭審理において口頭で最初に本案についての主張をする時を含む）までに，しなければならない（23条2項）。この規定は強行規定であり，この期限を過ぎた場合，もはや仲裁権限の有無を争うことはできないものと解されている[62]。もっとも，仲裁合意が効力を有しないことが仲裁判断の取消事由（44条1項2号），執行拒否事由（45条2項2号）として挙げられており，この規定

も強行規定であり，当事者は，23条2項に基づく異議を提出しなくとも，仲裁判断の取消し，執行の段階でそれを提出することができると解する余地があるかもしれないが，当事者が23条2項に基づく異議を提出しない場合，当事者間に黙示の仲裁合意が成立し[63]，その後仲裁合意の不存在を主張することはできないであろう。この場合，仲裁合意の書面要件を具備しているかどうかが問題となるが，新法は，「仲裁手続において，一方の当事者が提出した主張書面に仲裁合意の内容の記載があり，これに対して他方の当事者が提出した主張書面にこれを争う旨の記載がないときは，その仲裁合意は，書面によってされたものとみなす」と規定し，これにより書面要件も具備することになるので，当事者が仲裁権限について争わない場合，仲裁合意は，書面により成立することになる。したがって，仲裁廷が仲裁権限の有無を職権で調査する必要はないが，仲裁の被申立人が本案について何らの応答もせず，仲裁手続に参加してこない場合には，仲裁廷は，職権で仲裁権限の有無を調査することになる。また，仲裁合意の成否が仲裁可能性にかかる場合には，当事者の合意だけで仲裁合意が有効に成立しないので，仲裁廷は，職権で仲裁権限の有無を調査すべきであろう[64]。

2　仲裁廷の判断と裁判所の審査

　当事者が適時に仲裁権限の有無についての異議を提出した場合，仲裁廷は，①自己が仲裁権限を有する旨の判断を示す場合，仲裁判断前の独立の決定または仲裁判断，②自己が仲裁権限を有しない旨の判断を示す場合には，仲裁手続の終了決定により，それぞれ判断を示すことになる（23条4項）。①の判断については，それを不服とする当事者は，裁判所に対し審査を求めることができる。すなわち，仲裁判断前の独立の決定に対しては，当事者は，その決定の通知を受けた日から30日以内に，裁判所に対し，当該仲裁廷が仲裁権限を有するかどうかについての判断を求める申立てをすることができ（23条5項），仲裁判断については，当事者はその取消しを裁判所に求めることができる。これに対し，②の判断については，裁判所に対する不服申立制度はなく，仲裁手続は

仲裁廷の終了決定により終了することになる（40条2項）。これは，モデル法と同様に[65]，仲裁権限を有しない旨を判断した仲裁廷に対し，裁判所が手続の続行を強制することはできないことが理由として挙げられている[66]。しかし，仲裁権限を有するとした仲裁廷の判断の当否を裁判所が審査し，その判断を覆した場合であっても，同様に，その裁判所の決定は仲裁廷を強制しえない。したがって，裁判所の決定が仲裁廷を強制しえないことが，裁判所が仲裁権限を有しないとした仲裁廷の判断の当否を審査しないことの理由にはなりえない。むしろ，23条の規定の趣旨は，仲裁権限の有無をめぐる当事者間の争いを早期に解決することであり，モデル法と同様に，仲裁廷の権限を有しないとする仲裁廷の判断に対する裁判所への不服申立制度を設けるべきであったように思われる[67]。比較法的にも，たとえば，イギリス，スイスにおいて，またモデル法を採用したドイツにおいても，仲裁権限が有しないとする仲裁廷の判断に対しても裁判所への不服申立制度が設けられている[68]。

　また，新法の下においては，この仲裁権限の有無に関する裁判所の判断は，決定で行われ，その決定には，仲裁合意の存否について既判力が生じないとされ[69]，この手続では仲裁権限の有無に関する争いが裁判所により解決されえないことになる。この問題に関し上に挙げたイギリス，スイス，ドイツの仲裁法制では，仲裁権限の有無に関する仲裁廷の判断は仲裁判断の形式でされ，それに不服の当事者は常に裁判所に対し仲裁判断の取消しを求めることができるとされ，新法の下でも，23条の仲裁権限の有無についての判断を仲裁判断の形式ですることが禁じられていないとすれば，この問題を仲裁手続の早期に解決すべく仲裁廷は仲裁判断の形式で判断を示すべきであろう[70]。

3　裁判所の関与の制限との関係

　仲裁合意の存否をめぐる当事者間の紛争は，この23条により解決されるが，仲裁合意の存否を争う当事者はこれとは別に裁判所に対し仲裁合意不存在の確認請求訴訟を提起することができるのであろうか。仲裁合意の存否をめぐる争いは，Competence/Competenceの原則の下，仲裁廷がそれを第1次的に判断

する権限を有し，その判断は裁判所の審査に服することになる。したがって，仲裁合意の存否が当事者間で争われ，その審理が仲裁合意不存在の確認請求訴訟の裁判所と仲裁廷とで競合，重複する場合，仲裁手続に関与することを制限する4条の規定は直接適用されないが，その規定の趣旨に照らし，仲裁合意の存否は23条による裁判所の判断に委ねるべきであろう[71]。比較法的には，モデル法を採用したドイツ法は，仲裁廷が構成されるまでは，仲裁が許されるかどうかの判断を裁判所に求めることができるとしていることから（ドイツ民事訴訟法1032条2項），仲裁廷構成後は，仲裁廷の仲裁権限について裁判所に判断を求めることは許されないと解されよう[72]。また，イギリスでは，当事者は仲裁権限に関し裁判所に判断を求めることができるが，そのための要件は厳しく定められている[73]。

　また，実務では，仲裁と訴訟の競合という問題が生じる[74]。たとえば，外国に所在する当事者の一方がその国の裁判所に対し契約違反に基づく損害賠償請求の訴えを提起し，日本に所在する他方の当事者が日本でその債務不存在確認請求の仲裁を申立て，仲裁と訴訟が競合するということがある。この場合，裁判所と仲裁廷が共に自己の管轄権を認め，本案審理をすると，判決と仲裁判断の矛盾抵触という問題が生じうることになる。この訴訟と仲裁との競合は，国内訴訟（仲裁）と外国仲裁（訴訟）とが競合する国際的競合と国内訴訟と国内仲裁とが競合する国内的競合とがあるが，いずれの場合も，両者を調整する必要があろう。

　まず国際的競合については，外国訴訟と国内仲裁とが競合する場合，外国裁判所が被告により仲裁合意の抗弁が提出されたときは，モデル法採用国では，仲裁係属を考慮することは要求されておらず，仲裁合意の存否を判断し，仲裁合意が効力を有すると認められない限り，訴訟手続を続行し，本案について判決をすることになる。また，ニューヨーク条約の適用を受ける仲裁合意の場合も，同条約2条3項の規定によりこれと同様に取り扱われる。他方，仲裁廷は，仲裁権限の有無についての判断権とともに（23条1項），仲裁手続の続行権が認められているので（14条2項），手続を進め，仲裁判断をすることができる。したがって，仲裁と訴訟の競合を如何に調整するかが問題となるが，この問題

についても，仲裁手続に関し裁判所の関与は制限されるというモデル法5条の規定の趣旨に照らし，仲裁合意の存否は，わが国の裁判所の審査に服する仲裁廷の判断に譲るべきであると考える[75]。これに対し，国内的競合の場合には，国際的競合の場合とは異なり，たとえば，わが国で競合が生じる場合，本案訴訟の裁判所が，仲裁合意の存否について判断することは，23条により仲裁廷の判断の当否を審査する裁判所の判断に換わるものであり，4条の裁判所の関与には当たらないと解され，仲裁合意の存否は，裁判所の判断に譲り，仲裁廷は，この裁判所の判断まで手続を停止すべきであろう[76]。

4　暫定的保全措置

新法24条は，仲裁廷による暫定的保全措置について規定する。旧法下におけるわが国の通説によれば，当事者間に別段の合意がない限り，仲裁廷に暫定的保全措置を命じる権限はないとされてきたが[77]，新法はこの仲裁廷の権限を明文で規定する。この規定はモデル法17条の規定と実質的に同じである。これは，裁判所の保全処分に相当するが，17条1項は，「仲裁廷は，当事者間に別段の合意がない限り，その一方の申立てにより，いずれの当事者に対しても，紛争の対象について仲裁廷が必要と認める暫定措置又は保全措置を講ずることを命ずることができる」と規定し，その措置は保全処分に限られることはなく，たとえば，仲裁費用の担保提供や証拠保全の措置も含まれよう[78]。

仲裁廷の暫定措置は，仲裁合意の当事者に対してのみであって，それ以外の第三者に命じることはできない。また，この措置に執行力は付与されず，これに当事者が従わなかったとしても，強制することはできない。もっとも，仲裁廷の命令は，仲裁廷の心証を害することを恐れ，これに当事者は任意に従うことが期待されようが，仲裁廷の命令に従わない当事者を不利に扱うことになるとの指摘もある[79]。比較法的には，たとえば，ドイツ法のように，一定の要件の下に当事者の申立てにより仲裁廷の暫定的保全措置に執行力を付与する旨明文の規定を設けるものや（ドイツ民事訴訟法1041条），アメリカのように，判例法上，この仲裁廷の命令が仲裁判断として執行されるとするものがある[80]。現

在，UNCITRALでは、この措置に執行力を付与するものとするモデル法の改正の検討が進められている[81]。

第6節　仲裁手続の開始および仲裁手続における審理

　第5章は、25条から35条までの11カ条を定める。これらは、29条2項の時効の中断を除き、モデル法4条、18条から27条までの規定に対応し、35条が裁判所により実施する証拠調べの内容を具体化しているほか、その内容はモデル法と実質的に同じである。

1　仲裁手続の開始

　仲裁手続は、「当事者間に別段の合意がない限り、特定の民事上の紛争について、一方の当事者が他方の当事者に対し、これを仲裁手続に付する旨の通知をした日に開始する」（29条1項）。この仲裁手続の開始は時効中断と関係してくる。すなわち、新法は29条2項で、「仲裁手続における請求は、時効中断の効力を生ずる。ただし、当該仲裁手続が仲裁判断によらずに終了したときは、この限りでない」と規定する。この規定により仲裁の場合も、訴えの提起時に時効が中断する訴訟の場合（民訴147条）と同様に、時効中断の効力が生じるが、時効中断の効力の発生時期については、新法はこれを規定していないので、解釈によることになる。学説は旧法下であるが、見解が一致せず、また権利行使説と権利確定説によってもその時期が異なるとの指摘もあるが[82]、機関仲裁の場合には、通常、仲裁の申立て時に請求が特定されており、訴訟の場合と同様に、仲裁の申立てをした時点で時効中断の効力が生じると解される。
　また、国際仲裁では、時効の中断は債権の効力の準拠法によることになるが、その準拠法が日本法の場合に、この規定により時効中断の効力が生じることになる。

2　審理手続

　仲裁は訴訟と違い，当事者が審理手続を自由に取り決めることができる（26条1項）。これは，訴訟の場合には，その国の訴訟法に則った手続が強いられるのに対し，仲裁，特に法文化の異なる仲裁人，当事者が手続を行う国際仲裁では，仲裁の大きなメリットである。しかし，この審理手続における当事者自治といっても，無制限に認められるという訳ではなく，遵守されなければならない手続の基本原則があり，新法は，当事者の手続保障という観点から，2つの基本原則を定めている。1つは，「仲裁手続においては，当事者は，平等に取り扱われなければならない」（25条1項）という原則であり，もう1つの原則は，「仲裁手続においては，当事者は，事案について説明する十分な機会が与えられなければならない」（同条2項）というものである。この2つの原則は，当事者はもとより仲裁人も遵守しなければならない基本原則である。したがって，この原則に反してされた仲裁判断は，取り消されることになる。

　当事者は，この基本原則の下に審理手続を自由に取り決めることができる。新法は26条1項で，「仲裁廷が従うべき仲裁手続の準則は，当事者が合意により定めるところによる。ただし，この法律の公の秩序に関する規定に反してはならない」と規定し，強行規定に反しない限り，当事者の合意は認められる。このような手続の基本原則は，審理手続で遵守されなければならないが，行き過ぎた手続保障はかえって当事者の公平，仲裁手続の適正・迅速を損なうので，新法は，任意規定ではあるが，異議権の放棄（27条），当事者の陳述の時期的制限（31条），不熱心な当事者がいる場合の取扱い（33条）について規定を設けている。当事者間に審理手続についての合意がない場合は，「仲裁廷は，この法律の規定に反しない限り，適当と認める方法によって仲裁手続を実施することができる」（26条2項）。したがって，仲裁廷は，強行規定および任意規定に反しない限り，審理方法を定めて手続を進めることができる[83]。

　裁判所により実施する証拠調べは，仲裁地が日本国内にある国内仲裁を対象とし，仲裁地が外国にある外国仲裁は，この裁判所の援助を求めることはできない。そのほか，仲裁地，言語は，28条，30条の規定により決定され，仲裁廷

による鑑定人の選任等については，デフォルト・ルールとして34条の規定による。

第7節　仲裁判断および仲裁手続の終了

　第6章は，36条から43条までの8ヵ条を定める。これらはモデル法28条から33条までの規定に対応する。37条（合議体である仲裁廷の議事）は，モデル法29条と同じ内容を定めるが，モデル法とは異なり，仲裁廷の長は仲裁人の互選により選任しなければならない旨規定する。39条（仲裁判断書）は，モデル法31条に，また，41条（仲裁判断の訂正），42条（仲裁廷による仲裁判断の解釈），43条（追加仲裁判断）は，モデル法33条にそれぞれ対応し，モデル法の規定と実質的に同じである。

1　仲裁判断の基準

　新法は，36条で仲裁判断の基準について規定する。この36条が，渉外的要素のない法律関係についても適用されるかどうかという国際私法上の問題があるが，渉外的要素のある法律関係に適用されることに異論はなく，国際仲裁では，36条の規定に従い実体準拠法が決定されることになる[84]。

　36条1項は，「仲裁廷が仲裁判断において準拠すべき法は，当事者が合意により定めるところによる」と規定する。この規定は，実体準拠法の決定について当事者自治の原則を規定したものであるが，国際私法学者からは，当事者が指定することができる実体判断の基準は契約関係に限られる，また，実体判断の基準は実定法以外の基準を指定することはできない，との指摘がある[85]。まず前者については，36条1項の規定は，その対象を契約関係に限定していないので，その他の法律関係をも対象とする余地を残しているが，この当事者自治は，わが国の国際私法の許容する範囲内に限定されることになり，その範囲は国際私法によって画されることになろう[86]。次に後者については，モデル法28

条1項に相当するが，当事者が選択できる規範は，国家法に限られず，レックス・メルカトリアや諸外国の国内法で共通に認められる国際関係にも適用可能な原則であるとされる法の一般原則も当事者が国家法に代えて指定することができよう[87]。これには，国家法が必ずしも国際取引に適しているとは限らず，国際仲裁では，当事者に共通の規範，たとえば，UNIDROIT 国際商事契約原則の適用を志向するという背景がある。このような当事者の選択は，わが国の訴訟では許容されえないが，仲裁では，36条3項により，衡平と善を判断基準とすることを当事者に認めており，これがわが国の国際私法上，無効とはならないとするならば[88]，これと同様に非国家法を規範とすることも無効とはならないと解される。また，新法は，36条1項は，「一の国の法令が定められたときは，反対の意思が明示された場合を除き，当該定めは，抵触する内外の法令の適用関係を定めるその国の法令ではなく，事案に直接適用されるその国の法令を定めたものとみなす」と規定し，当事者は準拠法として国際私法をも選択することができるとするが，これに対しては，国際私法の強行規範性に矛盾する，と指摘されている[89]。

　当事者間に準拠法の合意がない場合は，仲裁廷が国家法の中から準拠法を決定することになるが，その場合，紛争に最も密接な関係がある国の法によらなければならない（36条2項）。これはモデル法28条2項に対応するが，適当と認める抵触法に従い準拠法を決定するとするモデル法の規定とは異なる。

2　仲裁と和解

　仲裁手続において当事者が和解に向けた協議を行うことがあるが，その場合，当事者間で成立した和解の内容に仲裁判断と同一の効力を付与することが認められている（38条1項から3項まで）。これはモデル法30条の規定と同じ内容を定めたものである。新法は，このモデル法の規定に加え，仲裁人による和解の斡旋について，「当事者双方の承諾がある場合には，仲裁廷又はその選任した1人若しくは2人以上の仲裁人は，仲裁手続に付された民事上の紛争について，和解を試みることができる」と規定する（38条4項）。わが国の訴訟手続にお

いては，当事者の合意がなくとも裁判官が和解の斡旋を行うことができることから（民訴89条），国内仲裁においては，これと同様に，仲裁人が和解の斡旋を行っているようにも思われる。国際的には，仲裁人による和解の斡旋の是非について必ずしも見解が一致している訳ではないが[90]，当事者の合意があれば，和解の斡旋は，仲裁人の任務に反するものではないとされる[91]。

第8節　仲裁判断の取消し，承認および執行決定

　新法は第7章の44条で仲裁判断の取消し，第8章の45条で仲裁判断の承認，46条で仲裁判断の執行についてそれぞれ規定している。44条はモデル法34条，45条，46条は，35条，36条にそれぞれ対応し，モデル法と実質的に同じ内容を定める。

　仲裁判断は，承認拒否事由がない限り，仲裁地が日本国内にあるかどうかを問わず，確定判決と同一の効力を有するが（45条1項），当事者には，承認拒否事由と実質的に同じ取消事由がある場合には，仲裁判断を取り消すことが認められている（44条）。仲裁判断の承認拒否事由は，ニューヨーク条約5条の承認・執行拒否事由と実質的に同じである。仲裁判断の執行については，承認拒否事由がない限り，これは許可される（46条）。外国仲裁判断については，ニューヨーク条約の締約国でされた仲裁判断は，条約の規定により承認・執行されるが，締約国以外の国でされた仲裁判断は，新法46条の規定により執行されることになる。また，ニューヨーク条約7条が「この条約の規定は，締約国が締結する仲裁判断の承認及び執行に関する多数国間又は二国間の合意の効力に影響を及ぼすものではなく，また，仲裁判断が援用される国の法令又は条約により認められる方法及び限度で関係当事者が仲裁判断を利用するいかなる権利をも奪うものではない」と規定し，国内法により外国仲裁判断の執行を行うことができ，新法46条の執行拒否事由は，条約と実質的に同じであるが，執行の際に条約で求められる仲裁判断の写しの提出を要しないことから（46条2項），条約の締約国でされた仲裁判断の執行にも国内法である新法が援用され

よう。

第9節　雑則, 罰則, 附則

　新法は, 第9章の雑則で仲裁人の報酬, 仲裁費用について, モデル法には規定がないが, アド・ホック仲裁の場合に適用される若干の規定を置いている。第10章の罰則では, 50条から55条までにおいて仲裁人にかかる贈収賄罪等を定めている。これらの規定は, 旧法下でも刑法で規定がされていたが, 新法下では, 刑法から新法に移されるとともに, 国外犯の規定が適用される (55条)。最後の附則では, 消費者仲裁, 個別労働仲裁の特則を定める。

　附則は, 消費者保護のための暫定的措置として, 消費者契約法に規定する消費者と事業者との間の将来の紛争を対象とする仲裁合意 (消費者仲裁合意) について消費者にその解除権を付与している (附則3条)。また, 将来において生じる個別労働関係紛争の解決の促進に関する法律1条に規定する個別労働関係紛争 (個別労働関係紛争) を対象とする仲裁合意 (個別労働仲裁合意) についても, 労働者保護の見地からこれを無効とする (附則4条)。仲裁における弱者, 特に消費者の保護については, アメリカ, EUを中心に国際的関心を呼び, その保護の在り方について議論がされているが, 仲裁法で保護規定を設けるものは少なく, 新法の規定は一石を投じたように思われるが, この規定は, 暫定的な措置であり, 今後, 世界の動向を踏まえた改正が検討されることになろう[92]。

　この附則の規定も, 仲裁地が日本国内にある場合に適用されるので, 仲裁地が国外にある場合の消費者, 労働者の保護が問題となる。これが問題となる局面としては, たとえば, 日本に居住する消費者である個人が契約の相手方である外国法人との紛争の解決のため日本の裁判所に提訴したところ, 相手方から, 契約中の仲裁条項に基づく仲裁合意の抗弁が提出され, その抗弁が認められるかどうかが問題となる場合である。この場合, まず仲裁合意の準拠法が問題となる。仲裁合意の準拠法が日本法となれば, 日本法上, 将来の紛争を対象とする仲裁合意については消費者に解除権が与えられているので, 消費者は解除権

を行使することによって仲裁合意を失効させることができることになる。これに対し，準拠法が外国法の場合には，その外国法が十分な消費者保護を図っていないときは，法例33条の公序違反を理由に，内国関連性の度合いによって，その適用が排除されるとの見解があろうが，外国準拠法が消費者仲裁合意を有効としても，それは単に法制の違いによるものであり，法例33条が規定する公序に反することを理由にその適用が排除されるとまではいえないように思われる[93]。これと同様の問題は，日本国内で労務を提供する労働者が使用者を相手方として日本の裁判所に提訴し，使用者から，雇用契約中の仲裁条項に基づき仲裁合意の抗弁が提出された場合にも生じる。また，仲裁合意の準拠法の如何にかかわらず，新法3条により附則3条，4条が属地的に適用されるため，仲裁合意の方式の場合と同様に，その反対解釈から，仲裁地が外国にある場合には，外国仲裁地法の弱者保護の規定が適用されるとする見解があるが[94]，第3節の3で述べたように，このような解釈が妥当であるかどうか，この点については更なる検討を要しよう。

第10節　む　す　び

　本章では，2004年3月1日から施行された仲裁法について国際仲裁の実務の観点から考察を試みた。紙幅の関係で取り上げることができなかった問題と併せて，本章で取り上げた問題についても，今後更なる理論的検討を深めていく必要があろう。その場合，モデル法の規定を実質的に採用した新法の解釈については，わが国独自のものではなく，仲裁法の国際的ハーモナイゼーションを図るためにも，モデル法の解釈に合わせていくべきであり，そのためにはモデル法採用国（州・地域を含む）の判例法の動向に注目していく必要があろう。この新法の制定により，わが国においても，仲裁制度を支える法的インフラが整備されたことになり，仲裁，特に国際仲裁が振興していくことが期待され[95]，これと併せて判例法が蓄積していくことになれば，わが国の仲裁制度の法的安定性・透明性が高まることになり，ひいてはグローバル商取引の発展に資する

ことになろう。

<注>
(1) 国際商事紛争の解決に訴訟に比べて仲裁が利用されるメリットとしては，中立性，国際性などがある。この点については，中村達也『国際商事仲裁入門』10-15頁（中央経済社，2001年）参照。
(2) 国際商事仲裁システム高度化研究会『国際商事仲裁システム高度化研究会報告書 – 商事仲裁の新たな発展に向けて』1-4頁（日本商事仲裁協会，1996年）参照。
(3) 同意見書は，民事訴訟法の改革の1の柱である裁判外の紛争解決手続（ADR）の拡充・活性化の中で，「ADRの共通的な制度基盤に関し，まず，仲裁法制については，現在も明治23年制定の法律が，新民事訴訟法制定の際の改正作業から分離され，『公示催告手続及ビ仲裁手続ニ関スル法律』としてそのまま残されており，国際連合国際商取引法委員会における検討等の国際的動向を見つつ，仲裁法制を早期に整備すべきである。その際，経済活動のグローバル化や国境を越えた電子商取引の急速な拡大に伴い，国際的な民商事紛争を迅速に解決することが極めて重要となっていることから，国際商事仲裁に関する法制をも含めて検討すべきである」として，「国際的動向を見つつ，仲裁法制（国際商事仲裁を含む）を早期に整備すべきである」と提言している（Ⅱ 国民の期待に応える司法制度　第1　民事司法制度の改革　8.裁判外の紛争解決手段（ADR）の拡充・活性化(3) ADRに関する共通的な制度基盤の整備）。
(4) モデル法の条文は，UNCITRALのウェブサイト<http://www.uncitral.org/>（1 January 2006）に登載されている。また，同サイトによると，モデル法を採用している国（地域・州を含む）は，52に上る。
(5) 新仲裁法に関しては，すでに，近藤昌昭ほか『仲裁法コンメンタール』（商事法務，2003年），出井直樹・宮岡孝之『Q＆A新仲裁法解説』（三省堂，2004年），中村達也『仲裁法なるほどQ＆A』（中央経済社，2004年）が刊行されており，本章執筆に当たり参照した。
(6) 1984年にスイスのロザンヌにスポーツ仲裁裁判所（Court of Arbitration for Sport（CAS））が設立され，国際競技連盟などが行った決定に対する不服申立てやオリンピック競技に関連して生じる紛争が仲裁により解決されている。また，わが国でも，2003年4月に日本スポーツ仲裁機構が設立され，競技団体と競技者との紛争がスポーツ仲裁規則に基づく仲裁により解決されている。その概要については，中村達也「国際商事紛争の解決Q＆A(16)」JCAジャーナル51巻1号57-60頁（2004年）参照。
(7) 旧公示催告手続及ビ仲裁手続ニ関スル法律786条。なお，旧法が使用していた仲裁合意を新法は仲裁契約と表現を変えているが，高桑昭「新たな仲裁法と渉外的仲裁」曹時56巻7号13頁注12（2004年）は，「合意は意思表示の合致をあらわす一般的な表現でしかなく，それが当事者を拘束する趣旨を示すためには，契約と表現することが適当であろう。また，本法の仲裁合意と旧法の仲裁契約とで概念が異なるとは思われず，同じ概念には同じ表現をとるべきであろう」という。
(8) 小山昇『仲裁法〔新版〕』50頁（有斐閣，1983年），小島武司『仲裁法』91頁（青林書院，2000年）。小島武司・高桑昭編『注解仲裁法』44頁〔小島武司・豊田博昭〕（青林書院，1988年）。判例としては，大判大13・3・29民集3巻207頁。
(9) 谷口安平・井上治典編『新・判例コンメンタールⅥ』622-623頁〔青山善充〕（三省堂，

1997年)。
⑽　この問題は更なる検討を要しようが，アメリカ，スイスでは，このスポーツ紛争が仲裁法の適用を受けることを当然としており，その適否をめぐる議論は寡聞にして知らない。アメリカ，スイスの状況については，中村・前掲注6・58-60頁参照。
⑾　適用範囲に関するモデル法採用国の状況については，三木浩一「仲裁制度の国際的動向と仲裁法改正の課題」ジュリ1207号47-48頁(2001年)参照。
⑿　高桑・前掲注7・7頁参照。
⒀　小島・前掲注8・418頁。仲裁手続の準拠法をめぐるこれまでの議論について，拙稿「仲裁手続の準拠法をめぐる基本的問題」JCAジャーナル49巻6号24頁（2002年）参照。
⒁　David St. John Sutton et al., *Russell on Arbitration* para. 2-098 (21ᵗʰ ed., 1997), Sweet & Maxwell. vid. Georgios Petrochilos, *Procedural Law In International Arbitration* paras. 3. 43-3. 47. (2004), Oxford University Press. 以下でみるように，仲裁地が仲裁を仲裁法に連結させるための概念であるならば，当事者が仲裁地の代わりに仲裁法を指定した場合，その指定は，仲裁地の指定と同視することができよう。
⒂　中村・前掲注13・27頁参照。
⒃　仲裁地と現実に仲裁が行われる地との違いについては，中村達也「国際仲裁における『仲裁地』について」JCAジャーナル42巻6号36頁（1995年），同「国際仲裁における『仲裁地』の虚構性」JCAジャーナル47巻3号28頁（2000年）参照。
⒄　高桑・前掲注7・7頁。
⒅　道垣内正人「国際仲裁における仲裁地と意味と機能」JCAジャーナル51巻11号66頁注(6)（2004年）は，手続の重要な部分が行われる地を仲裁地とすることは，その地の確定に困難を伴うことにもなり，賛成しがたいという。
⒆　Alan Redfern et al., *Law and Pracitice of International Commercial Arbitration* para. 2-17, fn 42 (4ᵗʰ ed., 2004) Sweet & Maxwell. は，米国法によれば，モデル法の立場とは逆に，当事者間に別段の合意がない限り，仲裁審問は仲裁地で行われなければならない，と指摘する。この見解に立つ裁判例として，たとえば，National Iranian Oil Co. v. Ashland Oil, Inc., 817 F. 2d 326 (5th Cir. 1987) がある。
⒇　近藤ほか・前掲注5・11頁は，「12条の規定は，仲裁地が未定である場合にも適用されると解されよう。なぜなら，仲裁地が未定である場合にも，当事者の便宜を図るため，一定の方式に則って通知がされた場合にその効力を認めて，仲裁手続を開始させ，あるいはその円滑な進行を確保することを可能にする必要があるからである」というが，国際仲裁においてこの12条の規定は，国際私法により日本法が仲裁手続の準拠法に指定されて初めて適用されることになる。
㉑　山本和彦ほか「新仲裁法の理論と実務」ジュリ1266号164，168頁，1271号57頁〔近藤発言〕（2004年）。もっとも，仲裁地が外国にある場合には，送達の援助を行わないとすると，この解釈は一貫せず，むしろこれは仲裁手続に関する問題として捉え，仲裁手続の準拠法が日本法，つまり仲裁地が日本にある場合に，わが国の裁判所が送達の援助を行うことになると解すべきであるように思われる。
㉒　最判平成9年9月14日民集51巻8号36頁。
㉓　高桑・前掲注7・10頁，高桑昭『国際商事仲裁法の研究』95頁（信山社，2000年），青山善充「仲裁契約」高桑昭・道垣内正人編『新・裁判実務大系　第3巻　国際民事訴訟法（財産法関係）』424頁（青林書院，2002年）。この多数説に対し，有力説として，高桑・前掲注7・11頁は，当事者自治を認めず，仲裁地法によるとするが，その根拠と

⑷　して，「仲裁契約の内容は一定の紛争を仲裁によって解決する旨の合意の成立と仲裁利用の可否であるから，まさに仲裁地法，具体的にいえば仲裁地の手続法の問題ではなかろうか」という。

⑷　山本和彦ほか「新仲裁法の理論と実務」ジュリ1272号116頁〔中野発言〕(2004年)，中野俊一郎「仲裁契約の準拠法と仲裁法」JCAジャーナル51巻11号68-69頁(2004年)。

⑸　道垣内正人「国際商事仲裁」国際法学会編『日本と国際法の100年』95-96頁(三省堂，2001年)。また，Albert Jan van den Berg, *The New York Arbitration Convention of 1958* 126-127, (1981), Kluwer law and Taxation Publishers. 中村達也「ニューヨーク条約と仲裁契約」JCAジャーナル46巻4号7頁(1999年)参照。

⑹　旧公示催告手続及ビ仲裁手続ニ関スル法律786条は，仲裁契約は，「当事者カ係争物ニ付キ和解ヲ為ス権利アル場合ニ限リ其効力ヲ有ス」と規定する。

⑺　Julian D M Lew et al., *Comparative International Commercial Arbitration* para. 9-922. (2003) Kluwer Law International.

⑻　これに対し，スイスやドイツにおいてみられるように，財産法上の紛争に仲裁可能性を認める実質法的アプローチがあり，この場合，実体関係に適用される法を決定する必要はない。このように仲裁可能性を決定する基準には2つのアプローチがあるが，新法は伝統的な抵触法的アプローチを採用している。

⑼　中村達也「仲裁可能性と仲裁手続の準拠法」JCAジャーナル49巻1号12頁(2002年)参照。

⑽　中野・前掲注24・71頁，中村・前掲注29・14-16頁参照。

⑾　高桑・前掲注7・14-16頁参照，また，道垣内・前掲注25・94-95頁をも参照。

⑿　仲裁地法によるとしても，仲裁地法が抵触法的アプローチを採用している場合，仲裁可能性の有無は，紛争の実体関係に適用される法により決定されることになる。この点に関し，高桑・前掲注7・16頁参照。

⒀　Report of the Working Group on Arbitration on the work of its thirty-sixth session (New York, 4-8 March 2002), U. N. Doc. A/CN.9/508, para. 31.

⒁　山本ほか・前掲注24・123-124頁〔中野発言〕は，仲裁地が外国にある場合，13条の属地的適用の反対解釈として，外国仲裁地法によるとする。また，中野・前掲注24・71頁参照。高桑・前掲注7・12頁は，「仲裁契約の方式が最も大きな意味を有するのは仲裁地においてであるから，仲裁契約の成立及び効力の準拠法を仲裁地法であるとすると，方式についても仲裁地法によることが適当であろう」という。

⒂　ニューヨーク条約2条の適用を受ける仲裁合意については，同条約は，それを定義せず，締約国の立場は一致していないようであるが，その目的が外国仲裁判断の承認・執行だけではなく仲裁合意の承認をも国際的に保証することにあり，国際的要素のある仲裁合意すべてが同条約2条の適用を受けると解するのが適当であるように思われる。この点に関し，中村・前掲注25・7-12頁参照。

⒃　van den Berg, *supra* note 25, at 178-180.

⒄　van den Berg, *supra* note 25, at 86-88.

⒅　Redfern et al., *supra* note 19, para. 3-60.

⒆　最判昭和50年7月15日民集29巻6号1061頁。

⒇　*Vid.* Redfern et al., *supra* note 19, para. 3-63.

㉑　William W. Park, *The Arbitrability Dicta in First Options v. Kaplan : What Sort of Kompetenz-Kompetenz Has Crossed the Atlantic?*, 12 Arbitration International 137,

153-154 (1996).
(42)　*Vid.* Peter Binder, *International Commercial Arbitration and Conciliation in UNCITRAL Model Law Jurisdiction*s para. 2-089（2nd ed., 2005），Sweet & Maxwell.
(43)　Redfern et al., *supra* note 19, para. 4-52；Lew et al., *supra* note 27, para. 11-4.
(44)　Lew et al., *supra* note 27, para. 11-19, fn 28.
(45)　*Vid.* Redfern et al., *supra* note 19, paras. 4-55. Lew et al., *supra* note 27, paras. 11-11-28.
(46)　中村・前掲注 5 ・121-122頁参照。
(47)　V. V. Veeder, *England*；*International Handbook on Commercial Arbitration Suppl.* 27（1997），Kluwer Law International.
(48)　Wolfgang Peter & Caroline Freymond, *International Arbitration in Switzerland* 382（Heinrich Honsell et al. eds., 2000），Kluwer law International.
(49)　モデル法上仲裁人にこの調査義務があるとしたアメリカカリフォルニア州中部地区連邦地方裁判所の判例として，HSMV Corp. v. ADI Ltd., 72 F. Supp. 2d 1122（C. D. Cal. 1999）がある。この判例については，中村・前掲注 5 ・125-126頁参照。
(50)　中村・前掲注 5 ・127頁。
(51)　Lew et al., *supra* note 27, paras. 13-43-44.
(52)　Howard M. Holtzmann & Joseph E. Neuhaus, *A Guide to The UNCITRAL Model Law On International Commercial Arbitration*：*Legislative History and Commentary* 408-410（1989），Kluwer Law and Taxation Publishers.
(53)　*Vid.* Lew et al., *supra* note 27, para. 13-36.
(54)　IBAのサイト＜http://www.ibanet.org/＞（1 January 2006）に登載されている。
(55)　Lew, et al., *supra* note 27, para. 13-19.
(56)　*Vid.* John M. Townsend, *Clash and Convergence on Ethical Issues in International Arbitration*, 36(1) Inter-American Law Review 1, 21（2004）.
(57)　Holtzmann & Neuhaus, *supra* note 52, at 464.
(58)　小島・前掲注 8 ・178頁。
(59)　Holtzmann & Neuhaus, *supra* note 52, at 464-465. Binder, *supra* note 42, para. 3-094.
(60)　*Vid.* Lew et al., *supra* note 27, para. 13-52.
(61)　Redfern et. al., *supra* note 19, paras 5-39.
(62)　近藤ほか・前掲注 5 ・106頁。*vid.* Lew et al., *supra* note 27, para. 14-7.
(63)　旧法下ではあるが，この黙示の仲裁合意の成立を認めた判例として，最判昭和47年10月12日民集26巻 8 号1448頁がある。
(64)　*Vid.* Yves Derains & Eric A. Schwartz, *A Guide to the New ICC Rules of Arbitration* 104（2nd ed., 2005），Kluwer Low International.
(65)　Holtzmann & Neuhaus, *supra* note 52, at 487.
(66)　近藤ほか・前掲注 5 ・108-109頁。
(67)　*Vid.* Pieter Sanders, *Quo Vadis Arbitration*？175-180（1999），Kluwer Law International.
(68)　イギリス1996年仲裁法31条，67条，スイス連邦国際私法186条，190条 2 項。ドイツに関しては，Stefan Kröll, *Recourse against Negative Decisions on Jurisdiction*, Vol. 20 No. 1 Arbitration International 55, 56-58（2004）参照。

⑼　近藤ほか・前掲注5・109-110頁。
⑽　中村達也「国際仲裁における手続上の問題－仲裁と訴訟の競合－」JCAジャーナル51巻11号76-77頁（2004年）。
⑺　*Vid*. Lew et el., *supra* note 27, para. 14-74.
⑺　*Vid*. Lew et el., *supra* note 27, para. 14-70.
⑺　*Id*. イギリス1996年仲裁法32条。
⑺　仲裁と訴訟の国際的競合の具体例については，拙稿・前掲注70・77-78頁参照。
⑺　したがって，本案訴訟の裁判所は，仲裁合意の存否を疎明により判断することになろう。この点については，拙稿「判例から見る仲裁法⒀」JCAジャーナル53巻1号33頁（2006年）参照。
⑺　中村・前掲注70・78-79頁参照。また，本案訴訟における仲裁合意の存否に関する判断の効力については，近藤ほか，前掲注5・111-113頁参照。
⑺　松浦馨「仲裁事件と仮救済」松浦馨・青山善充編『現代仲裁法の論点』172頁（有斐閣，1998年）。
⑺　*Vid*. UN Doc. A/CN.9/WG.II/WP.119. paras. 16-18 ; Binder, *supra* note42, para. 4-034.
⑺　Binder, *supra* note 42, paras. 4-036-037.
⑽　Lew et al., *supra* note 27, paras. 23-92-94. 拙稿「暫定的保全措置を命じる仲裁人の権限⑴」JCAジャーナル45巻8号22-24頁（1998年）参照。
⑻　UNCITRAL Working Group II,＜http://www.uncitral.org/＞参照。
⑿　中村・前掲注5・83-84頁参照。
⒀　山本和彦ほか「新仲裁法の理論と実務」ジュリ1276号116頁［近藤発言］（2004年），Holtzmann & Neuhaus, *supra* note 52, at 564.
⒁　高桑・前掲注7・19頁参照。
⒂　高桑・前掲注7・20-23頁。道垣内・前掲注25・90-91頁参照。
⒃　高桑・前掲注7・21頁，道垣内・前掲注25・90頁。
⒄　Holtzmann & Neuhaus, *supra* note 52, at 805. *vid*. Fouchard, Gaillard, *Goldman on International Commercial Arbitration* para. 1444-1448.（Emmanuel Gaillard & John Savage ed., 1999）Kluwer Law International.
⒅　道垣内・前掲注25・91-92頁参照。
⒆　道垣内・前掲注25・86-89頁。
⒇　中村・前掲注1・113-120頁参照。
(91)　*vid*. Report on the United nations Commission on International Trade Law on its thirty-fifth session 17-28 June 2002, U. N. Doc. A/57/17（2002）, paras. 106-110.
(92)　消費者仲裁合意に関する欧米の状況については，拙稿「消費者契約と仲裁」JCAジャーナル49巻10号16頁（2002年）参照。
(93)　中村達也「判例から見る仲裁法⑽」JCAジャーナル52巻10号16頁（2005年）参照。
(94)　中野・前掲注24・71-72頁，山本ほか・前掲注24・127-128頁，130頁［中野発言］。
(95)　国際仲裁の振興のためには，法的インフラは必要条件であるが，十分条件ではなく，今後更なるインフラ整備が求められる。この点に関しては，中村達也「わが国における国際商事仲裁の現状と今後」法律ひろば57巻4号43頁（2004年）参照。

（中村　達也）

第6章

国際商事仲裁と
グローバル商取引法の発展

第1節　はじめに

　本章で,私は,国際商事紛争の解決に関して,伝統的な抵触法によるアプローチの問題点を指摘し,最近,弱体な各国の実体法をカバーするために発展しつつある,条約,モデル法,国際規則および商慣習法を基礎としたグローバル商取引法の生成状況を概観した後,このようなグローバル商取引法を適用することによって,法廷外で迅速に国際商事紛争を解決する,いわゆる代替的紛争解決手続,なかんずく国際商事仲裁の活用が望ましいことを主張したい。

第2節　伝統的な抵触法の問題点

　伝統的な抵触法のルールによる準拠法決定の理論が曖昧なため,結果が予測困難であることについて,欧州では,長い間,「暗闇の中でジャンプするようなもの」[1]と批判の的になっている。Kegel は,1964年にこれを「抵触法の危機」と呼んだ[2]。この問題は,最近になっても解消しておらず,契約法の統一を促進する1つの要素となっている。Lando は,1996年にキングス・カレッジの紀要で,欧州の統一契約法を制定すれば,抵触法を避けることができると指摘している[3]。

　アメリカでは,抵触法の欠点を改善するため,伝統的なルールを放棄して,

より柔軟なアプローチを採ることを多くの学者が提唱した。しかし，これらの理論の多くは，実体法の質とその背後にある利益に配慮したもので，伝統的な抵触法の理論を漠然とした政策分析に置き換えるものであった。その結果，予見可能性はかえって減少し，アメリカの裁判所による抵触法の判決は，錬金術師のように予見可能性がなく，異常であると非難されるようになった。このため，弁護士は，問題を法廷外で解決する道を選択する傾向がみられるようになったという[4]。

このような抵触法をめぐる理論的問題点は，日常の法律実務にも影響を及ぼし，契約の準拠法条項は，単に契約に適用される国家法を示す積極的な役割を果たすだけでなく，時間も費用もかかる伝統的な抵触法のルールの不安定な状況から，当事者と仲裁人を隔離するという重要な消極的役割を担うこととなった[5]。すなわち，契約に準拠法条項がなければ，裁判所が準拠法について如何なる判決を下すか不安があるので，契約で決めておくことが重要になったのである。

わが国においては，国際私法のルールを定めているのは，法例である。法例の財産法関係の規定は，1898年制定以来ほとんど改正されていないため，陳腐化がひどく，その一部の規定は実用に適しているとはいえない状況にある。たとえば，法例第7条は，第1項で法律行為の成立と効力については，当事者の意思によって準拠法を決めること（当事者の自治）を認めると同時に，第2項で当事者の意思がわからないときは，行為地法による旨規定している。そして，その第9条第2項では，契約の成立と効力については，申込みの通知を発した地を行為地とみなしている。しかし，実際の貿易実務では，申込みに対して，1回で承諾がなされ，契約が成立することは，むしろまれで，反対申込みが繰り返された上，やっと契約が成立するのが，通常の姿である。反対申込みがなされると，原申込みは消滅するので，当事者間で通信が往復されるごとに，準拠法が入れかわるという誠に奇妙なことになる。したがって，日本でも法例の規定に依存することは危険であり，当事者は，是非とも契約で準拠法について合意しておくことが必要である。

第3節　国際商事紛争における各国の実体法の有効性

　ところが、困ったことには、国際商取引における紛争を有効に解決する手がかりを与えることができないのは、何も抵触法に限ったことではなく、実体法の面でも、国家法は国際的な商事紛争を有効に解決することができないことがしばしばある。中世において、商慣習法が生まれたのは、まさにこのような国家法の欠点を補うためであったといわれている[6]。要するに、抵触法が、準拠法を指定しても、その国家法に国際的な商事紛争を適切に解決する規定がなく、役に立たないのである。

　一例を挙げよう。国際的な契約においていわゆる書式の争い（battle of the forms）が発生し、日本法が準拠法に指定されたとする。私見では、このような場合、当事者間の公平を期すためには、当事者の書式の一致していない条項の効力を両者共に否定し、これによって生じた空白は当該取引に適用される法律の中立的な規定によって補充するのが適切な解決策と思われる[7]。ところが、日本の民商法には、このような場合に適用すべき補充規定が整備されていない。書式の争いについての規定を欠く日本の民法の状況は、ある意味では、ドイツの裁判所と同じように、日本の裁判所に信義誠実の原則に基づく判例法を発展させる余地を残しているともいえるが、その場合でも、アメリカ統一商法典のように補充規定が整備されていないと如何ともし難い。しかし、世界各国でこのような補充規定を整備して行くことは、かなり困難といわざるを得ない。

　そこで、個々の国家法には頼らず、<u>世界的な規模で国際商取引に適用される実体法</u>を現在の一体化したグローバル・エコノミーに即して整備することが必要であるという発想が生まれてくる。この国際商取引にグローバルに適用される実体法を本章では「グローバル商取引法」と呼ぶことにしたい。

第4節　グローバル商取引法の法源

　グローバル商取引法の法源は、国際条約、モデル法、UNIDROIT、国際商

業会議所などの国際機関よって制定される国際規則，および，国際ビジネス社会によって形成される商慣習法である。現在の時点で，グローバル商取引法を形成しているか，あるいは，形成しつつあると思われる主な条約，モデル法および国際規則を具体的に挙げれば，下記のとおりである。

① 条約・モデル法

　　ウィーン売買条約（国際物品売買契約に関する国連条約）

　　独立保証およびスタンドバイ信用状に関する国連条約

　　電子商取引に関する UNCITRAL モデル法

② 国際規則

　　UNIDROIT 国際商事契約原則

　　インコタームズ2000（ICC）

　　信用状統一規則 – UCP500（ICC）

　　国際スタンドバイ規則 – ISP98（Institute of International Banking Law & Practice/ICC）

　これらの条約・モデル法・国際規則は，集合体として世界的に国際商取引に適用されるという意味で，全体として「グローバル商取引法」と呼ばれるにふさわしいと考える。これを構成する条約・モデル法・国際規則は，次第に増加しつつある。

　次に問題となるのは，学者の間で議論の絶えないレックス・メルカトリア（lex mercatoria）についてどのように考えるべきか，また，このグローバル商取引法と各国の国家法との関係である。

第5節　レックス・メルカトリアとグローバル商取引法

　抵触法も予見可能性に問題があり，各国の国家法に国際的な商事紛争を有効に解決する能力がないとすれば，われわれはどうすれば良いのであろうか。世界中，どこに行っても通用する商取引法が，どこの裁判所でも適用されるのが理想であろう。私は，このようなグローバル商取引法が，現在，徐々に形成さ

れつつあると主張したいのであるが，これは，従来しばしば学者によって存在が主張された商慣習法，いわゆるレックス・メルカトリアとどのような関係にあるのであろうか。両者は，同じものなのであろうか。これから，本章では，従来レックス・メルカトリアと呼ばれてきたものについて分析し，グローバル商取引法をその延長線上に位置づけることができるか否かを検証したい。

　レックス・メルカトリアは，それが商慣習に基づく法である限り，商人の間で自然発生的に長年行われた行為が，まず商慣習として商人によって認められ，次いで各国の裁判所によって商慣習法として認知され，判例・成文法として具現化されるプロセスを想定している筈である。このプロセスには，長い年月を要する。わが国の商法第1条に，「商事ニ関シ本法ニ規定ナキモノニ付テハ商慣習法ヲ適用シ……」とあるのも，このプロセスを容認したものと考えることもできよう。ここでのキー・ワードは，「自然発生的」という点にある。すなわち，誰かが意識的に作ったものではないということである。たとえば，現在貿易取引に広く使用されているFOB条件やCIF条件は，過去数百年にわたって商人の間で徐々に内容が固まり，次いで，イギリスの判例によって認知された。朝岡良平博士によれば[8]，1812年にFOB契約に関するイギリスの最初の判例が現れ[9]，CIF契約についての最初の判例は，その50年後の1862年に出現した[10]。国際商業会議所（ICC）が，これらの契約の内容を文章化したインコタームズ（Incoterms）をはじめて発表したのは，さらに74年後の1936年であるから，一連の商慣習法の認知プロセスは，大変ゆっくりと進んでいたことがわかる。これが古くからのレックス・メルカトリアの姿であった。商慣習は，歳月を経て成熟した後に商慣習法となったのである。

　ところが，このようなスロー・テンポでは，現代の複雑な国際商事紛争に対応できないと感じた学者たちは，1960年代からSchmitthoffを中心に，公私の国際機関の活動に期待を寄せた。UNCITRAL, UNCTAD, UNIDROIT, ICCなどの公的または民間の国際機関が共同して作業することによって，世界的に通用する国際統一商事法が生まれるのではないか，と考えたのである。これらの機関によって起草される条約，モデル法または国際規則は，必ずしも従来の商慣習法の形成プロセスに拘束されず，商慣習法となるべきものを先取りするよ

うな形で，グローバル商取引法を形成する。このような発想は，明らかに従来のレックス・メルカトリアの範囲を逸脱するものであるが，古いレックス・メルカトリアに国際機関によって起草された新しい商取引法を加えたものが，われわれのグローバル商取引法を構成することになる。すなわち，グローバル商取引法は，伝統的なレックス・メルカトリアを含み，かつ，その延長線上にはあるが，必ずしも従来の商慣習法の形成プロセスにはとらわれず，現実の商取引の変化と発展に対応して，合理的に創造される。

　このような創造は，国連の各機関（UNCITRAL, UNCTAD 等）や UNIDROIT のような公的な国際機関によって行われるか，または，ICC などの私的な国際機関によって行われている。これら機関の努力の成果は，本章の第4節でグローバル商取引法の法源として挙げたように，各種の条約・モデル法・国際規則となる。最近では，このうち，UNIDROIT および私的な国際機関による規則の制定または改訂が盛んに行われており，Klaus Peter Berger は，この現象を「徐々に進行する超国家法の成文化（Creeping Codification of Transnational Law）」と表現している[11]。この現象は，1994年から顕著となった。まず，1994年5月，UNIDROIT が国際商事契約原則（the Principles of International Commercial Contracts）を公表した[12]。1年後，欧州契約法委員会（the Commission on European Contract Law）が，欧州契約法原則（the Principles of European Contract Law）の第2部を発表した[13]。同委員会は，1999年12月には，この契約原則の改訂・拡大版を発表している[14]。一方，UNIDROIT は，2004年，国際商事契約原則の拡大第2版を発表した[15]。さらに，ドイツのミュンスター大学に設けられた超国家法センター（Center for Transnational Law：CENTRAL）は，1996年，「レックス・メルカトリアの原則，規則および基準のリスト（List of Principles, Rules and Standards of the Lex Mercatoria）」を公表した[16]。何れも，民間の機関による国際商事法統一へ向けての努力である。

　Berger によれば，かかる現象は，超国家的商事法の形成が民営化された（privatized）ものに他ならず，新しいレックス・メルカトリア（われわれのグローバル商取引法に当たる）は，国際商取引の当事者，私的な作業グループ，仲裁機関などによっても創造されており，これらの人々のしていることは，新しい

レックス・メルカトリアの再述（Re-Statement）というよりも，前述（Pre-Statement）であるという。新しいレックス・メルカトリアの成文化のプロセスは，決して終わらない，常に一層使いやすく実践的な規則へと前進するプロセスとして，位置づけられている[17]。

　私は，このBergerの所説には傾聴すべきものが含まれていると考えている。一例を挙げよう。近年，ICCは多くの国際規則を制定しているが，その中でも，最も重要なものの1つがインコタームズ（Incoterms）である。最初に制定されたのは，1936年で，その当時は商人間で商慣習として定着し，イギリスの判例で商慣習法として認知されたFOB, CIFなどの主要取引条件を忠実に文章化したものであった。しかし，近年，コンテナが普及し，物品の運送人への引渡しが本船の手すりを越えて行われなくなり，陸上の置場でなされるようになると，ICCは，この現実を反映した取引条件として，FCA, CPTおよびCIPの3つの条件を新しく作った。これらの，いわゆるコンテナ取引条件は，欧州における実務の状況，すなわち，商慣習をそのまま成文化したものであったが，商慣習法として世界中に定着するほどには，時間が経過していなかった。そのため，わが国では，不慣れな上に，貿易実務家の不勉強，ICC JapanのPR不足なども手伝って，奇異の目でみられ，普及の速度が遅かった。しかし，もともとコンテナ貨物に適した合理的な内容の条件であるから，最近急速に普及が進んでいる海上運送状の例をみればわかるように，普及は時間の問題で，最近では，総合商社を中心に次第に普及しつつある。このインコタームズのコンテナ取引条件の例は，ICCという民間の国際機関が，欧州で現実に行われている実務を基に，やがて世界的に商慣習法となるべきものを先取りして規則として前述した（pre-stated）典型的な例であり，ICCがグローバル商取引法の一部の形成に着実に貢献していることを物語っている。UNIDROIT国際商事契約原則は，より大きなスケールで，このような役割を果たしている[18]。

　UNIDROITは，従来，70以上の研究・条約案作成などを行っており，ウィーン売買条約の先駆的な役割を果たした1964年の国際物品売買に関する統一法（the Uniform Law on the International Sale of Goods：ULIS）と国際物品売買契約の成立に関する統一法（the Uniform Law on the Formation of Contracts for International Sale of Goods：ULF）を含む多くの条約の原案の起草を担当した。しかし，1994年に発表した国際商事契約原則の作成に当たっては，従来とは異なるアプローチをとり，条約やモデル法の公式の原案を作るのではなく，広く世界の商事法の権威のコンセンサスを取りまとめた一連の商事契約原則を条文の形式で提示し，これらの原則が各国で参考にされ，国家法の中で採用されることによって，結果的に商事法の国際的な統一を達成するという戦略を採用した。そして，起草に当たっては，単に既存の法を再述する（re-state）だけでなく，法を望ましい方向へ「静かに推し進め（gently push）」，前述する（pre-state）方法をとった。この方法は，アメリカ法律協会が，アメリカ法のRestatementsを編纂するに当たって，採用した方針と同じものであり，ICCがインコタームズにコンテナ取引条件を加えた考え方とも一致する[19]。

　以上述べたような近年の動きを総括すると，レックス・メルカトリアとの関係で見た場合，グローバル商取引法は，結局，次の3つによって構成されることになる。

① 伝統的な商慣習法

　　伝統的なレックス・メルカトリア，すなわち，商慣習法がグローバル商取引法の一部を形成することについては，誰も異論のないところであろう。実際，その内容は，しばしば，次に挙げる条約，モデル法または国際規則の一部を構成しているが，判例法の形をとることも多い。

② 公式な条約・モデル法

　　UNCITRAL，UNIDROITなどが起草し，国連総会または外交官会議で成立した条約またはモデル法は，批准・承認などの有無を問わず，グローバル商取引法の一部を形成すると考えてよい。起草した機関で内容が十分に検討されたと思われるからである。伝統的な商慣習法も，これらの一部に生かされていることが多い。

③ UNIDROITおよび民間の国際機関による国際規則

　　これらの国際機関が制定した規則は，すでに確立した商慣習法を文章化したに過ぎないものであれば，商慣習法そのものに他ならないから，①と同じであるが，最近では，UNIDROITや民間の国際機関が商慣習法とし

て定着する以前の内容を先取りした形で規則を作ることがあることは，上述したとおりである。

　しかし，この場合，あまり行き過ぎると問題が起こる可能性がある。Filip De Ly は，レックス・メルカトリアが国際的な法源と自律的な規則（self-regulatory rules）によって構成されていると主張し[20]，かかる規則の例として，46もの各種規則を挙げている[21]。この中には，ICC の請求払保証統一規則（URDG），契約保証統一規則（URCG）なども含まれており，現段階における世界的な普及状況からいって，グローバル商取引法に入れてよいものかと迷うものも多い[22]。将来は，グローバル商取引法に入ってくるにしても，もう少し様子をみる必要があると思われるからである。したがって，どの程度まで民間の国際機関が制定した規則をグローバル商取引法の一部として認めるか，その線引きが難しい。UNIDROIT 国際商事契約原則のように，国際的に学者のコンセンサスを得たものであれば，問題ないと思われるし，また，ICC のインコタームズや信用状統一規則のように，世界的にかなり普及しているものは，異論なくグローバル商取引法の一部として認めることができるであろうが，その程度を客観的に示すことは，実際問題として困難であるから，この辺の理論構成が今後の課題となる。

第6節　グローバル商取引法と国家法との関係

　レックス・メルカトリアと国家法との基本的関係については，大別して2つの考え方があった[23]。

　1つは，Clive Schmitthoff 教授によって提唱されたもので，国際商取引法における国際規則と自律的な規則の重要性を認めつつも，これらの規則が国内の法体系と異なるシステムを構成するとは考えず，国際的な紛争を解決するに当たり，国内法や国内の判例とともに，関連がありかつ有用（relevant and useful）であるとする。Schmitthoff の理論は，国家法と国際規則または自律的な規則との融和を図り，後者を前者の体系に取り入れていこうとするものであった

から，各国の国内での反発は少なかった[24]。事実，各国の裁判所に持ち込まれる事件において，その国の実定法には規定がなく，処理能力がないため，裁判官はレックス・メルカトリアを構成する国際規則を援用せざるをえないケースが多く見られたので，Schmitthoff の考え方は，実務上も実際的であり，すんなりと受け入れられるものであった。わが国でも，このような状況は存在しており，外国貿易にかかわるとはいえ，原告と被告が日本国内にいる信用状に関する事件ですら，日本に制定法がないので，ICC の信用状統一規則を適用した荷為替信用状買取銀行の書類点検義務に関する判例がある[25]。裁判でなく，国際商事仲裁の場合には，適用する法源については，後述するように，一層柔軟な考え方が可能であるから，Schmitthoff の考え方は，一層受け入れやすいものとなる。

　もう 1 つは，Berthold Goldman 教授によって提唱されたもので，レックス・メルカトリアは，国内の法体系とは異なり，かつ，それから離れた独自の自治的な法体系であると主張した。彼の見解によれば，かような超国家的法秩序は，独自の法源と規則をもつ。こうなると，レックス・メルカトリアは，必然的に国家法と対立し，これに挑戦する性格をもつことになる。このため，Goldman の見解は，欧米で大きな論争を巻き起こした。Filip De Ly によると，フランスとベルギーのフランス語圏では，大体において支持されたが，ドイツ，ベルギーのオランダ語圏，イギリスおよびアメリカでは，反対にあった。スイスやオランダでは，賛否相半ばしたという[26]。

　Goldman の理論に従うと，レックス・メルカトリアは，国家法と対立するので，各国の裁判所がその執行に難色を示すであろうことは，容易に想像できる。そこで，各国内でレックス・メルカトリアをどのようにして執行するかという問題が発生する。ここで浮上してくるのが，国際商事紛争を解決する好ましい手段としての仲裁である。レックス・メルカトリアは，国際商事仲裁を通じて，国家法の体系に入ってくることになる。このように国際商事仲裁をレックス・メルカトリア適用ための経路として利用することについて，最近の学者・実務家の論調は，一般的にいって好意的であり，その理由として，次の 2 つが挙げられている[27]。

①　UNIDROIT 国際商事契約原則，欧州契約法原則などの契約法の国際的なリステイトメント＝再述（Restatements）の提唱者が，これらのリステイトメントの活用を推進するために，レックス・メルカトリアを支持するようになったこと。
②　各国の仲裁法が，適用される法律について次第に自由化され，レックス・メルカトリア適用への道が開かれたこと。

しかし，レックス・メルカトリアに対する態度は，国により，裁判所により，また，学者によりまちまちであり，今後，レックス・メルカトリアの容認について，国家法，判例および実務でどのような判断が下されるか，必ずしも予断を許さない。したがって，仲裁などのいわゆる代替的紛争解決手続を用いることが，グローバル商取引法を普及させるための近道ではないかと考えられる。

第7節　代替的紛争解決手続

グローバル商取引法は，仲裁に代表される代替的紛争解決手続の場合に最もよく効果を発揮すると思われる。ここで，代替的紛争解決とは，英語の Alternative Dispute Resolution（以下 ADR という）の訳で，日本では訴訟によらないで紛争を解決する方法という意味で「裁判外紛争解決」とも呼ばれる[28]。

周知のように，訴訟は，費用と時間がかかり，プライバシーが失われる。このため，近年，アメリカでは，多くの人々が裁判所での訴訟を避け，訴訟に代えて，ADR の道を選ぶ傾向がみられる。ADR の最も典型的な手法は，調停（Mediation）と仲裁（Arbitration）であるが，交渉（Negotiation）などによって紛争を解決することも，ADR の1つと考えられる[29]。ADR の何れかを選択することによって，当事者は，費用がかからず，速く，柔軟で，公正な結果を得ることができるといわれている[30]。

調停においては，調停人は問題の解決に向けて当事者の協議に参加するが，調停人自身は決定を下さず，当事者が実行可能で有効な解決策を練り上げるの

を助ける役割を果たす。調停人は，弁護士のこともあるし，その他の職業に従事する専門家のこともある。これに対して，仲裁では，事件は中立的な仲裁人に委ねられ，当事者は仲裁人の決定に従わなければならない。

なお，ADRは，従来，仲裁を含めて，訴訟の代替となる紛争解決方法の総称として用いられてきたが，最近では，紛争解決方法を強制可能な方法とそうでない方法とに分類し，仲裁は強制力を伴った紛争解決方法であるという理由で，訴訟と同列に扱い，ADRに含めない学者もいる。この考え方に立てば，訴訟と仲裁を除いた調停などの紛争解決方法をADRと呼ぶことになる[31]。しかし，訴訟は国家による公権の発動による強行的な紛争解決方法であるのに対して，仲裁は，当事者が自主的に設営する私的な紛争解決方法であるから，本質的な相違がある[32]。したがって，本章では，仲裁は，伝統的な考え方に沿って，ADRに含めて考えることにしたい。

周知のように，わが国では，ADR関連法制の整備が遅れている。仲裁法についても，1890年制定の古色蒼然たる法律が，「公示催告手続及ビ仲裁手続ニ関スル法律」として，そのまま残っている状況であった。このため，2001年6月12日の「司法制度改革審議会意見書－21世紀の日本を支える司法制度－」でも，ADRの拡充と活性化の意義を認め，ADRに関する共通的な制度基盤の整備の必要性を強調して，「UNCITRALにおける検討等の国際的動向を見つつ，仲裁法制を早期に整備すべきである。その際，経済活動のグローバル化や国境を越えた電子商取引の急速な拡大に伴い，国際的な民商事紛争を迅速に解決することがきわめて重要となっていることから，国際商事仲裁に関する法制をも含めて検討すべきである」と提言している。この提言を踏まえて，新しい仲裁法が平成15年法律第138号として制定され，平成15年8月1日に公布，平成16年3月1日から施行された。

しかし，ADRが広く普及することについて，弁護士など一部の法曹関係者が警戒感を強めているのも，事実である。第二東京弁護士会が発行している「秤」の第157号に掲載されている立石邦男氏のコラムによると，ADR制度の理念は，「非法曹化，非法律家，非形式化であり，これによれば，裁判所や弁護士会に付設されているADRを除けば，弁護士など法律専門家は将来あまり利用され

なくなるということになる」と懸念している[33]。だが，これは，少し心配し過ぎと思われる。これからの国際商事紛争におけるADRには，弁護士などの法律専門家のほかに，各業界の「その道の権威＝経験者」，たとえば，銀行，商社，船会社，運送業者，保険会社などの実務経験豊かな人々が参加して，合理的な「衡平と善に基づく」判断が下されていくであろう。この場合の判断は，貿易実務をほとんど知らない法律専門家だけによる判断と比較して，より実際的・合理的なものになる可能性があるが，必ずしも弁護士などの法律専門家が疎外されるとは思われない。

第8節　仲裁における実体法的判断基準としてのグローバル商取引法

次に，仲裁における仲裁人は，紛争の実体法的な問題に関する判断基準として，何を使うべきか。グローバル商取引法は，仲裁において判断基準の一角を占めることができるかという問題を議論しなければならない。ここでは，グローバル商取引法は，徐々に門戸を開かれつつあるといってよい。

1　当事者自治の原則（Principle of the Autonomy of the Parties）

まず，当事者は，当事者自治の原則に従い，紛争の解決のために契約に適用される法を自由に選択することができる。したがって，当事者が指定したある国家の実定法，条約などがあるときは，仲裁人は当事者の指定した法に従って，実体法的な判断を下さなければならない[34]。

そこで，次に問題となるのは，当事者が指定できる法の内容である[35]。

(1) 国　家　法

当事者のオプションとして，まず考えられるのは，当事者の属する何れかの国の実定法を指定することである[36]。これは，最も自然なオプションと考えら

れるが，指定された国家法が解決策をもっているとは限らない。たとえば，信用状に関する事件で，日本法が指定されたとしても，日本の商法には信用状に関する紛争を解決する規定は存在しないので，結局，商慣習法によることになり，グローバル商取引法としての信用状統一規則が適用されることになろう。

(2) グローバル商取引法

国際商事契約の当事者は，紛争はグローバル商取引法によって解決されるべき旨合意することができる。この場合，2つの重要な問題が発生する[37]。

第1は，ある国家の裁判所は，そうすることを求められた場合に，当事者の合意を執行するか否かである。

第2は，ある国家の裁判所は，そうすることを求められた場合に，この合意に従ってなされた仲裁判断を執行するか否かである。

この2つの問題に対する解答は，原則として，イエスである。当事者が紛争解決について，ある特定の方法を合意した場合，裁判所は，通常の契約法の原則に従って，当然その合意を執行すべきである。仲裁廷（arbitral tribunal）が，付託された任務を遂行し，当事者によって選択された法の原則に従って，事件について決定した場合，裁判所が仲裁判断を執行しない理由はないと考えられる[38]。

国際法協会＊（International Law Association）は，1992年4月にカイロで開催した会議において，次のように決議している[39]。

　＊国際法協会は，英国のロンドンに本部を置く，国際法の研究と発展および国際間の相互理解と善意を推進することを目的とする団体で，1873年に設立された〔鴻常夫・北沢正啓編修『英米商事法辞典〔新版〕』506頁（商事法務研究会，1998年）より〕。

「国際仲裁人が，特定国の法律ではなく，超国家的な規則に基づいて仲裁判断を下したという事実は，次の場合には，仲裁判断の有効性または執行可能性に影響を及ぼさない。

　(1)　当事者が,仲裁人は超国家的規則を適用してよい旨合意している場合, または,

(2) 当事者が、準拠法に関して沈黙を守っている場合」。

実は、この決議は、様々な国の裁判所のとった立場を反映したものであった。この中には、オーストラリア最高裁判所、フランスの裁判所、イギリス控訴裁判所が含まれていた[40]。イギリスの裁判所のケースは、ジュネーブで行われたICCの仲裁に基づく、石油とガスの開発に関連したものであった。仲裁人は、当事者の実体的義務を支配する準拠法は「契約関係を支配する国際的に受け入れられている法の原則（internationally accepted principles of law governing contractual relations）」によることを決定した。仲裁判断の承認と執行がロンドンで求められた。イギリス控訴裁判所における論争では、当事者の権利を決定する仲裁判断を執行するに当たり、特定の法に基づかず、「何らかの不特定かつ多分曖昧な国際的に受け入れられている法の原則による（upon some unspecified and possibly ill defined, internationally accepted principles of law）」のは、公の秩序（public policy）に反すると主張された。しかし、イギリス控訴裁判所は、次のように述べて、この主張を退けた[41]。

「公の秩序をどのように考えるかは、決して徹底的に定義などできないし、非常に注意して扱わなければならない。Richardson対Mellish事件でBurrough判事が述べているように[42]、『それは、他の論点が失敗したときだけしか議論されない』。何か違法な要素があるか、仲裁判断の執行が明らかに公共の利益に有害であるか、または、多分、これらの人々のために国家の権力が発動される、通常の合理的でかつ十分に情報をもっている一般の人々に、執行が不快感を与えることが示されなければならない。

これらの質問を自問自答してみると、当事者は法的に執行可能な権利と義務を創造することを意図しており、仲裁判断の執行が公の秩序に反しないことは疑いない。合意が、必要な程度の確実性を備えているかという問題だけが残るが、当事者は、ICC規則、特にその第13.3条による仲裁を選択することによって、準拠法を仲裁人の決定に委ねており、そして、その選択をはっきりと国家の法律システムには限定していない。私は、仲裁人の準拠法の選択――契約関係を支配する様々な国の法の根底をなす原則の共通の特徴――は、当事者が仲裁人に託した選択の範囲外にあると結論する根拠を見出すことができない」。

(3) 衡平と善

仲裁人は，場合により，法に基づくというより，何が公正で合理的かを基に，紛争を解決することを求められる。このような権限は，いわゆる「衡平条項 (equity clause)」に基づいて当事者から仲裁人に与えられる。このような権限を与えられた仲裁人を友誼的仲裁人 (amiable compositeurs) と呼ぶ[43]。「衡平および善に基づいて (ex aequo et bono)」決定するという表現も用いられている[44]。衡平条項は，たとえば，次のような条項である[45]。

> "The arbitrators shall decide according to an equitable rather than a strictly legal interpretation（仲裁人は，厳密に法的というより，むしろ衡平な解釈に従って決定すべきである)."

衡平条項が有効であるためには，原則として，2つの要件が充たされること，すなわち，当事者の合意と準拠法による許容が必要である。UNCITRAL 仲裁規則の第33.2条にこの趣旨の規定がある。英国法においては，かつては，衡平条項は，仲裁判断を審査する裁判所の権限を事実上奪うものとして，拒否されていたが，UNCITRAL 仲裁規則の影響を受けて改正された1996年仲裁法第46条(1)(b)では，当事者がそのように合意すれば，「彼等によって合意され，または，仲裁廷によって決定された，その他の考慮すべき事項に従って」紛争を解決できるものとされている。この仲裁法の規定は，当事者が合意すれば，グローバル商取引法の適用と，衡平と善に基づく決定にはっきりと道を開いたもので，画期的な規定ということができる[46]。

2 当事者が準拠法を選択していない場合

さて，上述したように，当事者は彼等の紛争の解決に適用される準拠法を選択する権利を有する。彼等は，国家法のみならず，グローバル商取引法を選ぶこともできる。しかし，もし何らかの事情で当事者が準拠法を選択していない場合には，仲裁廷は，どのようにして準拠法を決め，紛争を解決すればよいの

であろうか。仲裁の行われる場所の法律によるとか，抵触法を手懸りとした様々な提案がなされているが，はっきりとした原則は樹立されていないのが現状である[47]。そこで，フランス，スイス，オランダなど多くの国では，抵触法に依存することをあきらめ，仲裁廷に何れの法または法の原則が紛争の解決に適しているかを自ら決定することを認めるにいたった。このような結論にいたった理由は，もし仲裁廷が紛争の解決のために信頼できるなら，決定に到達するために適用する法の選択についても信頼に値するであろうということである。当事者がこのような自由裁量を仲裁廷に与えたくないなら，解決策は当事者自身の手にある。すなわち，当事者は準拠法を自分たちで決めればよいのである[48]。当事者は，契約時に準拠法を決めておくのがベストであるが，紛争が起こってからでも遅くはない。一刻も早く，準拠法を合意することが，時間と費用の節約に繋がり，仲裁廷の手間を省くことになろう。

第9節　国際商事仲裁におけるグローバル商取引法の活用

　このように，グローバル商取引法は，少なくとも仲裁においては，仲裁判断の実体法的基準として確実に認知されつつある。これは，抵触法が予測可能性を欠き，頼りないことと，各国の実体法がしばしば国際商事紛争を解決する能力をもっていないからである。このため，今後，グローバル商取引法が次第に整備されて行くにつれて，国際商事紛争は，仲裁においてはもちろん，訴訟においても，最終的には世界的に1つの法によって解決されるようになると思われる。私は，この流れが方向として正しいことについては，確信をもっているが，その実現にいたる速度については，10年かかるのか，20年かかるのか，正直にいって，断言できない。その理由は，今のところ，われわれのグローバル商取引法は，すでに述べたような，条約，国際規則，自律的な規則などの集合体であって，批判的な学者が強調するように，体系がはっきりしない雑然とした塊であり，これを整備するには，かなりの年月が必要と思われるからである。

　しかし，それまでの間，とりあえず国際商事仲裁を中心とするADRの分野

において，グローバル商取引法を積極的に適用して，実務的に国際商事紛争の円滑な解決を図るべきである。

第10節　貿易取引の電子化とグローバル商取引法

最後に，貿易取引の電子化に関連したグローバル商取引法に少し触れておきたい。

私が，1958年から1993年まで三井物産とその研究所に勤務した時代は，まさにコンテナ革命の時代であった。これからは，貿易取引の電子化が本格化する電子化革命の時代である。したがって，当然のことながら，電子化時代の貿易取引を規律する条約・モデル法・国際規則が，グローバル商取引法の重要な一部を占めることになるであろう。しかし，現在までのところ，電子化関連でグローバル商取引法に組み入れられる可能性があるのは，

① 電子商取引に関するUNCITRALモデル法（UNCITRAL Model Law on Electronic Commerce, 1996）
② 電子署名に関するUNCITRALモデル法（UNCITRAL Model Law on Electronic Signature, 2001）
③ UCPの下での電子記録呈示に関する追補規則（Supplement to UCP 500 for Electronic Presentation, eUCP, Version 1.0, 2002）
④ 国際契約における電子通信の使用に関する国連条約（United Nations Convention on the Use of Electronic Communications in International Contracts, 2005）

の4者に過ぎない。

①は，世界的に電子商取引の基本法とも言うべきものである。2006年3月現在，豪州，中国，香港，韓国などの28ヵ国・地域で，このモデル法に基づく立法が行われた。また，本モデル法およびその基礎をなす原則に影響された統一州法が，カナダでは，統一電子商取引法（Uniform Electronic Commerce Act）として1999年にカナダ統一法会議（Uniform Law Conference of Canada）によっ

て，また，アメリカでは，統一電子取引法（Uniform Electronic Transactions Act：UETA）として同じく1999年に統一州法委員全国会議によって，採択されている。この勢いからすれば，このモデル法は，すでにグローバル商取引法の構成要素としての資格を備えていると考えてよいであろう。

②は，2001年に採択されたばかりで，2006年３月現在，このモデル法に基づく立法を行ったのは，Thailand，Mexicoおよび中国の３カ国だけである。

③は，信用状の下で文書に代わって電子記録が，それのみでまたは文書とともに，呈示される場合についての取扱いを定めた信用状統一規則（UCP500）に対する補遺であり，2002年に刊行された[49]。これは，あくまでUCPの下での電子記録の呈示に関する補遺で，電子信用状に関する規則ではない。これがどの程度普及するか，今の段階では，何ともいえない。したがって，この両者については，まだグローバル商取引法の一部になっているとはいえない。

④は，2005年11月23日，国連総会で採択されたばかりの新しい条約である。国連の新聞発表によると[50]，この条約は，既存の国際通商法に関する条約の下で発生するかもしれない障害を含めて，国際契約における電子通信の使用に対する障害を取り除くことを目的としている。これらの既存の国際通商法に関する条約の大部分は，電子メール，EDIおよびインターネットなどの新技術の出現より遥か以前に交渉されたものだからである。

新条約は，UNCITRALの電子商取引に関する作業部会によって起草された。同作業部会は，2002年に本条約の検討を開始し，多くの会期を経て2004年に成案を得た。作業部会の原案は，2005年７月にウィーンで開催されたUNCITRALの第38会期の会議で採択され，国連総会へ上程されることになった。本条約は，電子商取引に関連したUNCITRALの従来の業績を補強するもので，電子商取引に関するUNCITRALモデル法および電子署名に関するUNCITRALモデル法とあわせて，UNCITRALの電子商取引三部作を構成するものである。

本条約は，ニューヨークの国連本部において2006年１月16日から2008年１月16日まで署名のために全ての国連加盟国に開放される。本条約は，署名国による批准，受諾または承認が必要であり，また，署名国でない全ての国による加

入のために開放される。本条約は，第三番目の批准書，受諾書，承認書または加入書が寄託された日から6ヵ月経過した後，それに続く月の最初の日に発効する。署名式は，各国による本条約の採用の促進と内容の周知を図るため，2006年6月19日から7月7日までニューヨークで開催されるUNCITRAL第39会期中に行われる。

この新しい条約が各国にどの程度受け入れられ，批准されるかは，今のところ未知数であるが，その内容から見て，グローバル商取引法の有力な構成要素となることは間違いないと思われる。

一方，ICCも，必要に応じて電子商取引に関する国際規則を制定するであろう。この分野は，今後，若い研究者の重要な研究課題になるものと思われる。

〈注〉
(1) Leo Raape, *Internationales Privatrecht* 90 (5th ed. 1961), Berlin：Frankfurt a. M.
(2) Gerhard Kegel, *The Crisis of Conflict of Laws*, 106 Rec. Cours 1964, at 87 et seq.
(3) Ole Lando, *Some Issues Relating to the Law Applicable to Contractual Obligations*, 55 King's College Law Journal 1996-97, at 55 et seq.
(4) Klaus Peter Berger, *The Creeping Codification of the Lex Mercatoria* 10-12 (1999), The Hague：Kluwer Law International.
(5) *Id*. at 14.
(6) William Blackstone, *Commentaries on the Law of England*, Vol. I, at 273 (15th ed. 1809), London.
(7) 書式の争いとその解決策については，新堀聰『貿易取引の理論と実践　最近の貿易取引における旧来のメカニズムの破綻とその解決策に関する研究』第1章を参照されたい。
(8) 朝岡良平「はじめに：研究会の報告を顧みて」財団法人貿易奨励会第1回（2001年度）貿易研究会『新時代の貿易取引を考える会研究報告書』2頁（貿易奨励会，2002年）
(9) Wackerbarth v. Masson (1812), 3 Camp. 270.
(10) Tregelles v. Sewell (1862), 7H. & N. 574.
(11) Berger, *supra* note 4, at 12-13.
(12) UNIDROIT, *Principles of International Commercial Contracts*, 1994.
(13) Lando/Beale, eds., *The Principles of European Contract Law*, 1998.
(14) Lando/Beale, eds., *Principles of European Contract Law*, Parts I and II Combined and Revised, 2000.
(15) Bonell, *An International Restatement of Contract Law* 39 (3d ed., 2005).
(16) CENTRALの本部は，2002年5月1日，Klaus Peter Berger教授が，ケルン大学に職を得たため，ミュンスター大学からケルン大学に移転した。
〈http://www.uni-muenster.de/Jura.tl/static/start.shtml〉.
(17) Berger, *supra* note 4, at 13.
(18) UNIDROITは，歴史的には国際連盟の付属機関として，1926年に設立された。英文

の正式な名称は，International Institute for the Unification of Private Laws で，日本では，私法統一国際協会と呼ばれている。国際連盟の廃止に伴い，1940年に新しく多国間協定であるユニドロワ協定（UNIDROIT Statute）によって再組織された。国連とは別個の独立した国際機関で，メンバーは同協定を承認した各国政府に限られている。UNIDROIT という略称は，フランス語の正式な名称である Institut international pour l'unification du droit prive からきている。その目的は，国家間および国家のグループ間の私法，特に商事法の近代化，調和および調整のための必要性と方法を研究することとされている。本部は，ローマの Via Panisperna にあり，UNIDROIT のホーム・ページ ＜http://www.unidroit.org/＞によると，2006年3月現在の加盟国は，次の60カ国である。

> Argentina, Australia, Austria, Belgium, Bolivia, Brazil, Bulgaria, Canada, Chile, China, Colombia, Croatia, Cuba, Cyprus, Czech Republic, Denmark, Egypt, Estonia, Finland, France, Germany, Greece, Holy See, Hungary, India, Iran, Iraq, Ireland, Israel, Italy, Japan, Latvia, Luxembourg, Malta, Mexico, Netherlands, Nicaragua, Nigeria, Norway, Pakistan, Paraguay, Poland, Portugal, Republic of Korea, Romania, Russian Federation, San Marino, Servia and Montenegro, Slovakia, Slovenia, South Africa, Spain, Sweden, Switzerland, Tunisia, Turkey, United Kingdom, United States of America, Uruguay, Venezuela.

(19) Berger, *supra* note 4, at 154.
(20) Filip De Ly, *Lex Mercatoria（New Law Merchant）: Globalization and International Self-regulation, in Rules and Networks: The Legal Culture of Global Business Transactions* 161（2001），Oxford-Portland Oregon：Hart Publishing.
(21) Filip De Ly, *Uniform Commercial Law and International Self-Regulation, in The Unification of International Commercial Law* 61-64（1998），Baden-Baden：Nomos Verlaggesellschaft.
(22) 国際銀行法・慣習研究所と ICC による国際スタンドバイ規則（ISP98）も，本章の第4節の②ではリストに入れたが，まだ実務界で広く受け入れられているとは言い難いので，もうしばらく様子をみた方が良いかもしれない。
(23) De Ly, *supra* note 20, at 161-63.
(24) *Id.* at 161.
(25) 東京地判平9・6・30判タ966号230頁。判タ979号（1998.10.1）54-59頁に大西武士東亜大学教授による注釈がある。
(26) De Ly, *supra* note 20, at 162.
(27) *Id.* at 162-63.
(28) ADR Japan ホームページ。＜http://www.adr.gr.jp/columns/002.html＞.
(29) ADR に属すると考えられている手段として，Negotiation, Mediation, Neutral Evaluation, Mini and Private Judging, Summary Jury Trial, Settlement Conference, Arbitration がある。*Alternatives to Trial-A Guide to Alternative Dispute Resolution*, ＜http://www.aznvlaw.com/faqadr.html＞.
(30) *Id.*
(31) 澤田壽夫「ADR とは～「仲裁」「調停」の基礎知識」ADR Japan，コラム ADR ＜http://www.adr.gr.jp/columns/002.html＞．中村達也『国際商事仲裁入門』4-5頁

⑶₂　（中央経済社，2001年）。
⑶₃　小島武司『仲裁法《現代法律学全集59》』はしがき，3頁，17-18頁（青林書院，2000年）。
⑶₃　＜http://www.dntba.ab.psiweb.com/column/h-157-tateishi.html＞
⑶₄　Alan Redfern & Martin Hunter, *Law and Practice of International Commercial Arbitration* 94-95（3d ed. 1999), London：Sweet & Maxwell.
⑶₅　*Id*. at 98.
⑶₆　*Id*. at 99.
⑶₇　*Id*. at 121.
⑶₈　*Id*.
⑶₉　*Id*. at 122.
⑷₀　*Id*.
⑷₁　Deutsche Schachtbau-und Tiefbohrgesellschaft v. Ras Al Khaimah National Oil Co. and Shell International Petroleum Co Ltd（DST v. Rakoil）[1987] 3 W. L. R. 1023；[1987] 2 Lloyd's Rep. 246, CA；reversed on different grounds by the House of Lords：[1990] 1 A. C. 295；[1988] 2 Lloyd's Rep. 293.
⑷₂　（1824) 2 Bing. 229 at 252, [1824-34] All E. R. 258 at 266.
⑷₃　Redfern & Hunter, *supra* note 34, at 127.
⑷₄　UNCITRAL Arbitration Rules, Article 33.2. UNCITRAL Model Law on International Commercial Arbitration, Article 28⑶.
⑷₅　Redfern & Hunter, *supra* note 34, at 127.
⑷₆　*Id*. at 128.
⑷₇　*Id*. at 133.
⑷₈　*Id*. at 133-34.
⑷₉　ICC から解説書が出版されている。Professor James E. Byrne & Dan Taylor, *ICC Guide to the eUCP*（2002), Paris：ICC Publishing.
⑸₀　Press Release, November 23, 2005, GA/10424 L/3099, Department of Public Information, News and Media Division, United Nations, New York.

（新　堀　　聰）

第 7 章

これからの ADR の展望
―― ADR 活性化の原点は何か ――

第 1 節　はじめに

　『日本の戦後を特徴づけているのは,「ロジックの放棄」であり，逆にいうと「ムードの横溢」である』(西部邁) という表現があります。これは，まさにわが国における ADR の状況についてそのまま当てはまるのではないでしょうか。わが国の ADR についてその「展望」を述べようとするとき，それはまさに「ADR の本質」を充分に検討し理解した上で ADR に共通する理論的基盤を確立すること，すなわち ADR のロジックを追及することと個々の ADR 手続においてその実現・実施を図ることこそが，今後のわが国における ADR の展望となるのではないでしょうか。われわれ ADR の実務に携わる者はこのことを「神話論」と揶揄し，あまり真剣に研究してこなかったように思えます。

　ところで，わが国で常に議論されるところに,「仲裁を含む ADR が充分に機能していないのはなぜだろうか？　どうして ADR・仲裁がもっと盛んにならないのであろうか？　問題点はどこにあるのか？　活性化させる方策は何か？」があります。その際，決まって出てくる意見は，①もっと ADR・仲裁の広報を,「早い・安い・うまい」のイメージをアピールして，ADR は良いもんだと宣伝する講演会を開こう，などの PR 対策，②各 ADR 機関に対してその業務運営の工夫と連携措置をとるように図るようアピールしよう，などの運営効率性対策，③基盤確立のための法整備対策など，いわゆる ADR を取り巻く周辺環境整備や ADR に対するイメージとムード戦略が主流でした。このう

ち，③の法制度整備については，平成16年12月1日に公布された「裁判外紛争解決手続の利用の促進に関する法律」（平成16年法律第151号：いわゆる「ADR法」）によって手当てがされました。しかし，残る①や②では実際の紛争に直面した人々は飛びつきませんし，ADRが社会生活上の民事紛争を解決する手段として充分に機能するわけも無く，まして，残念ですがグローバルな取引における紛争解決手段として現状のわが国のADRが安心して利用できるものと受容される可能性は無いでしょう。

それでは，ADRの振興と拡充のためにはどうしたらよいのでしょうか？

1つの答えは，極めて当然のことのようですが，そのファンダメンタルズを探求し，紛争解決手続であるという本質を踏まえた制度的な保証と基盤を確立するとともに，個々の紛争解決手続においてADRとしての基本的原則に従った事件管理と手続規則を定めてこれらを実践して行くことがわが国のADRを誰からもまたグローバルスタンダードの視点からも信頼される紛争解決手続として信頼を勝ち得るためには必要と思います。しかし，既存の様々なADRの振興対策に関する議論では，単に「情報公開をしろ」「私的自治により信頼確保ができる」「わかりやすくする」など表面的なことのみで，紛争解決手続の本質を掘り下げた検討を忘れていたように思われます。

そこで本章では，ADRに携わる1人の実務家として日常の仕事の傍らでわが国におけるADRによる紛争解決の様々な発展と改革の可能性を考えてきた事柄をもとにして，ADRの活性化の原点についての議論を今までとは異った切り口から少し掘り下げてみたいと思います。

第2節　ADR法での手当て

ADR法は，その目的として「紛争の当事者がその解決を図るのにふさわしい手続を選択することを容易にし，もって国民の権利利益の適切な実現に資すること」（1条）を掲げ，その基本理念として第3条で，従来からADRの特徴として挙げられてきた「自主性」「公正性」「適正性」「専門性」「柔軟性」「迅

速性」をADR共通の要素として追求すべき課題としています。そして，その基本理念の具体化として，ADR利用者保護の観点から，関係者の守秘義務（6条11号，14号）や民間紛争解決事業者の認証基準（6条）としてADR業務を行うために必要な知識・能力・経済的基礎を確保するための様々な要求事項を定め，また，利用者に対して手続実施者選任・報酬・手続進行等に関する説明義務（14条），手続実施記録の作成保存義務（16条）などを課しています。

しかし，これらの手当てはあくまでもADRを取り巻く制度的な環境要因を整えるだけであり，基本理念を実現する手段としては不十分であって，ADR自体の振興と拡充に直接資するものとはいえません。

また，ADR法は，ADRを「訴訟手続によらずに民事上の紛争の解決をしようとする紛争の当事者のため，公正な第三者が関与して，その解決を図る手続をいう」であり，かつ「第三者の専門的知見を反映して紛争の実情に即した迅速な解決を図る手続」（1条）と定義していますが，「公正な第三者の関与」により「実情に即した迅速な解決」を図ることのみでADRを定義して果たして良いのでしょうか。ADRと判別するために欠かせない手続としての要素がここに欠落していることはないのでしょうか。

ADRとは，一般に，仲裁，調停，和解あっせん，などの裁判手続によらない民事上の紛争解決手続を広く指し，裁判所での民事・家事調停も，行政機関が行う仲裁，調停，あっせんも，弁護士会や民間公益団体が行うこれらの手続も，全てADRに含まれるとされます。その中でも，最も利用され馴染みが深い裁判所の民事調停手続は，その目的は「当事者の互譲により，条理にかない実情に応じた解決を図る」（民調1条）としていますが，やはりここでも，目指す解決＝結果における要求のみを掲げており，本来あるべき過程＝手続としての基幹要素が欠落していないでしょうか（ただし，裁判所によるADRである調停は，その背景に裁判所＝司法権という大きな存在，すなわち，社会に対して正当化できる権力的背景があることが，民間ADRと大きく異なる点であり，それによって欠落した手続正当化要素が補完されているとも考えられます）。さらに，建設紛争審査会や労働委員会のような，紛争当事者の一方を監督する権限を有する行政機関が設置運営する特定目的ADRもかなり利用されてきました。しかし，

これら行政機関附設のADRは、いづれも各事業者を監督する行政行為の一環として、実体法の執行責任を有する行政が国民を守るという命題の下で大きな政府による社会保障思想と行政による経済社会の支配統制を正当化するための手段に利用されてきた経緯があり、また、利用者から見れば行政機関の権威と監督権限を背景とした特殊なADRであることに変りはありません。官主導から自律的自由経済社会への移行と自己責任を求められる規制緩和経済の下では、もはや行政機関がこれらADRを運営する意味が問われてきているものといえます。ADR法が生み出された背景にある自由化と規制緩和は、むしろ従前の行政ADRからの脱皮を求められているとも解釈できます。

一方で、ADR法の立法に先立ち、司法制度改革推進本部事務局が作成した「総合的なADR制度基盤の整備について」と題する報告書（2003年7月）では、その基本的考え方において、「わが国でADRが必ずしも充分に機能していないのは、ADRに関する国としての基本的姿勢やADRの位置付けが明確でない」ことを挙げて「ADRの提供体制や手続に対する信頼が確立されることが重要」としている点は、ADRの本質とその成立にかかる歴史を踏まえつつ、裁判紛争にともなうADRの経験をも踏まえた現役裁判官等により構成された事務局であればこそのまさにポイントを突いている指摘と思えます。

それでは、次に、もう一歩踏み込んでADRの本質をつかむため、いったんその歴史的背景に振り返ってみたいと思います。

第3節　ADRの歴史的背景

世界的な視点からのADRの誕生は、わが国の民事調停制度導入（昭和26年法222号）よりもはるかに歴史が深く、たとえば18世紀ごろには、欧米の商工団体や植民地開拓コミュニティー・地域社会において専制王政に対抗する民衆自治のあらわれとして、各社会の構成員や住民らが時の権力者の庇護を請う形ではなく、専制王政の行政官からの一方的裁定に対抗して、自らの手で平等対等な民主的原理に基づき、その内部の私的な紛争や意見の相違を解決していく

手続をもとうという気運が高まり，その方向性が確立していったことはよく知られています。この点は，まさに民主制度の基幹である「法の支配」の原理の発展と確立の経緯と同一であり，それそのものであるともいえます。アメリカの独立や開拓時代の小説や映画で，住民が地域の裁判官や検察官を投票により選んだり（住民自治のあらわれ），商工ギルド内での争いに紛争解決パネルが設定されて解決を図る場面が出てくることがあります。すなわち，ADRは，住民やソサエティーの自治＝民主主義の発露の1つとして生まれてきたものであり，民主主義は単に統治（ガバナンス）の原理のみではなく，紛争や意見の相違を解決する場面でも重要な原理でもあることを改めて考える必要があります。

　現在もアメリカの州レベルで裁判官や検察官を住民の選挙で選んでいますし，陪審制度では国民や住民から無作為で選ばれた代表の前で主張と立証を行い，事実認定と表決を陪審に任せ裁判官は手続の整理進行と法の適用を担当するという制度が当然のように考えられています。このことに対しわが国の一般の認識は如何でしょうか？　これを極めて自然に受け止める国民性があるところでは，ADRという紛争解決手続も自然とその生活の中に溶け込んでくるでしょう。しかし，いまだわが国の一般国民の意識は，裁判官や検察官は「お上」から任命ぜられるオールマイティな権威であると思い込み，あえてそれらを自分たちで選ぼうとする意識が欠けている（選挙で選ぶなんてもってのほかであるとの思い込みがある）のではないでしょうか。自らの紛争や意見の相違を自らの手で解決するシステムをつくろうという意識，すなわち国民的基盤の確立がADRを第1に支えるものと思います。

　この点で，様々な社会的事象をみると，わが国は紛争解決における民主主義の認識が遅れているといわれても仕方がないかもしれません（よくいわれることですが，「町奉行の大岡裁定のような」とか「ADRは町奉行」という表現は，まさにわが国のADR認識の程度をあらわすものではないでしょうか。封建時代の「お上」という権威による統治支配はADRとはその本質が異なることを理解することが，まず第一歩です）。何かあったときに直ぐに権威に頼ろうとする考え方や権威によって紛争の解決を正当化しようという考え方が社会的に大勢を占めている限

り，ADRの発展は難しいのかもしれません。

　この点に関連して面白いエピソードがあります。わが国最初の会社（貿易商社＝海援隊）を作ったといわれる坂本竜馬は，「お上」や既存の権威に対抗する自由な考え方の持ち主であったことは周知のことですが，なんとADRでもわが国最初の人物でした。それは，1867年4月23日午後11時頃瀬戸内海讃州箱の岬沖で発生した竜馬側の海援隊蒸気船「いろは丸」（大州藩よりのチャーター船，160トン）と紀州藩蒸気船「明光丸」（887トン）との濃霧の中での衝突による「いろは丸」沈没事件の処理です。事故直後に行われた直接交渉では，幕府側雄藩であった紀州藩側がその力を背景に不誠意な対応に終始し，さらに幕藩体制下で管轄権を有した長崎奉行所を動かして僅かな補償により示談に持ち込もうとする態度に坂本竜馬も怒りました。しかし，短絡的に怒りをもって紀州藩側に斬込もうとする海援隊士に対し「自分には十分な勝算がある。必ず紀州藩を屈服させるがそれには時間がかかる。それまで待ってほしい。これからの時代はこれだ」と述べて万国公法（当時の国際法）をみせたそうです。彼は西洋諸国には万民共通のルールと解決手続があることを承知しており，それに従えば「いろは丸」側には過失は無く「明光丸」に衝突の非があり勝てると理解し，「お上」の奉行所における不明瞭な裁定という形ではなく万民共通の法に従った第三者の調停という公正な方法で解決することの実践を是非わが国でも行いたいと考えたのでしょう。竜馬は当時長崎に寄航していたイギリス海軍の提督を参考人にたてて，海商海運法原則に従った解決を求めてわが国初の海事調停が，広島県福山市の商家で行われました。後に初代大阪商工会議所会頭となる薩摩藩士五代才助が紀州藩の推選で調停人となりましたが，竜馬の主張が通り紀州藩に8万3千両の賠償（後に7万両に減額）を海援隊に支払うという和解が事件からわずか1ヶ月余で成立しました。なお，竜馬の作った海援隊という会社もその基本原理は現代会社法と同じ株主民主主義であったことはいうまでもありません。

　これらの歴史的認識とわが国の社会的意識から，まず，わが国におけるADR確立の基盤として，「お上」に頼らず自らが自分たちの手で民間の様々な紛争や意見の相違を解決していくシステムを作ろうとする国民的基盤の確立が

必要であることが理解されます。それでは、どのようにしたら、このような基盤ができるのでしょうか？

第4節　ADR 基盤の確立方法

　まず、基本的には、われわれ自身の一般的認識から「権威」への依存を脱却して自らの手で紛争を解決していくことの体験と手続重視への認識を学ぶ機会が必要と思われます。

　その具体的例として挙げることができるのは、第1に教育そのものの場でのADR 実践ではないでしょうか。われわれは小学校から児童会や生徒会という場などで自治と民主主義の教育と体験を受けてきましたが、そこに欠けていたものは、自らの手で自分たちの紛争や意見の相違を解決するための手続の体験と実践である ADR 教育ではないでしょうか。児童会や生徒会はあくまで統治の機構であり、紛争解決の機構ではありません。生徒間の紛争や意見の対立がある場合、そこに権威者である教師や学校側に訴え出て解決や裁定を仰ぐことしかないのがわが国の一般の教育現場です。まして、権威者である学校側の処分や教師の評価や裁定が誤っていると生徒が思ってもその不満を訴えて対等かつ公正な場で主張し証明する手段や方法が用意されていた学校はあったでしょうか。生徒間で意見が対立した場合、生徒ら全員や自らが選んだパネルの前でそれぞれが自己の主張と根拠を堂々と公正なルールに基づき互いに発言し、他方の言い分にも耳を傾けるなどして解決してゆく機会やシステムがなぜにわが国の学校一般に存在しないのか不思議ではないでしょうか。

　また、教師の権威に対しても、その判定は絶対最終のものではなく、その判定や評価に不服がある場合にも、生徒自らの主張と根拠を皆の前で正々堂々と述べて意見をいう機会が制度的に与えられていないのが現実ではないでしょうか。さらに、児童や生徒自らがこれらの紛争解決手続 = ADR の主体として積極的に参加することも、現代の民主主義社会でも司法制度を含む紛争解決システムを実地で体験して学ぶ機会としてとても重要と思います。これらの機会と

システムがあったなら，と思った経験がある方は少なくはないと思います。きちんとした紛争解決・不服申立て機構が教育の場で設けられることは，自己の意見を説得力ある資料を基にきちんと論理立てて主張し，同時に相手にも同じ機会を与えてその意見を聞くことの能力形成の場にもなり，また，与えられた不服申立て手段を尽くすことでその結果を受け入れる自己責任形成の場にもなるものです。今までは権威者である学校側や教師に働きかけてその善意に期待して誤りを正そうとする以外に方法はありませんでした。このような環境に育った人間は社会でも同じように権威者に頼り，その個人的善意にすがる以外ないものと思ってしまうのはやむをえないかもしれません。人格形成の場である児童・少年教育においてまず ADR システムを導入する試みは，わが国の社会全体における ADR の浸透と制度的確立のために不可欠と思います。

　第 2 に，社会の様々な団体の内部で生じる紛争や意見の相違を解決するシステムとしての ADR の導入があります。まず，身近な社会・団体内部で，その社会・団体の権威者に頼ることなく，立場を超えて対等に公正なルールに従って意見や主張を行えるシステムが必要であると思います。

　そもそも，今までわれわれは，社会や団体内での紛争が生じた場合に備えては，単に「紛争や意見の相違が生じた場合には当事者間で誠意をもって友好的に話し合いこれを解決するものとする」とだけ取り決めておくことが多々ありましたが，これでは，実際の紛争の場ではなんら役にも立たず意味もないことは良く経験しています。

　法律論的には，「Agreement to agree」（合意のための合意）としてなんら法的拘束力をもたない合意とも解釈されるとともに，グローバルの視点からすると，公正な一定の手続に従わず，かつ中立の第三者が手続的保障を行うこともなく単に当事者間の話し合いで解決しようとするのは当事者の力関係や影響力をそのまま反映させる解決を求めることであり極めて不公正である，との批判がなされています。意見が鋭く対立した場合，往々にしてもはや「友好的」に「話し合う」ことは望めず，いずれかの力の強いものや権威者に近いものがそれを利用して幅を利かせることは常です。そもそも，一般法でも団体法理の基本は民主主義に基づく適正手続による団体意思の創造でありそれにより一定の

決議・結果が少数反対者をも拘束する法的効果が正当化されることは自明の原理です。そこでは，団体内部の私的紛争解決においても，自分達の仲間や自己が選んだパネルの前で自己の主張とその根拠を示しそれぞれ相手方の主張と根拠にも耳を傾け検討する機会を設けることは当然のこととされています。そして，団体には私的なもの（会社や社団）だけでなく公的なもの（国や地方公共団体）もあり，国レベルでのパネルの1つが裁判所といえます。

このような社会的環境・制度が確立されて初めてADRが活性化する基盤ができると思われます。ADR法が成立するに当たり，国会の両院での法務委員会の附帯決議（衆議院法務委員会平成16年11月9日，参議院法務委員会平成16年11月18日）で，ADRが国民にとって魅力的な紛争解決手段となるように，その基盤整備になお一層の努力をするように謳われたことに思いをいたせば，まず，われわれ身近なところでADRの基盤システム作りを始めようではありませんか。

それでは，単なる民主主義のみがADRの本質的原理なのでしょうか。

第5節　紛争解決の「公正性」

わが国で最も利用され実績もあるADRの代表例を挙げるとすれば，まず裁判所民事調停手続や裁判上の和解手続がありますが，これらの手続では，調停人や和解条項を定める裁判官の選択権は当事者には与えられておらず（私的自治の1つの要素が欠けている），手続保証の規程も無く，単に「事件の解決のために適当な和解条項を定める」（民訴265条1項）とか「条理にかない実情に応じた解決を図る」（民調1条）ことが掲げられているのみです。これらの規程は全てその解決結果につき「実体的正義」や「妥当性」を要求しているのみで，それらの紛争解決を信頼あるものとしその解決結果を紛争当事者をして納得させるための重要な要素は，全て裁判所という権威と担当する裁判官・調停委員の個人的資質への信頼に依存しています。しかし，権威も無く担当する手続主催者個人への信頼も確立していない民間のADRには通用しません。

そこで，ADR法では，裁判所という権威に代わるべきものとして「法務大臣による民間ADR機関の認証制度」という世界に例が無い特殊な制度を設けました。しかし，これは，同じく手続重視の視点からは極めて特殊なわが国国民の「お上」への信頼と依存に頼るものであり，「お上」の認証という権威づけによって民間ADRに付加価値を与えることにより振興させようとする，これまた極めて異例な制度である，という批判がされています。これでは，いつになってもわが国社会で真のグローバルスタンダードによるADR振興の基盤ができることを望むのは難しいと思われますし，世界から信頼できるADR制度がわが国では存在しないし育成もされないと思われても仕方がありません。

ところが，ADR法は，一方で，ADRの基本理念を明確に掲げ，「ADRは法による紛争の解決のための手続」であるとして，そこに「自主性」「公正性」「適正性」「専門性」「柔軟性」「迅速性」を要求しています（ADR法3条）。これらの基本は，いずれも「手続」における理念である点が，従来からの裁判所調停や訴訟上の和解と大きく異なる点です。今までのわが国における仲裁を含むADRの議論では，むしろ結果の公正性や妥当性，すなわち結果的正義のみを追及する議論が多々みられましたが，これはADRを含む紛争解決においては正しい考え方ではないと思います。「結果よければ全て良し」はADRには通用しないものであることを認識する必要があります。

しかし，さらに，もう1つ，わが国での既存のADR基礎理念で問題と思われるものがあります。それは，ADRとは紛争解決機関や個々の紛争におけるADR手続主催者（中立人：調停人やあっせん人）を信頼しそれらに紛争の解決を付託する制度であるかのような考え方が一般の法律実務家でなされていたことです。そのあらわれがADR機関の認証制度の導入でありADRの中立人資格についての論争です。しかし，ADRの信頼がどこで生まれるか，を考えれば，それは単に手続主催者への信頼（個人的資質への信頼）を保証する制度だけで足りるものではなく，主催者が異なろうとも変らないものである手続自体の信頼性，すなわち，手続的正義の貫徹・徹底がもっと重要な要素であることを認識しなければならないと思われます。民間のADRによる紛争解決が真に社会や利用者から信頼されるためには，その結果の妥当性，結果における正義，さ

らに手続主催者の個人的資質に依るのではなく，むしろ普遍的客観的要素で自らが選択したADR手続による紛争解決結果を納得できるようにすること，すなわち，手続的正義がどの程度まで確保できたか，適正手続がどの程度まで貫徹できたか，当事者主体による自由な交渉がどれほど確保できたのか，等によるべきではないでしょうか。これらがADRにおける大切な要素であり，その解決結果を正当化できる根拠と思います。解決結果の受容を権威に頼ったり，手続主催者の個人的属性や善意と能力に期待したりするのではなく，また真実発見のためにはどんな方法でも許されるのではなく，これらに代わるべき信頼と納得を与えるものは客観的な手続保証と手続的正義にこそ見出すことができるものであることを改めて見直し，この点をもっと重視すべきと思われます。

　もちろん，手続的正義がADRの正当性を根拠つけるための唯一のものと述べているものではありません。しかし，紛争解決の結果により不利益を受ける当事者はそれに対して一時的な感情面での不満はぬぐいきれないかもしれませんが，十分にいいたいことを主張し言い分を聞いてくれる機会を与えられ相手の主張にも耳を傾ける機会を得た場合には，結果が実体法規に明確に反するもので無い限り，その不満は客観的な拠り所を欠くことになります。そして，この個々のADR事件による適正手続の確保と実践が累積されることにより，社会全体において，ADRに対する信頼が形成されてゆくことになると思います。

　特に，わが国では，裁判上の和解や仲調といわれるあっせんと仲裁を一体として行うADRが行われてきた経緯を考えると，紛争の解決をADR手続主催者という特定個人の能力と資質を信頼してそれに紛争を「預ける」ことで良しとする考え方をしてきました。しかし，専門家に黙って任せておけばよいとすることで足りるとする考えはすでに通用しない社会になっていることは，インフォームドコンセントの原理に思いを致せば明らかです。

　適切な相手方主張を聴取し理解して反論する機会の確保と相互の手持ち情報や資料の開示が大切であり，そのために個々の具体的紛争に応じて，公平で正義にかなった手続を主体的に整理し進行し指導できる能力や和解における当事者の自由な交渉とその前提となる情報の交換・開示を促進し対等公平な交渉の場を作り出す能力（いわゆる，「ケースマネージメント能力」）こそがADR主催

者に求められるものであると考えられます。

　ところが，今までは，この点まで深く思考を及ぼすことなく，単に結果の妥当性追求の要求や手続の柔軟性と迅速性に偏った観点から，紛争の実体的法律分野や特定専門分野に長けた人物が中立人候補としてふさわしいとする議論や，特定の専門分野の資格者がその分野でのADR主催者にむいているのではないか，とする議論がなされてきました。また，いったん中立人に任せればその個別事件の手続進行を外部からチェックするシステムを作る努力もなされてきませんでした。この従前からの実務には大きな見落しがあることもおわかり頂けることと思います。グローバル化や多様化する社会にあって自立的な市民社会となろうとするわが国においては，あえて，今までの習慣や概念を手続的保証の観点から見直し，ADRの各種手続の性格を適切に分析してそれぞれに適した手続運営や管理体制を検討し，手続的正義に対する十分な配慮に踏み込むことが真の信頼できるADR制度確立のために必要と思われます。この点で，あっせん・調停での当事者双方が同席をする意味や，あっせん・調停から仲裁への移行に関する際の基準，そして一方への不意打ちにならないような手続の検討，中立人の権限と交代に関するルールと当事者の権利，さらには，主張が揃った段階での争点整理と個別手続進行の確定方法などにつき，各ADR機関はもっと検討を行い，規則を定め，また，中立人のケースマネージメント教育と手続的保証に関する訓練，個別ケース毎に担当中立人の手続進行をチェックし助言を行う等の管理する体制（事件を預かる中立人の唯我独尊を許さないADR機関内での独立したチェックシステムで，中立人の報酬査定等も行える権限を有するもの）の確立，利用者からの手続や中立人に対する意見の聴取やそのフィードバックシステムの確立，などが検討されるべきでしょう。そして，各ADR機関においてこれらの制度が確立し有効に維持されていることが，ADR法による認証の付与と更新の際の要件に付加されるべきではないでしょうか。

第6節　手続的正義の貫徹

　わが国の法制度は伝統として大陸法体系に基づき，その基本思想においては，法原理は全て法典にあり裁判官はそれを全て知り尽くしている，という原則に拠ってきました。しかし，既述のとおり，価値が多様化し利益や構造が複雑化した近代社会では，裁判官も法典も完璧のものではありえません。むしろ，社会的正義と安定の実現においては，結果にいたる過程が重視され，不利益を被る者に対して適切な告知と聴聞の機会を保証することによりその結果の受容と正当性を担保しようとする思想が基本にならざるをえないと考えられます。ここでは，紛争解決の結果を何らかの基準に従って正義にかなっていることを検証しようとしたり手続主催者の個人的信用と能力に依存するシステムを考えるよりも，適正手続を保証して充実させることによりそれによる結果を受け入れる（したがって，真実発見や追及よりは納得ある結果を求める考え方）ということが，民主主義社会における裁判を含む紛争解決の基本思想であったはずです。これは多様性ある社会においては，何が実体的正義であるのかもわからなくなってきていることからも，必然的なものと思われます。

　また，民事にかかる紛争のあっせん・調停などの手続は必ずしも実体法の解釈適用を前提とする和解を志向するものに限らないことからも，ADRにおいては，完全無欠の実体法に則した結果や誰もが納得する実体的正義を結果に求めるのではなく，個別のケースごとに納得ゆく解決を求めてその解決案を作り出す手続過程の公正さ適切さが重要であると思います。ADRは既存の法典に基づく解決を求めるもの（すなわち，実体法に基づく権利実現）ではなく，社会の変化に伴って発生する様々な新しい問題を実情に応じた妥当かつ柔軟な創造的解決を目指すものであり，それゆえに手続重視の考え方こそがADRの基本原理であるといえるのではないでしょうか。

　そして，国民的基盤を作る地道な努力とともに，紛争解決における手続的正義の貫徹，手続保証への十分な配慮を行うべく努力を積み重ねることこそが，わが国におけるADRの信頼と信用を創設することとなり，ひいてはADRの

活性化に繋がる道であると思います。

　本章が，少しでもわが国の ADR が抱える問題の解決とわが国の ADR の将来の展望を見出す糸口になることができれば幸いです。

　＜参考文献＞
　　青山善充ほか編『現代社会における民事手続法の展開』石川明先生古希祝賀（商事法務，2002年）
　　稲葉一人「アメリカの連邦裁判所における ADR の現状と課題㈠～㈣」判時1525号，1526号，1529号，1530号（1995年）
　　内堀宏達「ADR 法概説と Q ＆ A」別冊 NBL No.101（2005年）
　　柏木秀一「米国における裁判所 ADR の導入と概要」法の支配 第117号（2000年）
　　川島武宜『日本人の法意識』（岩波書店，1967年）
　　小島武・伊藤眞「裁判外紛争処理」（有斐閣，1998年）
　　小島武司ほか『特集 ADR の現状と理論 – 基本法制定に向けて』ジュリ1207号（2001年）
　　古閑裕二「アメリカ合衆国における民事司法改革（上）(下)」曹時45巻11号，12号（1997年）
　　佐藤安信「弁護士会仲裁の国際化」日弁連法務研究財団 法と実務 vol.4（2004年）
　　澤井啓「欧米の ADR 最新事情(1)～(10)」JCA ジャーナル46巻6号～47巻3号（1999-2000年）
　　谷口安平「手続的正義」芦部信喜ほか編『基本法学(8)紛争』（岩波書店，1985年）
　　早川吉尚「米国から見た日本の ADR とその問題点(1)～(5)」JCA ジャーナル46巻7号～46巻11号（1999年）
　　早川吉尚「日本の ADR の批判的考察 – 米国の視点から」立教54号（2000年）
　　レビン小林久子『アメリカの ADR 事情 – 調停ガイドブック』（信山社，1999年）

（柏木　秀一）

（＊頭文字が欧語で始まるものは，すべて末尾に配列した。）

索　　引

【あ行】

斡　旋…………………………………110
あっせん人……………………………208
アド・ホック仲裁………………117, 119

異議権の放棄…………………………160
一般条項………………………23, 33, 61
イメージとムード戦略………………199
いろは丸沈没事件……………………204
インコタームズ………………………183
インコタームズ2000…………………180
インターネット………………………195

ウィーン売買条約（CISG）……50, 127, 180
ウィンウィン………………………26, 27
運営効率性対策………………………199

英米法………………………………41, 55
エンドゲーム規範………………………57

欧州契約法委員会……………………182
欧州契約法原則…………………182, 187
応訴管轄…………………………………77
大岡裁定………………………………203
大きな政府……………………………202

【か行】

海援隊…………………………………204
外国仲裁判断の執行に関する条約（ジュネーブ条約）………………………84
外国仲裁判断の承認……………………84
外国仲裁判断の承認及び執行に関する条約（ニューヨーク条約）…………49, 84, 145
外国判決の承認…………………………72
外国弁護士……………………………123
外国法律事務弁護士…………………124
海事調停………………………………204

家事調停…………………………133, 201
価値が多様化…………………………211
カナダ統一法会議……………………194
管轄排除…………………………………47
管轄付与…………………………………47
環境保護法………………………………54
環境要因………………………………201
関係維持規範……………………………57
関係契約…………………………………25
間接管轄……………………………75, 92
完全合意条項……………………………58
監督権限………………………………202

機会主義的…………………………13, 23
機会主義的主張…………………………25
機関仲裁………………………117, 119, 120
企業買収…………………………………54
規制緩和………………………………202
忌　避…………………………………146
義務履行地………………………………76
強行法規…………………………………42
　──の特別連結………………………53
行政型 ADR……………………………109
行政機関の権威………………………202
行政機関附設の ADR…………………202
記録の作成保存義務…………………201

グローバル商取引法
　………177, 179, 180, 185, 187, 189, 192, 194
グローバルスタンダード……………208
クロス型準拠法選択条項………………45
クロス型仲裁合意………………………90
クロス型法廷地選択条項………………45

経済法……………………………………54
契約解釈…………………………………59
契約自由の原則…………………………43
契約書式……………………………33, 34, 61

契約の適応……………………………15
ケースマネージメント教育……………210
ケースマネージメント能力……………209
権　威………………………204, 205, 207
建設紛争審査会………………………201
権利実現………………………………211
権力的背景……………………………201

合意管轄…………………………………77
行為性質基準説…………………………96
行為地法………………………………178
行為目的基準説…………………………96
公示送達…………………………………77
豪州糖事件…………………………8, 10
公　序………………………71, 79, 94
交　渉…………………………………187
交渉義務…………………………………10
交渉促進型調停………………………110
衡平条項………………………………192
衡平と善………………………………192
効力拡張…………………………………68
効力付与……………………………69, 71
国際規則………………………………184
国際契約における電子通信の使用に関する
　　国連条約………………………194
国際裁判管轄……………………………75
国際裁判管轄権…………………………38
国際裁判管轄合意………………………72
国際私法…………………………38, 40, 90
国際商事契約原則…………183, 185, 187
国際商事仲裁…………………………177
国際商事仲裁モデル法………………141
国際商事紛争…………………………177
国際スタンドバイ規則—ISP98………180
国際訴訟競合……………………………82
国際多重訴訟……………………………61
国際仲裁における利益相反に関する IBA
　　ガイドライン…………………157
国際仲裁人……………………………190
国際的合弁契約…………………………54
国際統一商事法………………………181
国際物品売買契約に関する国連条約……180
国際物品売買契約の成立に関する統一法
　　……………………………………183
国際物品売買に関する統一法…………183
国際法協会……………………………190
国際民事訴訟法…………………………38
国際民事保全……………………………97
告知と聴聞の機会……………………211
国民的基盤…………………………203, 211
個人的資質……………………………207, 208
五代才助………………………………204
国家及びその財産の裁判権からの免除に
　　関する条約………………………95
国家と他の国家の国民との間の投資紛争の
　　解決に関する条約………………97
国家法……………………………189, 192
国家免除…………………………………95
個別労働仲裁…………………………170
コンテナ革命…………………………194

【さ行】

再交渉義務………………………………3
再交渉条項………………………5, 22, 25
財産所在地………………………………76
再　述……………………………183, 184, 187
裁断型…………………………………110
裁断型 ADR……………………………113
裁判外紛争解決………………………187
裁判外紛争解決手段…………………108
裁判外紛争解決手段の利用の促進に関する
　　法律………………………113, 200
裁判権……………………………………75
裁判上の和解…………………………207
裁判所の関与……………………146, 162
裁判所付属型 ADR……………………109
裁判所付属調停………………………133
裁判所民事調停………………………207
坂本竜馬………………………………204
サブリース契約…………………………23

事件管理………………………………200
時効（の）中断…………………134, 165
自己責任形成…………………………206
事情変更の原則………………9, 13, 16, 17

執行決定 93,119
執行判決 93
実質的再審査禁止(の)原則 71,80,94
実質法 40
実体的正義 207,211
実体法 211
実体法的判断基準 189
私的自治 200,207
児童・少年教育 206
自動的承認の原則 70
司法権 201
司法制度 37
司法制度改革 112
司法制度改革審議会意見書 188
社会保障思想 202
柔軟性 210
周辺環境設備 199
住民自治 203
主権免除 95
守秘義務 201
準拠法 34,178,192
準拠法選択 33,34,43
——における当事者自治 45
準拠法選択条項 40
商慣習 181
商慣習法 181,184
承認拒絶要件 90
承認適格性 73,89
承認予測説 82
消費者仲裁 170
情報や資料の開示 209
条約 184
書式の争い 34,179
書面による通知 147
書面要件 150,151,161
自律的な規則 185
信義誠実の原則 179
信義則 57,59
真実発見 211
迅速性 210
信用状統一規則 180,186,190
信頼利益 19
審理手続き 166

神話論 199
スポーツ仲裁 142
請求の客観的併合 76
請求の主観的併合 76
制限免除主義 96
制度的な保証と基盤 200
世界知的所有権機構 128
絶対免除主義 96
説明義務 201
設立準拠法 90
前述 183,184
善と衡平 46

総合的なADR制度基盤の整備について 202
相互の保証 83,93
送達 77,146,147
争点整理 210
属地主義 143
訴訟 187
ソフトロー 49

【た行】

代替的紛争解決手段 108,187
対抗立法 81
第三国の強行法規 53
大陸法 41
多数当事者仲裁 154
妥当性追求 210
ダンピング防止法 81

知的財産権 127
知的財産権紛争仲裁 132
知的財産法 54
仲裁 111,187
仲裁可能性 92,149
——の準拠法 149,150
仲裁合意 90
——の準拠法 147,148
——の分離独立性 152
——の方式 150

――の方式の準拠法……………………150
仲裁地………………………87,114,145,146,190
仲裁廷による暫定的保全措置…………164
仲裁廷の自己の仲裁権限の有無について
　判断する権限……………………………160
仲裁廷の仲裁権限の有無についての判断
　…………………………………………146
仲裁適格……………………………………130
仲裁手続地………………………………145,146
仲裁手続の開始……………………………165
仲裁手続の終了……………………………167
仲裁手続の準拠法…………………………144
仲裁と訴訟の競合…………………………163
仲裁人…………………………………121,188
　――の開示義務…………………………156
　――の数…………………………………154
　――の数・選任手続……………………153
　――の忌避…………………………144,154
　――の忌避事由…………………………155
　――の忌避手続…………………………156
　――の公正性・独立性…………………155
　――の辞任………………………………159
　――の選任…………………………144,146
　――の独立・公正性……………………121
　――の任務終了…………………………159
　――の倫理………………………………122
仲裁判断……………………111,162,164,167
　――の基準………………………………167
　――の承認…………………………148,169
　――(の)取消し……………………89,169
仲裁法…………………………………112,187
中立人………………………………………208
　――の報酬査定…………………………210
　――の唯我独尊…………………………210
中立人資格…………………………………208
超国家法センター…………………………182
超国家法の成文化…………………………182
調整型………………………………………110
調整型ADR…………………………………113
調　停………………………………………110
調停人…………………………………188,208
懲罰的損害賠償………………………74,81,92
直接管轄………………………………………72,75

直接郵便送達・直接交付送達………………78
テイク・オア・ペイ………………………24
抵触法…………………………………177,193
　――の危機………………………………177
適正手続……………………………………211
手続規則……………………………………200
手続主催者…………………………………209
手続続行権……………………………153,157
手続的正義……………………209,210,211
手続的保証…………………………………210
手続の保障…………………………………206
手続法…………………………………………40
手続保証………………………………209,211
電子化革命…………………………………194
電子商取引三部作…………………………195
電子商取引に関するUNCITRALモデル法
　……………………………………180,194
電子署名に関するUNCITRALモデル法
　…………………………………………194
電子信用状…………………………………195
電子メール…………………………………195

統一州法委員全国会議……………………195
統一商事法典…………………………………46
統一電子商取引法(カナダ)………………194
統一電子取引法(アメリカ)………………195
当事者自治の原則…………………………189
投資紛争解決国際センター………………118
投資紛争解決条約……………………………97
同　席………………………………………210
統治の機構…………………………………205
特定目的ADR………………………………201
独立保証およびスタンドバイ信用状に関
　する国連条約……………………………180
トランスナショナル・ロー………………126

【な行】

内外国法平等…………………………………44
内外判決の抵触………………………………82

日本海運集会所……………………………120
日本商事仲裁協会……………………120,131,132

索　　引　217

日本知的財産仲裁センター……120,131,132
ニューヨーク条約
　………………118,145,149,151,163,169
認証基準……………………………201
認証紛争解決事業者………………134

【は行】

ハーグ合意管轄条約……………72,77
ハーグ国際私法会議………………72
ハーグ送達条約……………………78
ハーグ統一売買法(1964年)…………51
ハードシップ……………5,6,20,21,27
陪審制度……………………………203

引受リスク…………………………13
評価型調停…………………………110
標準契約書式………………………57

ファンダメンタルズ………………200
フィードバック……………………210
不意打ち……………………………210
不可抗力………………………………6
不誠実な交渉………………………12
普通裁判籍…………………………76
不服申立て機構……………………206
不法行為地…………………………76
プラント輸出………………………54
ブリュッセルⅠ規則……………72,98
ブリュッセル条約………………72,98
プロジェクト・ファイナンス…23,24
紛争解決の機構……………………205
紛争解決パネル……………………203

弁護士法72条………………………123

貿易取引の電子化…………………194
妨訴抗弁………………………46,151,152
法廷地漁り…………………………61
法廷地選択…………………33,34,43
法廷地選択合意に関する条約……62
法廷地選択条項…………………35,40
法廷地選択における当事者自治…46
　──の原則………………………39

法的仲裁……………………………125
法の支配……………………………203
法律上の争訟…………………142,143
法　例………………………………178
補充規定……………………………179
保全処分………………………152,153
本案訴訟………………………147,152

【ま行】

町奉行………………………………203

見直し条項………………………9,10
民間型ADR…………………………109
民間紛争解決手続…………………134
民間紛争解決手続業務……………133
民事上の紛争…………………142,143
民事調停………………133,201,202
民衆自治……………………………202
民主主義……………………………203
　──の教育………………………205
民主主義社会………………………211

明白な偏頗…………………………156

モデル法……………………………184

【や行】

友誼的仲裁人………………………192

ユニドロワ原則……………18,20,27
ユニドロワ国際商事契約原則…5,49,51,127

ヨーロッパ契約法原則……………52
予見可能性…………………………48

【ら行】

ランドー……………………………52

利益衡量説…………………………82
履行プラン条項………………33,36,57
リスク対応条項………………33,34,36,57
両院での法務委員会の附帯決議…207
リングリング・サーカス事件……148

ルガノ条約·············72, 98

レックス・メルカトリア
　············49, 50, 126, 168, 180, 181, 182
　——と国際法との基本的関係·········185

労働委員会·················201
労働法···················54

和　解··················168

【欧文】

ADR················107, 187, 188
　行政型——···············202
　行政機関附設の——··········202
　断裁型——················113
　裁判所附属型——············109
　調整型——················113
　特定目的——···············201
　民間型——················109
　——の本質················199
　——のロジック·············199
ADR 教育·················205
ADR 共通の要素············201
ADR 促進法············113, 133
ADR 手続主催者············208
Agreement to agree··········206
Alternative Dispute Resolution······108

CIArb··················123
CIF···················183
CISG··················50
Competence/Competence······152, 160, 162
EDI··················195
FIDIC··················4
FOB··················183
Goldman················186
ICC··················183
ICC 国際仲裁判所··········114, 132
ICE····················4
ICSID 条約···············118
Meb-Arb················111
opportunistic············13, 23
Schmitthoff············181, 185
separability··············152
UCP の下での電子記録呈示に関する追補規
　則··················194
UNCITRAL···············181
UNCITRAL 国際商事仲裁モデル法
　················85, 87, 107
UNCITRAL 仲裁規則··········117
UNCTAD················181
UNIDROIT············52, 181
UNIDROIT 国際商事契約原則·····168, 180
WIPO··················128
WIPO 仲裁・調停センター········132

【著者プロフィール】

＊は編者

柏木　昇＊（かしわぎ・のぼる）　　第1章担当

- 中央大学法科大学院教授。東京大学法学部卒業。
- 三菱商事㈱，東京大学法学部教授を経て現職。
- 専門は国際取引法，国際経済法。
- 主な著作に『国際取引法（第2版）』（共著，有斐閣），『マテリアルズ国際取引法』（共編著，有斐閣），『国際的な企業戦略とジョイント・ベンチャー』（共編著，商事法務）。

齋藤　彰（さいとう・あきら）　　第2章担当

- 神戸大学法科大学院教授。神戸大学法学部卒業。神戸大学法学研究科で比較契約及び国際取引法を研究。
- 商船三井にて自動車専用船に関する業務に従事。摂南大学法学部専任講師，スコットランド・アバディーン大学 LL. M., 関西大学法学部助教授・教授を経て現職。
- 専門は，国際取引法，国際私法，比較法文化。
- 主な著書に『国際取引紛争における当事者自治の進展』（編著，法律文化社），The Evolution of Party Autonomy in International Civil Litigation（共著，LexisNexis）。

中野　俊一郎（なかの・しゅんいちろう）　　第3章担当

- 神戸大学大学院法学研究科教授。神戸大学大学院法学研究科前期課程修了。法学修士。
- 商船三井勤務，神戸大学法学部助手・助教授・教授を経て現職。
- 専門は，国際私法・国際民事訴訟法。
- 主な著書に，『仲裁と懲罰的損害賠償』（共著，国際商事仲裁協会），『国際民事手続法』（共著，有斐閣）。

大貫　雅晴（おおぬき・まさはる）　　第4章担当

- 社団法人日本商事仲裁協会　理事・大阪事務所所長。関西大学商学部卒業。
- 仲裁・ADRの手続，国際商取引，海外進出のコンサルティング，国内・外で国際商取引契約各種，トラブル・紛争処理のセミナー講師を務める。関西大学（国際取引法，紛争処理論），京都産業大学法科大学院（国際取引法）の講師も務める。
- 専門は国際取引法，紛争処理論，国際商契約論。
- 主な著書に，『国際ライセンスビジネスの実務』（同文舘），『国際契約－事例と対策』（大阪商工会議所），『国際商取引とリスクマネジメント』（共著，同文舘）。

中村　達也（なかむら・たつや）　　第5章担当

- 国士舘大学助教授，日本商事仲裁協会国際仲裁部長。筑波大学大学院修士課程修了。法学修士。
- ㈳国際商事仲裁協会（現日本商事仲裁協会）で仲裁手続管理を担当。同仲裁部次長を経て，現職。
- 専門は，国際商事仲裁。
- 主な著書に，『国際商事仲裁入門』（中央経済社），『仲裁法なるほどQ＆A』（中央経済社）。

新堀　聰*（にいぼり・さとし）　　　　　　　　　　　　　　　　　　　　　　第6章担当
- 財団法人貿易奨励会専務理事。日本大学大学院商学研究科客員教授。
- 東京大学法学部卒業。ハーバード・ビジネス・スクール PMD 修了（第30期）。博士（商学）（早稲田大学）。
- 米国三井物産ニューヨーク本店副社長，同上級副社長兼サンフランシスコ支店長，三井物産調査部長，同貿易経済研究所長などを歴任。日本大学商学部教授を経て現職。
- 専門は英米契約法，国際統一売買法，貿易商務論，貿易政策。
- 主な著書：『貿易売買入門』（同文舘，1966年），『ビジネスゼミナール貿易取引入門』（日本経済新聞社，1992年），『21世紀の貿易政策』（同文舘，1997年）。

柏木　秀一（かしわぎ・しゅういち）　　　　　　　　　　　　　　　　　　　第7章担当
- 弁護士（柏木総合法律事務所）。社団法人日本商事仲裁協会理事。早稲田大学法学部卒業。米国コロンビア大学ロースクール修士課程修了。
- 英国三井物産文書課研修員（出向），法務省民事局仲裁法制研究会委員，財団法人知的財産研究所 ADR に関する調査研究委員，日弁連 ADR 協議会副座長，外務省条約局法規課 UNCITRAL 研究会（仲裁）委員，などを歴任。国際商業会議所（ICC）国際仲裁裁判所や日本商事仲裁協会（JCAA）などで仲裁人を務める。
- 主な ADR 関係著書に，*Practitioner's Handbook on International Arbitration and Mediation*（共著，Juris Publishing, Inc., 2000）。

《検印省略》
平成18年6月15日 初版発行　略称：GS紛争解決

グローバル商取引シリーズ
グローバル商取引と紛争解決

| 編著者 ⓒ | 新堀　　聰 |
| | 柏木　　昇 |

発行者　中島治久

発行所　同文舘出版株式会社

東京都千代田区神田神保町1-41 〒101-0051
電話 営業(03)3294-1801　編集(03)3294-1803
振替 00100-8-42935 http://www.dobunkan.co.jp

Printed in Japan 2006　　印刷：広研印刷
　　　　　　　　　　　　製本：加瀬製本

ISBN4-495-67771-3